ISBN 978-1-334-12709-0
PIBN 10752291

GOETHE-SCHILLER STATUE.
(*In front of the Weimar Theatre. By Ernst Rietschel.*)

Deutsche Gedichte

SELECTED WITH NOTES AND AN
INTRODUCTION

BY

CAMILLO VON KLENZE, Ph.D.

*Associate Professor of German in the
University of Chicago*

NEW YORK
HENRY HOLT AND COMPANY
1899

Ein gut Gedicht ist wie ein schöner Traum,
Es zieht dich in sich und du merkst es kaum;
Es trägt dich mühlos fort durch Raum und Zeit,
Du schaust und trinkst im Schau'n Vergessenheit,
Und gleich als hättest du im Schlaf geruht,
Steigst du erfrischt aus seiner klaren Flut.

Geibel.

PREFACE.

THIS little volume purposes enabling the American student to acquaint himself with some of the best and most characteristic German literary ballads and lyrics since the dawn of the classical period. It was not deemed necessary to introduce specimens of popular poetry, as Prof. H. S. White's " Deutsche Volks-lieder" affords ample opportunity for the study of that rich part of German literature which reflects the life of the "people," especially during the vigorous sixteenth century. On the other hand, an effort was made to select some of the most popular student-songs, inasmuch as they are the expression of a very interesting side of German life.

The student who uses this edition is supposed to be able to read with fair ease and to have mastered all the rudiments of the grammar. Hence the notes try to explain only exceptional words and constructions, and aim at discussing questions of literary rather than of grammatical interest. The authors have been grouped so as to show the evolution of literary life in Germany during the last two centuries, and the poems have been arranged, as far as possible, to reflect the growth of each poet's literary individuality. Although the latter plan was not always feasible, it was always attempted, on the ground that an arrangement without a system would fail of presenting any but a blurred picture.

The editor wishes to express his indebtedness to Düntzer's commentaries on the poems of Goethe, Schiller, and Uhland, to the commentaries in Kürschner's *National-Litteratur*, to those of von Loeper, Strehlke, and Viehoff on Goethe's poems, to the standard histories of German literature, and to the *Allgemeine Deutsche Biographie;* furthermore to Profs. T. F. Crane and W. T. Hewett of Cornell University, Profs. S. W. Cutting, H. Schmidt-Wartenberg, P. Shorey, Dr. E. H. Lewis, and Mr. R. M. Lovett of the University of Chicago, Dr. K. Pietsch, Chicago, and Messrs. Henry Holt & Company, New York.

This collection will have fulfilled its purpose if it promotes interest in the United States toward that fine jewel in the crown of the world's literature—German lyrical and ballad poetry.

CAMILLO VON KLENZE.

CHICAGO, ILL.,
　　　November, 1894.

INTRODUCTION

UNLIKE English literature, German literature was not allowed to develop continuously; after periods of brilliancy we find decay and complete dearth. But whenever letters played an important part at all, lyrical and ballad poetry flourished, and became so conspicuous that it may fairly be called the very core of German literature.

As early as the XIIth and XIIIth centuries, Germany produced lyrical poets of note. Unfortunately their works, like those of all their contemporaries, gradually sank into oblivion as the civilization which produced them crumbled, and the XIVth century was an age of literary apathy. But suddenly, about the middle of the XVth century, we find the strong lyrical genius of the nation asserting itself. About the stormy times of the Reformation, before the revival of learning had reached Germany, all sections of the people were still intellectually on a level, and princes and peasants, clergy and laity, men and women, young and old, expressed their thoughts and feelings in verse. Germany presented the interesting spectacle of a whole nation composing poetry. This popular poetry, " das Volkslied," specimens of which have come down to us in large numbers, is remarkable for healthy ruggedness, directness and naïveté, and was destined to exert great influence on the poetry of the XVIIIth and XIXth centuries.

The Volkslied, as an exponent of the whole national life, flourished about a hundred years and then languished. For Humanism, with its classical ideals, divided the nation into the cultured and the uncultured, and turned the attention of thousands into new channels. Furthermore, the terrible religious wars which raged from about the middle of the XVIth to about the middle of the XVIIth century, notably the Thirty Years' War, sapped the very marrow of the people. National life almost disappeared, and Germany became dependent upon France for her culture.

During the XVIIth century, lyrical poetry amounted to little, although many poets, among whom OPITZ is the most noteworthy, excited the admiration of their contemporaries.

The first half of the XVIIIth century saw the establishment of national ideals in literature, and the successful progress of this wonderful work is mirrored in the lyrical poetry of the time.

On the threshold of the XVIIIth century, we find a lyrical poet whose verses foreshadow the literary possibilities so nobly fulfilled before its close. GÜNTHER was the first after generations to strike moving notes of joy and grief. Before he died, all Germany began to be roused by new doctrines taught by prominent critics.

In Switzerland, BODMER and BREITINGER emphasized the importance of sincerity and depth of feeling in poetry, and pointed to England, especially to MILTON, for models. In Leipzig, GOTTSCHED, a professor in the University, labored to increase the respect for language and to improve the condition of the stage. Soon a poet, KLOPSTOCK, arose, who embodied the literary doctrines of these critics in his works. In the first three cantos of his religious epic *Der Messias* (1748), in which the influence of MILTON is strong, he showed his astonished contemporaries that the German language was equal to the requirements of a sublime subject.

The *Messias* is the first of a long series of works which betray English influence and which prove that English literature became a great factor in freeing Germany from her dependence on France by furnishing her with entirely new literary ideals. First ADDISON and MILTON, then SHAKESPEARE, OSSIAN, and PERCY's *Reliques of Ancient English Poetry*, THOMPSON, GOLDSMITH, and others left their impress on the young literature of Germany. The German people felt strongly drawn to the products of the English genius as reflecting a national temperament more closely akin to their own than that of their Romance neighbors.—In this century, England in her turn received valuable literary stimulus from Germany. COLERIDGE and CARLYLE labored hard and successfully to interpret Goethe and Schiller to the British nation, and their works, together with SCOTT's, show their indebtedness to those great Germans.

KLOPSTOCK became a great leader, not merely in epical but especially in lyrical poetry. His odes, which were the delight of his generation, are remarkable both for profound seriousness and patriotism, and for modifying the nature of poetical language in Germany. KLOPSTOCK improved the whole tone of German poetry, and on the one hand crowded into the background able pioneers like HALLER and KLEIST, and furthermore men of lighter calibre, like the graceful HAGEDORN, or the Anacreontic poets, like GLEIM, or worthy men such as the simple and modest GELLERT, while on the other he became the cynosure of many young geniuses, like that group of poets, VOSS, HÖLTY, the STOLBERGS, and their friend CLAUDIUS, who clubbed together in Göttingen in 1772 and are known as the " Hain."

KLOPSTOCK, however, was neither the only nor the principal inspirer of the movement; for, compared with the superior endowments of LESSING and HERDER, his intellectual gifts remained, even to his death, but those of a promising boy. LESSING was a master-critic, HERDER a master-interpreter of literary values. They cut the nation loose from hampering traditions and opened up new worlds of thought. LESSING immensely raised literary standards by his merciless *Litteraturbriefe* (1759-1765), and freed the German stage from the bane of French pseudo-classical influence by his *Hamburgische Dramaturgie* (1767–1769). HERDER, notably by the essay on *Ossian und die Lieder alter Völker* (1773), taught the value of the poetry of the people as contrasted with that of the cultured, and showed that even the humblest and the most untrained mind may be artistic. This was an invaluable protest against the artificiality and hyperculture of the time, and a significant lesson in an age that produced the French Revolution. New stimulus was thus given to German literature; after centuries of oblivion the humble but powerful verse of the people regained the respect due it, and thenceforth exerted deep influence on lyrical and ballad poetry.

One man, BÜRGER, in particular was to benefit by his acquaintance with popular poetry. His great ballad *Lenore* (1773), modelled on the folk-songs, marks a turning-point. It was, immensely admired, and as the principles embodied in it were afterwards applied by greater men, *Lenore* became the forerunner of all the exquisite literary ballads which enrich German literature.

Besides LESSING and HERDER, one other man indirectly did much for the great literary upheaval, and deserves mention here. FREDERICK THE GREAT, King of Prussia (1740–1786), was steeped in French ideals, despised the German literature and language, overlooked LESSING, and considered GOETHE'S *Götz von Berlichingen* an artistic crime, but unconsciously did

powerful service to German literature, first by
graciously leaving it alone, especially however
by literally creating a national political life in
at least a part of Germany, and by thus filling
even the non-Prussian people with a love for
Germany which all the efforts of patriot-poets
like KLOPSTOCK or GLEIM could not have
evoked.

In mentioning GOETHE, we have spoken of
him for whom, in a sense, all this work was
done,—who was to fall heir to it and use it to
the greatest possible advantage.

GOETHE is *the* lyrical poet of the world, as
SHAKESPEARE is *the* dramatic and HOMER
the epic. GOETHE'S lyrical poetry, which is all
of his vast work that concerns us here, was
always the sincere expression of his deepest
feelings, and consequently faithfully reflects his
development. In his early verses the influence
of popular poetry, which HERDER taught him to
appreciate, is strong (in fact it never quite lost
its hold on him), and tempered the feverish
longing for freedom of thought and expression,
for strength and originality, which had seized
the young men of that time. The literary movement, in which the principles of many rising
authors found expression, is known as the
"Sturm und Drang." It was virtually started
by GOETHE'S *Götz von Berlichingen* (1773), and
to it belonged men like SCHUBART, LENZ, MALER
MÜLLER, and, somewhat later, SCHILLER. The
"Sturm und Drang" is the German Romantic
movement of the XVIIIth century. It is dif-

ficult for us to appreciate how much that was new it taught, and how much that was old it overthrew. Most of the young "geniuses," as they fondly called themselves, proved incapable of grappling with the problems surrounding them, and wilted before bearing much fruit. Only the giant GOETHE passed through that dangerous period unharmed, and hardened into vigorous maturity.

For a long time the "Sturm und Drang" ideals were strong with GOETHE. In Weimar and later in Italy, however, a transformation in the direction of classical serenity took place in him, and after his return from Italy most of his work bears the stamp of the classical genius. Later in his life, GOETHE made his nation acquainted with the easy grace of oriental poetry in his *West-Östliche Divan*, and thus started a movement which was continued by PLATEN, RÜCKERT, and, almost in our day, by BODENSTEDT.

GOETHE'S influence on the lyrical poetry of Germany is incalculable. He struck a note which will be heard as long as German poetry is read, for his mature work stands for all that is subtle, refined, healthy, and strong. By some of his views, especially by his admiration for Greek antiquity, he strongly influenced SCHILLER. As SCHILLER was, however, essentially a dramatic poet, and as he contributed no important new principles to German literature, we need merely point out that his ballads have never been surpassed, and have exerted immense influence on many later poets.

All of SCHILLER'S work reflects the exceptional strength of his character, in broad contrast with the honeyed verse of moonlight individualities like his contemporaries, MATTHISSON and SALIS-SEEWIS.

It is a matter of deep regret that an early death prevented SCHILLER from taking part in the great struggle of the German nation against French supremacy, and from joining those men who, like ARNDT, KÖRNER, SCHENKENDORF, and RÜCKERT, stirred the people with their patriotic verses.

While GOETHE and SCHILLER were at the very height of their power, a new movement arose toward the end of the last century in the so-called Romantic School. The imagination, as opposed to the intellect, was supreme with the men of this movement. From the unsatisfactory present they took refuge in the religious gloaming of the picturesque middle ages. A keen sense of beauty and catholicity of literary tastes characterized them. Yet a strong tendency to exaggeration, crudeness, and morbidity ultimately brought about the fall of this school, among whose members were the brothers SCHLEGEL, TIECK, NOVALIS, ARNIM, BRENTANO, HOLDERLIN, EICHENDORFF, and, in a loose way, CHAMISSO.

Intellectually, the movement contributed much that was valuable, artistically it did less, and lyrical poetry reaped no very great benefit from it. Fierce were the attacks on it, notably on the part of PLATEN; yet even long after it had died out as a school, its influence was felt. In fact, the Romantic School simply exaggerated certain tendencies found to a greater or less degree in literature at all times. For, according as it lays stress on health and balance, or emphasizes the importance of feeling and of the imagination, all literature may perhaps be divided into classical or romantic, allowing many shades between these two extremes. All the lyrical poetry of Germany in this century is romantic rather than classical, and hence almost all the poets we shall mention are in a way related to the Romanticists. So the work of the so-called Suabian school, i.e., of UHLAND, KERNER, SCHWAB, is modified Romanticism. UHLAND, in whose works we everywhere feel the man behind the verse, is saved from exaggeration or morbid mysticism by a strong and healthy vein which makes his poems fresh as morning dew. WILHELM /MÜLLER, vastly his inferior in artistic capacity, shares his healthy tone; but in the gloomy LENAU uncommon talent is ill-yoked with intense morbidity.

The dissatisfaction with life, the melancholy, and the sense of beauty, which characterize the Romantic School, curiously combined with originality, boldness, and frivolity to make up that imp of poets, HEINE, one of the most wonderful products of the good and evil forces in modern life. HEINE is as powerful a champion of liberty as any in this century; he is the apostle of individuality, but of individuality gone mad. To him there is nothing between slavery and license. In him, bestiality is found side by side with feminine delicacy. He, ALFRED DE MUS-SET, and BYRON make up that remarkable trio which dazzled, delighted, intoxicated, insulted, and baffled their own generation, as they will all that follow. HEINE'S artistic power is supreme, and his literary originality greater than that of all his critics put together; but he uses his talents for the lowest purposes with as much satisfaction as for the highest. In places his mastery of language is little short of marvellous. His individuality is altogether out of the common run; he is an angel, but an angel of Satan.

The XIXth century found in lyrical poetry, however, spokesmen not only of its intellectual and spiritual longings, but also of its political grievances. The political discontent which so long had been grumbling, burst forth and resulted in the revolution of 1848. Though HEINE was one of the earliest and most powerful of the political satirists, the men whose names in German lyrical poetry are most closely connected with that great political upheaval are HOFFMANN VON FAL-LERSLEBEN and FREILIGRATH, that great master of the picturesque in language; HERWEGH was perhaps bitterer and fiercer than either, while GRÜN remained comparatively moderate.

One of the most delightful, if not one of the most powerful, of the lyrical poets of the century, GEIBEL, never identified himself with the opposition in any field; his work is the product of a refined though not an original mind.

Contemporary Germany has good lyrical and

ballad poets, like the neglected SCHACK, but their verses are lacking in that subtlety and originality which astonish and delight us in modern German music, and which make BRAHMS and WAGNER two of the greatest exponents of our present civilization. Nor is it probable that under the existing circumstances lyrical poetry will soon again play the part it once did; science and music absorb the attention of modern Germany.

Günther.

Als er seine Liebe nicht sagen durfte.

Ich leugne nicht die starken Triebe
Und seufze nach der Gegenliebe
Der Schönheit, die mich angesteckt.
Der Traum entzückt mir das Gemüte,
5   So oft mir mein erregt Geblüte
Dein artig Bild auch blind entdeckt.

Allein die Ehrfurcht heißt mich schweigen;
Ein Sklave darf die Ketten zeigen
Und in der Not um Rettung schrein;
10   Nur ich muß diesen Trost entbehren
Und darf den Jammer nicht erklären:
Das heißt ja zweifach elend sein.

Indessen, darf der Mund nicht klagen,
So wird dir doch mein Auge sagen,
15   Wie tief mein Herz verwundet sei.
Erwäge nur Gestalt und Mienen,
Sie werden dir zum Zeugnis dienen:
Ich kann und mag nicht wieder frei.

Mich deucht, du nimmst es wohl zu Herzen;
20   Erhalt' ich das in meinen Schmerzen,
Daß dir mein Feuer wohl gefällt,
So will ich heimlich gerne brennen
Und dir sonst nichts als dies bekennen,
Du seist die Schönheit dieser Welt.

An Leonoren.

Mein Kummer weint allein um dich,
Mit mir ist's so verloren;
Die Umstänb' überweisen mich,
Ich sei zur Not geboren.
Ach, spare Seufzer, Wunsch und Flehn,
Du wirst mich wohl nicht wieder sehn,
Als etwan in den Auen,
Die Glaub' und Hoffnung schauen.

Vor diesem, da mir Fleiß und Kunst
Auf künftig Glücke blühte   10
Und mancher sich um Günthers Gunst
Schon zum voraus bemühte,
Da dacht' ich wider Feind und Neid
Die Palmen der Beständigkeit
Mit selbsterworbnem Segen   15
Dir noch in Schoß zu legen.

Der gute Vorsatz geht in Wind;
Ich soll im Staube liegen
Und als das ärmste Findelkind
Mich unter Leuten schmiegen.   20
Man läßt mich nicht, man stößt mich gar
Noch stündlich tiefer in Gefahr
Und sucht mein schönstes Leben
Der Marter preiszugeben.

So wird auch wohl mein Alter sein;   25
Ich bin des Klagens müde
Und mag nichts mehr gen Himmel schrein
Als: Herr, nun laß im Friede!

Kraft, Mut und Jugend sind fast hin,
Daher ich nicht mehr fähig bin,
Durch auserlesne Sachen
Mir Gut und Ruhm zu machen.

Nimm also, liebstes Kind, dein Herz,
O schweres Wort, zurücke
Und kehre dich an keinen Schmerz,
Womit ich's wieder schicke;
Es ist zu edel und zu treu,
10 Als daß es meiu Gefährte sei
Und wegen fremder Plage
Sein eignes Heil verschlage.

Du kannst dir durch dies teure Pfand
Was Köstlichers erwerben,
15 Mir mehrt es uur den Jammerstand
Und läßt mich schwerer sterben;
Denn weil du mich so zärtlich liebst
Und alles vor mein Wohlsein giebst,
So fühl' ich halbe Leiche
20 Auch zweifach scharfe Streiche.

Ich schwur vor diesem: Nur der Tod,
Sonst soll uns wohl nichts trennen!
Verzeih es jetzo meiner Not,
Die kann ich dir nicht gönnen;
25 Ich liebe dich zu rein und scharf,
Als daß ich noch begehren darf,
Daß Lorchen auf der Erde
Durch mich zur Witwen werde.

So brich nur Bild und Ring entzwei
30 Und laß die Briefe lodern;
Ich gebe dich dem ersten frei
Und habe nichts zu fodern.

Hagedorn.

Es küsse dich ein andrer Mann,
Der zwar nicht treuer küssen kann,
Jedoch mit größerm Glücke
Dein würdig Brautbett schmücke.

Vergiß mich stets und schlag' mein Bild
Von nun an aus dem Sinne;
Mein letztes Wünschen ist erfüllt,
Wofern ich dies gewinne,
Daß mit der Zeit noch jemand spricht: 10
Wenn Philimen die Ketten bricht,
So sind's nicht Falschheitstriebe,
Er haßt sie nur aus Liebe.

Hagedorn.

An die Freude.

Freude, Göttin edler Herzen!
    Höre mich!
Laß die Lieder, die hier schallen,   15
Dich vergrößern, dir gefallen;
Was hier tönet, tönt durch dich.

Muntre Schwester süßer Liebe!
    Himmelskind!
Kraft der Seelen! Halbes Leben!   20
Ach! was kann das Glück uns geben,
Wenn man dich nicht auch gewinnt?

Stumme Hüter toter Schätze
    Sind nur reich.
Dem, der keinen Schatz bewachet,   25
Sinnreich scherzt und singt und lachet,
Ist kein karger König gleich.

Gieb den Kennern, die dich ehren,
Neuen Mut,
Neuen Scherz den regen Zungen,
Neue Fertigkeit den Jungen,
Und den Alten neues Blut.

Du erheiterst, holde Freude!
Die Vernunft.
Flieh' auf ewig die Gesichter
Aller finstern Splitterrichter
Und die ganze Heuchlerzunft!

10

Gellert.

Die Güte Gottes.

Wie groß ist des Allmächt'gen Güte!
Ist der ein Mensch, den sie nicht rührt?
Der mit verhärtetem Gemüte
Den Dank erstickt, der ihm gebührt?
Nein, seine Liebe zu ermessen,
Sei ewig meine größte Pflicht!
Der Herr hat mein noch nie vergessen;
Vergiß, mein Herz, auch seiner nicht.

15

Wer hat mich wunderbar bereitet?
Der Gott, der meiner nicht bedarf.
Wer hat mit Langmut mich geleitet?
Er, dessen Rat ich oft verwarf.
Wer stärkt den Frieden im Gewissen?
Wer giebt dem Geiste neue Kraft?
Wer läßt mich so viel Glück genießen?
Ist's nicht sein Arm, der alles schafft?

20

25

Schau', o mein Geist! in jenes Leben,
Zu welchem du erschaffen bist;
Wo du, mit Herrlichkeit umgeben,
Gott ewig sehn wirst, wie er ist.
Du hast ein Recht zu diesen Freuden;
Durch Gottes Güte sind sie dein.
Sieh, darum mußte Christus leiden,
Damit du könntest selig sein.

Und diesen Gott sollt' ich nicht ehren?
Und seine Güte nicht verstehn?   10
Er sollte rufen, ich nicht hören?
Den Weg, den er mir zeigt, nicht gehn?
Sein Will' ist mir ins Herz geschrieben;
Sein Wort bestärkt ihn ewiglich.
Gott soll ich über alles lieben   15
Und meinen Nächsten gleich als mich.

Dies ist mein Dank, dies ist sein Wille,
Ich soll vollkommen sein wie er.
So lang ich dies Gebot erfülle,
Stell' ich sein Bildnis in mir her.   20
Lebt seine Lieb' in meiner Seele:
So treibt sie mich zu jeder Pflicht.
Und ob ich schon aus Schwachheit fehle,
Herrscht doch in mir die Sünde nicht.

O Gott! laß deine Güt' und Liebe   25
Mir immerdar vor Augen sein!
Sie stärk' in mir die guten Triebe,
Mein ganzes Leben dir zu weihn.
Sie tröste mich zur Zeit der Schmerzen;
Sie leite mich zur Zeit des Glücks;   30
Und sie besieg' in meinem Herzen
Die Furcht des letzten Augenblicks.

Der Bauer und sein Sohn.

Ein guter dummer Bauerknabe,
Den Junker Hans einst mit auf Reisen nahm,
Und der troß seinem Herrn mit einer guten Gabe,
Recht dreist zu lügen, wieder kam:
5 Ging kurz nach der vollbrachten Reise
Mit seinem Vater über Land.
Friß, der im Gehn recht Zeit zum Lügen faud,
Log auf die unverschämtste Weise.
Zu seinem Unglück kam ein großer Hund gerannt.
10 „Ja Vater," rief der unverschämte Knabe,
„Ihr mögt mir's glauben oder nicht:
So sag' ich's Euch und jedem ins Gesicht,
Daß ich einst einen Hund bei—Haag gesehen habe,
Hart an dem Weg, wo man nach Frankreich fährt,
15 Der—ja, ich bin nicht ehrenwert,
Wenn er nicht größer war als Euer größtes Pferd."

„Das," sprach der Vater, „nimmt mich wunder;
Wiewohl ein jeder Ort läßt Wunderdinge sehn,
Wir zum Exempel gehn itzunder
20 Und werden keine Stunde gehn:
So wirst du eine Brücke sehn,
(Wir müssen selbst darüber gehn)
Die hat dir manchen schon betrogen;
(Denn überhaupt soll's dort nicht gar zu richtig sein)
25 Auf dieser Brücke liegt ein Stein,
An den stößt man, wenn man denselben Tag gelogen,
Und fällt und bricht sogleich das Bein."

Der Bub' erschrak, sobald er dies vernommen.
„Ach!" sprach er, „lauft doch nicht so sehr!
30 Doch wieder auf den Hund zu kommen,
Wie groß sagt' ich, daß er gewesen wär'?

Wie Euer großes Pferd?   Dazu will viel gehören.
Der Hund, itzt fällt mir's ein, war erst ein halbes Jahr;
Allein das wollt' ich wohl beschwören,
Daß er so groß, als mancher Ochse, war."

Sie gingen noch ein gutes Stücke;   5
Doch Fritzen schlug das Herz.   Wie konnt' es anders
     sein?
Denn niemand bricht doch gern ein Bein.
Er sah nunmehr die richterische Brücke
Und fühlte schon den Beinbruch halb.
„Ja Vater," fing er an, „der Hund, von dem ich redte,   10
War groß, und wenn ich ihn auch was vergrößert hätte:
So war er doch viel größer als ein Kalb."

Die Brücke kömmt.   Fritz! Fritz! wie wird dir's
     gehen!
Der Vater geht voran; doch Fritz hält ihn geschwind.
„Ach Vater!" spricht er, „seid kein Kind   15
Und glaubt, daß ich dergleichen Hund gesehen.
Denn kurz und gut, eh' wir darüber gehen:
Der Hund war nur so groß, wie alle Hunde sind."

Du mußt es nicht gleich übel nehmen,
Wenn hie und da ein Geck zu lügen sich erkühnt.   20
Lüg' auch, und mehr als er, und such' ihn zu beschämen:
So machst du dich um ihn und um die Welt verdient.

Gleim.

Der Bach.

Lieber Bach, der zwischen Felsen
     Sich in grüne Matten drängt,
Und die Weiden und die Elsen
     Mit der kühlen Welle tränkt!   25

Schlachtgesang.

Hell und klar eilt er vorüber;
Lieber Bach, wohin? wohin? —
Nach Meruno! — O du Lieber,
Grüß' mir meine Schäferin!

Denn dort wohnt die, und dort schöpfen
Beim Gesang der Nachtigall
Neben ihren Blumentöpfen
Ihre Händchen dein Krystall.

Lieber Bach, du wirst sie sehen,
Lilla spiegelt sich in dir:
Wird sie still und sinnend stehen,
Dann, so grüße sie von mir!

Schlachtgesang.

(Vor der Schlacht bei Prag, den 6ten Mai 1757.)

Was kannst du? Talpatsch und Pandur,
Soldat und Offizier!
Was kannst du? Fliehen kannst du nur;
Und siegen können wir.

Wir kommen; zittre! Deinen Tod
Verkündigt Roß und Mann!
Wir kommen, unser Kriegesgott,
Held Friedrich, ist voran!

Auch ist, mit seiner Heldenschar,
Der Held Schwerin nicht fern,
Wir sehen ihn; Sein graues Haar
Glänzt uns, als wie ein Stern!

Was hilft es, Feind, daß groß Geschütz
Steht um dich her gepflanzt?
Was hilft es, daß mit Kunst und Witz
Dein Lager steht umschanzt?

Gehorſam feurigem Verſtand
   Und alter Weisheit nun,
Stehn wir, die Waffen in der Hand,
   Und wollen Thaten thun.

Und wollen troßen deiner Macht,
   Auf hohem Felſenſiß,
Und deinem Streich, uns zugedacht,
   Und deinem Kriegeswiß.

Und deinem Stolz und deinem Spott;
   Denn dieſen böſen Krieg   10
Haſt du geboren, drum iſt Gott
   Mit uns, und giebt uns Sieg!

Und läßt uns herrlichen Geſang
   Anſtimmen nach der Schlacht.
Schweig' Leier! Hört Trompetenklang!   15
   Still, Brüder! gebet acht!

Klopstock.

Ihr Schlummer.

Sie schläft. O gieß' ihr, Schlummer, geflügeltes
Balſamisch Leben über ihr ſanftes Herz!
Aus Edens ungetrübter Quelle
Schöpfe den lichten, kryſtallnen Tropfen!   20

Und laß ihn, wo der Wange die Röt' entfloh,
Dort duftig hintaun! Und du, o beſſere,
Der Tugend und der Liebe Ruhe,
Grazie deines Olymps, bedecke

Mit deinem Fittig Cidli. Wie schlummert ſie,   25
Wie ſtille! Schweig, o leiſere Saite ſelbſt!
Es welket dir dein Lorbeerſprößling,
Wenn aus dem Schlummer du Cidli liſpelſt!

Die frühen Gräber.

Willkommen, o silberner Mond,
Schöner, stiller Gefährt der Nacht!
Du entfliehst? Eile nicht, bleib', Gedankenfreund!
Sehet, er bleibt, das Gewölk wallte nur hin.

5 Des Maies Erwachen ist nur
Schöner noch, wie die Sommernacht,
Wenn ihm Tau, hell wie Licht, aus der Locke träuft,
Und zu dem Hügel herauf rötlich er kömmt.

Ihr Edleren, ach, es bewächst
10 Eure Male schon ernstes Moos!
O wie war glücklich ich, als ich noch mit euch
Sahe sich röten den Tag, schimmern die Nacht.

Sie.

Freude, wem gleichst du? Umsonst streb' ich zu
wählen! Du bist
Allem, was schöner ist, gleich, allem, das hoch
15 Sich erhebet, allem, was ganz
Rühret das Herz!

O sie kennen dich nicht! Wissen sie, daß du nicht
kommst,
Wenn sie dir rufen? daß du, freieste du,
Sie, wenn zu zwingen sie wähnen, verlachst,
20 Fliehend verlachst?

Freieste, aber du bist Fühlenden, Redlichen hold,
Lächelst ihnen! Du labst dann, wie der West;
Blühest, wie Rosen, welche mit Moos
Gürten ihr Blatt;

Glühst von der Lerche Glut, hebt sie gen Himmel
   sich; weinst,
Wie die gekränzete Braut; wie, wenn den Sohn,
Junge Mutter nunmehr, sie umarmt,
Drückt an ihr Herz!

Aber du weinest auch, wenn mit der Wehmut du dich 5
Einst, und der Tröstung. Besucht oft sie, ihr drei,
Denen ihr liebe Gespielinnen seid,
Grazien seid.

Voss.

Die beiden Schwestern bei der Rose.

Laß sie stehn,
Schwesterchen,
Diese junge Rose!   10
Siest du nicht,
Daß sie sticht?
Laß sie, kleine Lose!

Unbeglückt   15
Wer sie pflückt
Vom bedornten Stamme!
Tief ins Herz
Dringt der Schmerz
Von Cytherens Flamme.   20

Als sie mir
Damon hier
Vor die Brust gestecket;
Mädchen, ah!
Was ward da   25
Schnell in mir erwecket!

Voller Glut
War mein Blut;
Zitternd alle Glieder!
Nimmermehr
Findet er
Mich so fühlend wieder.

Weißt du nicht
Das Gerücht,
Wie die Ros' entsprossen?
10   Aus der Qual
Die einmal
Eos' Aug' entflossen.

Morgens früh
Eilte sie
15   Von dem trägen Gatten;
Tröpfelte
Zärtliche
Thränen auf die Matten.

Wonniglich
Zeigte sich
20   Da die Blume Florens;
Purpurrot,
Wie das Rot
Auf der Wang' Aurorens.

Wer sie bricht,
25   Der kann nicht
Amors Pfeil' entfliehen.
Drum hat ihr,
(Warnung dir!)
Zeus den Dorn verliehen.
30

Hölty.

Elegie auf ein Landmädchen.

Schwermutsvoll und dumpfig hallt Geläute
Vom bemoosten Kirchenturm herab.
Väter weinen, Kinder, Mütter, Bräute,
Und der Totengräber gräbt ein Grab.
Angethan mit einem Sterbekleide,
Eine Blumenkron' im blonden Haar,
Schlummert Röschen, so der Mutter Freude,
So der Stolz des Dorfes war.

Ihre Lieben, voll des Mißgeschickes,
Denken nicht an Pfänderspiel und Tanz,   10
Stehn am Sarge, winden nassen Blickes
Ihrer Freundin einen Totenkranz.
Ach! kein Mädchen war der Thränen werter,
Als du gutes, frommes Mädchen bist,
Und im Himmel ist kein Geist verklärter,   15
Als die Seele Röschens ist.

Wie ein Engel stand im Schäferkleide
Sie vor ihrer kleinen Hüttenthür;
Wiesenblumen waren ihr Geschmeide
Und ein Veilchen ihres Busens Zier;   20
Ihre Fächer waren Zephyrs Flügel
Und der Morgenhain ihr Putzgemach;
Diese Silberquellen ihre Spiegel,
Ihre Schminke dieser Bach.

Sittsamkeit umfloß wie Mondenschimmer   25
Ihre Rosenwangen, ihren Blick;
Nimmer wich der Seraph Unschuld, nimmer
Von der holden Schäferin zurück.

Jünglingsblicke taumelten voll Feuer
Nach dem Reiz des lieben Mädchens hin,
Aber keiner als ihr Vielgetreuer
Rührte jemals ihren Sinn.

Keiner als ihr Wilhelm! Frühlingsweihe
Rief die Edeln in den Buchenhain;
Angeblinkt von Maienhimmelbläue,
Flogen sie den deutschen Ringelreihn.
Röschen gab ihm Bänder mancher Farbe,
10 Kam die Ernt', an seinen Schnitterhut,
Saß mit ihm auf einer Weizengarbe,
Lächelt' ihm zur Arbeit Mut.

Baud den Weizen, welchen Wilhelm mähte,
Band und äugelt' ihrem Liebling nach,
15 Bis die Kühlung kam und Abendröte
Durch die falben Westgewölke brach.
Über alles war ihm Röschen teuer,
War sein Taggedanke, war sein Traum.
Wie sich Röschen liebten und ihr Treuer,
20 Lieben sich die Engel kaum.

Wilhelm! Wilhelm! Sterbeglocken hallen
Und die Grabgesänge heben an,
Schwarzbeflorte Trauerleute wallen
Und die Totenkrone weht voran.
25 Wilhelm wankt, mit seinem Liederbuche,
Nasses Auges, an das offne Grab,
Trocknet mit dem weißen Leichentuche
Sich die hellen Thränen ab.

Schlummre sanft, du gute, fromme Seele,
30 Bis auf ewig dieser Schlummer flieht!
Wein' auf ihrem Hügel, Philomele,
Um die Dämmerung ein Sterbelied!

Weht wie Harfenlispel, Abendwinde,
Durch die Blumen, die ihr Grab gebar!
Und im Wipfel dieser Kirchhoflinde
Nist' ein Turteltaubenpaar!

Stolberg.

An die Natur.

Süße, heilige Natur,
Laß mich gehn auf deiner Spur,
Leite mich an deiner Hand,
Wie ein Kind am Gängelband!

Wenn ich dann ermüdet bin,
Sink' ich dir am Busen hin,   10
Atme süße Himmelsluft
Hangend an der Mutterbrust.

Ach! wie wohl ist mir bei dir!
Will dich lieben für und für;
Laß mich gehn auf deiner Spur,   15
Süße, heilige Natur!

Claudius.

Abendlied.

Der Mond ist aufgegangen,
Die goldnen Sternlein prangen
    Am Himmel hell und klar;
Der Wald steht schwarz und schweiget,
Und aus den Wiesen steiget   20
    Der weiße Nebel wunderbar.

Wie ist die Welt so stille,
Und in der Dämmerung Hülle

So traulich und so hold!
Als eine stille Kammer,
Wo ihr des Tages Jammer
 Verschlafen und vergessen sollt.

Seht ihr den Mond dort stehen?—
Er ist nur halb zu sehen,
 Und ist doch rund und schön!
So sind wohl manche Sachen,
Die wir getrost belachen,
 Weil unsre Augen sie nicht sehn.

Wir stolze Menschenkinder
Sind eitel arme Sünder,
 Und wissen gar nicht viel;
Wir spinnen Luftgespinnste,
Und suchen viele Künste,
 Und kommen weiter von dem Ziel.

Gott, laß uns dein Heil schauen,
Auf nichts Vergänglichs trauen,
 Nicht Eitelkeit uns freun!
Laß uns einfältig werden,
Und vor dir hier auf Erden
 Wie Kinder fromm und fröhlich sein!

* * *

Wollst endlich sonder Grämen
Aus dieser Welt uns nehmen
 Durch einen sanften Tod!
Und, wenn du uns genommen,
Laß uns in Himmel kommen,
 Du unser Herr und unser Gott!

So legt euch denn, ihr Brüder,
In Gottes Namen nieder;

Kalt ist der Abendhauch.
Verschon' uns, Gott! mit Strafen,
Und laß uns ruhig schlafen!
Und unsern kranken Nachbar auch!

Bürger.

Lenore.

Lenore fuhr ums Morgenrot
Empor aus schweren Träumen:
„Bist untreu, Wilhelm, oder tot?
Wie lange willst du säumen?“
Er war mit König Friedrichs Macht
Gezogen in die Prager Schlacht,   10
Und hatte nicht geschrieben:
Ob er gesund geblieben.

Der König und die Kaiserin,
Des langen Haders müde,
Erweichten ihren harten Sinn   15
Und machten endlich Friede;
Und jedes Heer, mit Sing und Sang,
Mit Paukenschlag und Kling und Klang,
Geschmückt mit grünen Reisern,
Zog heim zu seinen Häusern.   20

Und überall all überall,
Auf Wegen und auf Stegen,
Zog alt und jung dem Jubelschall
Der Kommenden entgegen.
Gottlob! rief Kind und Gattin laut,   25
Willkommen! manche frohe Braut.
Ach! aber für Lenoren
War Gruß und Kuß verloren.

GOTTFRIED AUGUST BÜRGER.
(*After a picture of* 1798.)

Sie frug den Zug wohl auf und ab,
Und frug nach allen Namen;
Doch keiner war, der Kundschaft gab,
Von allen, so da kamen.
Als nun das Heer vorüber war,
Zerraufte sie ihr Rabenhaar
Und warf sich hin zur Erde,
Mit wütiger Gebärde.

Die Mutter lief wohl hin zu ihr: —
10 „Ach, daß sich Gott erbarme!
Du trautes Kind, was ist mit dir?" —
Und schloß sie in die Arme. —
„O Mutter, Mutter! hin ist hin!
Nun fahre Welt und alles hin!
15 Bei Gott ist kein Erbarmen.
O weh, o weh mir Armen!" —

„Hilf Gott, hilf! Sieh uns gnädig an!
Kind, bet ein Vaterunser!
Was Gott thut, das ist wohlgethan.
20 Gott, Gott erbarmt sich unser!"—
„O Mutter, Mutter! Eitler Wahn!
Gott hat an mir nicht wohlgethan!
Was half, was half mein Beten?
Nun ist's nicht mehr vonnöten." —

25 „Hilf Gott, hilf! wer den Vater kennt,
Der weiß, er hilft den Kindern.
Das hochgelobte Sakrament
Wird deinen Jammer lindern." —
„O Mutter, Mutter! was mich brennt,
30 Das lindert mir kein Sakrament!
Kein Sakrament mag Leben
Den Toten wiedergeben." —

„Hör', Kind! wie, wenn der falſche Mann,
Im fernen Ungerlande,
Sich ſeines Glaubens abgethan,
Zum neuen Ehebande?
Laß fahren, Kind, ſein Herz dahin!
Er hat es nimmermehr Gewinn!
Wann Seel' und Leib ſich trennen,
Wird ihn ſein Meineid brennen." —

„O Mutter, Mutter! Hin iſt hin!
Verloren iſt verloren!   10
Der Tod, der Tod iſt mein Gewinn!
O wär' ich nie geboren!
Liſch aus, mein Licht, auf ewig aus!
Stirb hin, ſtirb hin in Nacht und Graus!
Bei Gott iſt kein Erbarmen.   15
O weh, o weh mir Armen!" —

„Hilf Gott, hilf! Geh' nicht ins Gericht
Mit deinem armen Kinde!
Sie weiß nicht, was die Zunge ſpricht.
Behalt ihr nicht die Sünde!   20
Ach, Kind, vergiß dein irdiſch Leid,
Und denk' an Gott und Seligkeit!
So wird doch deiner Seelen
Der Bräutigam nicht fehlen." —

„O Mutter! Was iſt Sel'gkeit?   25
O Mutter! Was iſt Hölle?
Bei ihm, bei ihm iſt Seligkeit,
Und ohne Wilhelm Hölle! —
Liſch aus, mein Licht, auf ewig aus!
Stirb hin, ſtirb hin in Nacht und Graus!   30
Ohn' ihn mag ich auf Erden,
Mag dort nicht ſelig werden." — — —

So wütete Verzweifelung
Ihr in Gehirn und Adern.
Sie fuhr mit Gottes Vorsehung
Vermessen fort zu hadern;
5 Zerschlug den Busen und zerrang
Die Hand, bis Sonnenuntergang,
Bis auf am Himmelsbogen
Die goldnen Sterne zogen.

Und außen, horch! ging's trap trap trap,
10 Als wie von Rosseshufen;
Und klirrend stieg ein Reiter ab,
An des Geländers Stufen;
Und horch! und horch! den Pfortenring
Ganz lose, leise, klinglingling!
15 Dann kamen durch die Pforte
Vernehmlich diese Worte:

„Holla, Holla! Thu' auf, mein Kind!
Schläfst, Liebchen, oder wachst du?
Wie bist noch gegen mich gesinnt?
20 Und weinest oder lachst du?" —
„Ach, Wilhelm, du? — So spät bei Nacht? —
Geweinet hab' ich und gewacht;
Ach, großes Leid erlitten!
Wo kommst du hergeritten?" —

„Wir satteln nur um Mitternacht.
25 Weit ritt ich her von Böhmen.
Ich habe spät mich aufgemacht,
Und will dich mit mir nehmen." —
„Ach, Wilhelm, erst herein geschwind!
Den Hagedorn durchsaust der Wind,
30 Herein, in meinen Armen,
Herzliebster, zu erwarmen!" —

    „Laß sausen durch den Hagedorn,
Laß sausen, Kind, laß sausen!
Der Rappe scharrt; es klirrt der Sporn.
Ich darf allhier nicht hausen.
Komm, schürze, spring' und schwinge dich
Auf meinen Rappen hinter mich!
Muß heut' noch hundert Meilen
Mit dir ins Brautbett eilen." —

    „Ach! wolltest hundert Meilen noch
Mich heut' ins Brautbett tragen?   10
Und horch! es brummt die Glocke noch,
Die elf schon angeschlagen." —
„Sieh hin, sieh her! der Mond scheint hell.
Wir und die Toten reiten schnell.
Ich bringe dich, zur Wette,   15
Noch heut' ins Hochzeitbette." —

    „Sag' an, wo ist dein Kämmerlein?
Wo? Wie dein Hochzeitbettchen?" —
„Weit, weit von hier! — Still, kühl und klein! —
Sechs Bretter und zwei Brettchen!" —   20
„Hat's Raum für mich?" — „Für dich und mich!
Komm, schürze, spring' und schwinge dich!
Die Hochzeitgäste hoffen;
Die Kammer steht uns offen." —

    Schön Liebchen schürzte, sprang und schwang   25
Sich auf das Roß behende;
Wohl um den trauten Reiter schlang
Sie ihre Lilienhände;
Und hurre hurre, hop hop hop!
Ging's fort in sausendem Galopp,   30
Daß Roß und Reiter schnoben,
Und Kies und Funken stoben.

Was klang dort für Gesang und Klang?
10 Was flatterten die Raben? —
Horch Glockenklang! dorch Totensang:
„Laßt uns den Leib begraben!"
Und näher zog ein Leichenzug,
Der Sarg und Totenbahre trug.
15 Das Lied war zu vergleichen
Dem Unkenruf in Teichen.

„Nach Mitternacht begrabt den Leib,
Mit Klang und Sang und Klage!
Jetzt führ' ich heim mein junges Weib
20 Mit, mit zum Brautgelage!
Komm, Küster, hier! Komm mit dem Chor,
Und gurgle mir das Brautlied vor!
Komm, Pfaff', und sprich den Segen,
Eh' wir zu Bett' uns legen!" —

25 Still Klang und Sang.—Die Bahre schwand.—
Gehorsam seinem Rufen,
Kam's hurre hurre! nachgerannt,
Hart hinter's Rappen Hufen.
Und immer weiter, hop hop hop!
30 Ging's fort in sausendem Galopp,
Daß Roß und Reiter schnoben,
Und Kies und Funken stoben.

Wie flogen rechts, wie flogen links
Gebirge, Bäum' und Hecken!
Wie flogen links, und rechts, und links
Die Dörfer, Städt' und Flecken! —
„Graut Liebchen auch? — Der Mond scheint hell!   5
Hurra! die Toten reiten schnell!
Graut Liebchen auch vor Toten?" —
„Ach! Laß sie ruhn, die Toten!" —

    Sieh da! sieh da!   Am Hochgericht
Tanzt' um des Rades Spindel   10
Halb sichtbarlich, bei Mondenlicht,
Ein luftiges Gesindel. —
„Sasa! Gesindel, hier!   Komm hier!
Gesindel, komm und folge mir!
Tanz' uns den Hochzeitreigen,   15
Wann wir zu Bette steigen!" —

    Und das Gesindel husch husch husch!
Kam hinten nachgeprasselt,
Wie Wirbelwind am Haselbusch
Durch dürre Blätter rasselt.   20
Und weiter, weiter, hop hop hop!
Ging's fort in sausendem Galopp,
Daß Roß und Reiter schnoben,
Und Kies und Funken stoben.

    Wie flog, was rund der Mond beschien,   25
Wie flog es in die Ferne!
Wie flogen oben über hin
Der Himmel und die Sterne! —
„Graut Liebchen auch? — Der Mond scheint hell!
Hurra! die Toten reiten schnell!   30
Graut Liebchen auch vor Toten?" —
„O weh! Laß ruhn die Toten!" — — — —

„Rapp'! Rapp'! Mich dünkt, der Hahn schon
  ruft. —
Bald wird der Sand verrinnen —
Rapp'! Rapp'! Ich wittre Morgenluft —
Rapp'! Tummle dich von hinnen! —
5 Vollbracht, vollbracht ist unser Lauf!
Das Hochzeitbette thut sich auf!
Die Toten reiten schnelle!
Wir sind, wir sind zur Stelle." — — —

Rasch auf ein eisern Gitterthor
10 Ging's mit verhängtem Zügel.
Mit schwanker Gert' ein Schlag davor
Zersprengte Schloß und Riegel.
Die Flügel flogen klirrend auf,
Und über Gräber ging der Lauf.
15 Es blinkten Leichensteine
Rund um im Mondenscheine.

Ha sieh! Ha sieh! im Augenblick,
Huhu! ein gräßlich Wunder!
Des Reiters Koller, Stück für Stück,
20 Fiel ab, wie mürber Zunder.
Zum Schädel, ohne Zopf und Schopf,
Zum nackten Schädel ward sein Kopf;
Sein Körper zum Gerippe,
Mit Stundenglas und Hippe.

25 Hoch bäumte sich, wild schnob der Rapp'
Und sprühte Feuerfunken;
Und hui! war's unter ihr hinab
Verschwunden und versunken.
Geheul! Geheul aus hoher Luft,
30 Gewinsel kam aus tiefer Gruft.
Lenorens Herz, mit Beben,
Rang zwischen Tod und Leben.

Nun tanzten wohl bei Monbenglanz,
Rund um herum im Kreise,
Die Geister einen Kettentanz,
Und heulten diese Weise:
„Gebuld! Gebuld! Wenn's Herz auch bricht!　　　5
Mit Gott im Himmel habre nicht!
Des Leibes bist du ledig;
Gott sei der Seele gnädig!"

An die Menschengesichter.

Ich habe was Liebes, das hab' ich zu lieb;
Was kann ich, was kann ich dafür?　　　10
Drum sind mir die Menschengesichter nicht hold.
Doch spinn' ich ja leider nicht Seide, noch Gold,
Ich spinne nur Herzeleid mir.

Auch mich hat was Liebes im Herzen zu lieb;
Was kann es, was kann es fürs Herz?　　　15
Auch ihm sind die Menschengesichter nicht hold:
Doch spinnt es ja leider nicht Seide noch Gold,
Es spinnt sich nur Elend und Schmerz.

Wir seufzen und sehnen, wir schmachten uns nach,
Wir sehnen und seufzen uns krank.　　　20
Die Menschengesichter verargen uns das;
Sie reden, sie thun uns bald dies und bald das,
Und schmieden uns Fessel und Zwang.

Wenn ihr für die Leiden der Liebe was könnt,
Gesichter, so gönnen wir's euch.　　　25
Wenn wir es nicht können, so irr' es euch nicht!
Wir können, ach leider! wir können es nicht,
Nicht für das mogolische Reich!

Wir irren und quälen euch andre ja nicht;
Wir quälen ja uns nur allein.
Drum, Menschengesichter, wir bitten euch sehr,
Drum laßt uns gewähren und quält uns nicht mehr,
5 O laßt uns gewähren allein!

Was dränget ihr euch um die Kranken herum,
Und scheltet und schnarchet sie an?
Von Schelten und Schnarchen genesen sie nicht.
Man liebet ja Tugend, man übet ja Pflicht;
10 Doch keiner thut mehr, als er kann.

Die Sonne, sie leuchtet; sie schattet, die Nacht;
Hinab will der Bach, nicht hinan;
Der Sommerwind trocknet; der Regen macht naß;
Das Feuer verbrennet.—Wie hindert ihr das?—
15 O laßt es gewähren, wie's kann!

Es hungert den Hunger, es dürstet den Durst;
Sie sterben von Nahrung entfernt.
Naturgang wendet kein Aber und Wenn.—
O Menschengesichter, wie zwinget ihr's denn,
20 Daß Liebe zu lieben verlernt?

Auf die Morgenröte.

Wann die goldne Frühe, neugeboren,
Am Olymp mein matter Blick erschaut,
Dann erblaß ich, wein' und seufze laut:
Dort im Glanze wohnt, die ich verloren!

25 Grauer Tithon! du empfängst Auroren
Froh aufs neu, sobald der Abend taut;
Aber ich umarm' erst meine Braut
An des Schattenlandes schwarzen Thoren.

Tithon! Deines Alters Dämmerung
Mildert mit dem Strahl der Rosenstirne
Deine Gattin, ewig schön und jung:

Aber mir erloschen die Gestirne,
Sank der Tag in öde Finsternis,
Als sich Molly dieser Welt entriß.

Schubart.

Die gefangenen Sänger.

Die Lerche, die, im schlauen Garn gefangen,
   Im dunklen Eisenkäfig saß,
Und traurig auf bestäubten Stangen
   Den wirbelnden Gesang vergaß;   10
Fühlt' einst, vom Morgenstrahl erhoben,
   Den mächtigen Beruf,
In einem Lied den Gott zu loben,
   Der sie zur Lerche schuf.

Schon öffnet sich ihr Schnäbelein zum Singen,   15
   Schon kräuselt sie die Melodie;
Spannt ihre Flügel aus, um sich emporzuschwingen,
Und hoch herab aus blauer Luft zu singen
   Ihr schmetterndes Tirili.

Doch sie vergaß im Jubel ihrer Seele   20
   Des engen Käfigs Zwang,
Und ach! umsonst kräust ihre Kehle
   Den jubelnden Gesang.

Sie stieß sich an den Käfigboden,
   Stürzt nieder, zuckt im Staub.   25
Nun liegt sie da, gleich einem Toten,
   Für alle Töne taub.
Ein fürchterliches Bild für mich:
So flieg' ich auf—und so verstumm' auch ich.

Die Nachtigall singt auch im Bauer:
  Doch nicht so süß, als wär' sie frei.
Ihr Lied gluckt fürchterliche Trauer
  Und nicht der Freude Melodei.
5 Ein Bild—O Gott! ein Bild für mich:
Mein Lied tönt auch so fürchterlich!

Girrt die gefangne Turteltaube
  Auch freie Lieb' und Zärtlichkeit,
Wie in der sichern Frühlingslaube,
10   Die keine Sklaverei entweiht?
Nein, traurig girrt sie, trüb und bang;
Ihr Lied ist Klag', ist Sterbgesang.
Ein Bild—o Gott, ein Bild für mich:
So klag' und wein' und girr' auch ich!

Freiheitslied eines Kolonisten.

15 Hinaus! Hinaus ins Ehrenfeld
  Mit blinkendem Gewehr!
Columbus, deine ganze Welt
  Tritt mutig daher!

Die Göttin Freiheit mit der Fahn'—
20   (Der Sklave sah' sie nie)
Geht—Brüder, seht's! sie geht voran!
  O blutet vor sie!

Ha, Vater Putnam lenkt den Sturm,
  Und teilt mit uns Gefahr;
25 Uns leuchtet, wie ein Pharusturm
  Sein silbernes Haar!

Du gier'ger Britte, sprichst uns Hohn?—
  Da nimm uns unser Gold!
Es kämpft kein Bürger von Boston
30   Um sklavischen Sold!

Da seht Europens Sklaven an,
　　In Ketten rasseln sie!—
Sie braucht ein Treiber, ein Tyrann
　　Für würgbares Vieh.

Ihr reicht den feigen Nacken, ihr,
　　Dem Tritt der Herrschsucht dar?—
Schwimmt her!—hier wohnt die Freiheit, hier!
　　Hier flammt ihr Altar!

Doch winkt uns Vater Putnam nicht?
　　Auf, Brüder, ins Gewehr!—　　　　　　10
Wer nicht für unsre Freiheit ficht,
　　Den stürzet ins Meer!

Herbei, Columbier, herbei!
　　Im Antlitz sonnenrot!
Hör', Britte, unser Feldgeschrei,　　　　15
　　Ist's Sieg oder Tod.

Lenz.

Ach, du, um die die Blumen sich
Verliebt aus ihren Knospen drängen
Und mit der frohen Luft um dich
Entzückt auch ihren Weihrauch mengen,　　20
Um die jetzt Flur und Garten lacht,
Weil sie dein Auge blühen macht,

Ach könnt' ich jetzt ein Vogel sein
Und in verschwiegnem Busch es wagen,
Dir meines Herzens hohe Pein　　　　　25
Dir ohne Beispiel jetzt zu klagen;
Empfändest du die Möglichkeit
Von dieser Qualen Truckenheit:

Vielleicht daß jener Busen sich
Zu einem milden Seufzer höbe,
Der mich bezahlte, daß ich dich
Noch sterbend über alles liebe.

5   Wo bist du itzt, mein unvergeßlich Mädchen,
      Wo singst du itzt?
    Wo lacht die Flur, wo triumphiert das Städtchen,
      Das dich besitzt?

    Seit du entfernt, will keine Sonne scheinen,
10   Und es vereint
    Der Himmel sich, dir zärtlich nachzuweinen,
      Mit deinem Freund.

    All unsre Lust ist fort mit dir gezogen,
      Still überall
15 Ist Stadt und Feld. Dir nach ist sie geflogen,
      Die Nachtigall.

    O komm zurück! Schon rufen Hirt und Herden
      Dich bang herbei.
    Komm bald zurück! Sonst wird es Winter werden
20   Im Monat Mai.

Maler Müller.

Soldatenabschied.

Heute scheid' ich, heute wandr' ich,
  Keine Seele weint um mich.
Sind's nicht diese, sind's doch andre,
Die da trauern, wenn ich wandre:
25   · Holder Schatz, ich denk' an dich.

Auf bem Bachstrom hängen Weiben;
  In ben Thälern liegt ber Schnee.
Trautes Kind, baß ich muß scheiben,
Muß nun unsre Heimat meiben,
  Tief im Herzen thut mir's weh.

Hunderttausenb Kuglen pfeifen
  Ueber meinem Haupte hin!—
Wo ich fall', scharrt man mich nieber,
Ohne Klang unb ohne Lieber,
  Niemanb fraget, wer ich bin.   10

Du allein wirst um mich weinen,
  Siehst bu meinen Todesschein.
Trautes Kind, sollt' er erscheinen,
Thu' im stillen um mich weinen
  Unb gebenf' auch immer mein.   15

Heb' zum Himmel unsren Kleinen,
  Schluchz': „Nun tot ber Vater beiu!"
Lehr' ihn beten—Gieb ihm Segeu!
Reich' ihm seines Vaters Degen!
  Mag bie Welt sein Vater sein.   20

Hörst? Die Trommel ruft zu scheiben:
  Drück' ich bir bie weiße Hanb!
Still' bie Thränen! Laß mich scheiben!
Muß nun für bie Ehre streiten,
  Streiten für bas Vaterlanb.   25

Sollt' ich unterm freien Himmel
  Schlafen in ber Felbschlacht ein;
Soll aus meinem Grabe blühen,
Soll auf meinem Grabe glühen,
  Blümchen süß: Vergißnichtmein.   30

Goethe.

Willkommen und Abschied.

Es schlug mein Herz, geschwind zu Pferde!
Es war gethan fast eh gedacht;
Der Abend wiegte schon die Erde
Und an den Bergen hing die Nacht:
5 Schon stand im Nebelkleid die Eiche,
Ein aufgetürmter Riese, da,
Wo Finsternis aus dem Gesträuche
Mit hundert schwarzen Augen sah.

Der Mond von einem Wolkenhügel
10 Sah kläglich aus dem Duft hervor,
Die Winde schwangen leise Flügel,
Umsausten schauerlich mein Ohr;
Die Nacht schuf tausend Ungeheuer;
Doch frisch und fröhlich war mein Mut:
15 In meinen Adern welches Feuer!
In meinem Herzen welche Glut!

Dich sah ich, und die milde Freude
Floß von dem süßen Blick auf mich;
Ganz war mein Herz an deiner Seite
20 Und jeder Atemzug für dich.
Ein rosenfarbnes Frühlingswetter
Umgab das liebliche Gesicht,
Und Zärtlichkeit für mich—ihr Götter!
Ich hofft' es, ich verdient' es nicht!

25 Doch ach, schon mit der Morgensonne
Verengt der Abschied mir das Herz:
In deinen Küssen welche Wonne!
In deinem Auge welcher Schmerz!

Ich ging, du standst und sahst zur Erden,
Und sahst mir nach mit nassem Blick:
Und doch, welch Glück geliebt zu werden!
Und Lieben, Götter, welch ein Glück!

Heidenröslein.

Sah ein Knab' ein Röslein stehn,
Röslein auf der Heiden,
War so jung und morgenschön,
Lief er schnell es nah zu sehn,
Sah's mit vielen Freuden.
Röslein, Röslein, Röslein rot, ·
Röslein auf der Heiden.

Knabe sprach: Ich breche dich,
Röslein auf der Heiden!
Röslein sprach: Ich steche dich,
Daß du ewig denkst an mich,
Und ich will's nicht leiden.
Röslein, Röslein, Röslein rot,
Röslein auf der Heiden.

Und der wilde Knabe brach
's Röslein auf der Heiden;
Röslein wehrte sich und stach,
Half ihm doch kein Weh und Ach,
Mußt' es eben leiden.
Röslein, Röslein, Röslein rot,
Röslein auf der Heiden.

Der König in Thule.

Es war ein König in Thule
  Gar treu bis an das Grab,
Dem sterbend seine Buhle
  Einen goldnen Becher gab.

Es ging ihm nichts darüber,
Er leert' ihn jeden Schmaus;
Die Augen gingen ihm über,
So oft er trank daraus.

Und als er kam zu sterben,
Zählt' er seine Städt' im Reich,
Gönnt' alles seinem Erben,
Den Becher nicht zugleich.

Er saß beim Königsmahle,
10   Die Ritter um ihn her,
Auf hohem Vätersaale,
Dort auf dem Schloß am Meer.

Dort stand der alte Zecher,
Trank letzte Lebensglut,
15   Und warf den heil'gen Becher
Hinunter in die Flut.

Er sah ihn stürzen, trinken
Und sinken tief ins Meer.
Die Augen thäten ihm sinken,
20   Trank nie einen Tropfen mehr.

Prometheus.

Bedecke deinen Himmel, Zeus,
Mit Wolkendunst,
Und übe, dem Knaben gleich,
Der Disteln köpft,
25 An Eichen dich und Bergeshöhn;
Mußt mir meine Erde
Doch lassen stehn,
Und meine Hütte, die du nicht gebaut,
Und meinen Herd,
30 Um dessen Glut
Du mich beneidest.

Ich kenne nichts Ärmeres
Unter der Sonn', als euch, Götter!
Ihr nähret kümmerlich
Von Opfersteuern
Und Gebetshauch
Eure Majestät,
Und darbtet, wären
Nicht Kinder und Bettler
Hoffnungsvolle Thoren.

Da ich ein Kind war,
Nicht wußte wo aus noch ein,
Kehrt' ich mein verirrtes Auge
Zur Sonne, als wenn drüber wär'
Ein Ohr, zu hören meine Klage,
Ein Herz, wie meins,
Sich des Bedrängten zu erbarmen.

Wer half mir
Wider der Titanen Übermut?
Wer rettete vom Tode mich,
Von Sklaverei?
Hast du nicht alles selbst vollendet,
Heilig glühend Herz?
Und glühtest jung und gut,
Betrogen, Rettungsdank
Dem Schlafenden da droben?

Ich dich ehren? Wofür?
Hast du die Schmerzen gelindert
Je des Beladenen?
Hast du die Thränen gestillet
Je des Geängsteten?
Hat nicht mich zum Manne geschmiedet
Die allmächtige Zeit
Und das ewige Schicksal,
Meine Herrn und deine?

Wähnteſt du etwa,
Ich ſollte das Leben haſſen,
In Wüſten fliehen,
Weil nicht alle
Blütenträume reiften?

Hier ſitz' ich, forme Menſchen
Nach meinem Bilde,
Ein Geſchlecht, das mir gleich ſei,
Zu leiden, zu weinen,
10   Zu genießen und zu freuen ſich,
Und dein nicht zu achten,
Wie ich!

Der untreue Knabe.

Es war ein Knabe frech genung,
War erſt aus Frankreich kommen,
15   Der hatt' ein armes Mädel jung
Gar oft in Arm genommen,
Und liebgekoſt und liebgeherzt,
Als Bräutigam herumgeſcherzt
Und endlich ſie verlaſſen.

20   Das braune Mädel das erfuhr,
Vergingen ihr die Sinnen,
Sie lacht' und weint' und bet't' und ſchwur;
So fuhr die Seel' von hinnen.
Die Stund', da ſie verſchieden war,
25   Wird bang dem Buben, grauſt ſein Haar,
Es treibt ihn fort zu Pferde.

Er gab die Sporen kreuz und quer
Und ritt auf alle Seiten,
Herüber, hinüber, hin und her,
30   Kann keine Ruh erreiten,

Reit't sieben Tag und sieben Nacht;
Es blitzt und donnert, stürmt und kracht,
Die Fluten reißen über.

Und reit't in Blitz und Wetterschein
Gemäuerwerk entgegen,
Bind't's Pferd hauß' an und kriecht hinein,
Und duckt sich vor dem Regen.
Und wie er tappt, und wie er fühlt,
Sich unter ihm die Erd' erwühlt;
Er stürzt wohl hundert Klafter.   10

Und als er sich ermannt vom Schlag,
Sieht er drei Lichtlein schleichen.
Er rafft sich auf und krabbelt nach;
Die Lichtlein ferne weichen;
Irr führen ihn, die Quer' und Läng'   15
Trepp' auf Trepp' ab, durch enge Gäng',
Verfallne wüste Keller.

Auf etumal steht er hoch im Saal,
Sieht sitzen hundert Gäste,
Hohläugig grinsen allzumal   20
Und winken ihm zum Feste.
Er sieht sein Schätzel untenan
Mit weißen Tüchern angethan,
Die wend't sich —

Gretchens Lied aus „Faust."

Meine Ruh ist hin,   25
Mein Herz ist schwer;
Ich finde sie nimmer
Und nimmermehr.

Wo ich ihn nicht hab'
Ist mir das Grab,   30

Die ganze Welt
Iſt mir vergällt.

Mein armer Kopf
Iſt mir verrückt,
Mein armer Sinn
Iſt mir zerſtückt.

Meine Ruh iſt hin,
Mein Herz iſt ſchwer;
Ich finde ſie nimmer
10   Und nimmermehr.

Nach ihm nur ſchau' ich
Zum Fenſter hinaus,
Nach ihm nur geh' ich
Aus dem Haus.

15   Sein hoher Gang,
Sein' edle Geſtalt,
Seines Mundes Lächeln,
Seiner Augen Gewalt,

Und ſeiner Rede
20   Zauberfluß,
Sein Händedruck,
Und ach ſein Kuß!

Meine Ruh iſt hin,
Mein Herz iſt ſchwer;
25   Ich finde ſie nimmer
Und nimmermehr.

Mein Buſen drängt
Sich nach ihm hin.
Ach dürft' ich faſſen
30   Und halten ihn,

Und küssen ihn
So wie ich wollt',
An seinen Küssen
Vergehen sollt'!

Neue Liebe neues Leben.

Herz, mein Herz, was soll das geben?
Was bedränget dich so sehr?
Welch ein fremdes neues Leben!
Ich erkenne dich nicht mehr.
Weg ist alles, was du liebtest,
Weg warum du dich betrübtest,
Weg dein Fleiß und deine Ruh —
Ach wie kamst du nur dazu!

Fesselt dich die Jugendblüte,
Diese liebliche Gestalt,
Dieser Blick voll Treu' und Güte,
Mit unendlicher Gewalt?
Will ich rasch mich ihr entziehen,
Mich ermannen, ihr entfliehen,
Führet mich im Augenblick,
Ach mein Weg zu ihr zurück.

Und an diesem Zauberfädchen,
Das sich nicht zerreißen läßt,
Hält das liebe lose Mädchen
Mich so wider Willen fest;
Muß in ihrem Zauberkreise
Leben nun auf ihre Weise.
Die Veränderung ach wie groß!
Liebe! Liebe! laß mich los!

An Belinden.

Warum ziehst du mich unwiderstehlich
  Ach in jene Pracht?
War ich guter Junge nicht so selig
  In der öden Nacht?

5 Heimlich in mein Zimmerchen verschlossen,
  Lag im Mondenschein
Ganz von seinem Schauerlicht umflossen,
  Und ich dämmert' ein;

Träumte da von vollen goldnen Stunden
10   Ungemischter Lust,
Hatte schon dein liebes Bild empfunden
  Tief in meiner Brust.

Bin ich's noch, den du bei so viel Lichtern
  An dem Spieltisch hältst?
15 Oft so unerträglichen Gesichtern
  Gegenüber stellst?

Reizender ist mir des Frühlings Blüte
  Nun nicht auf der Flur;
Wo du, Engel, bist, ist Lieb' und Güte,
20   Wo du bist, Natur.

Jägers Abendlied.

Im Felde schleich' ich still und wild,
  Gespannt mein Feuerrohr.
Da schwebt so licht dein liebes Bild
  Dein süßes Bild mir vor.

25 Du wandelst jetzt wohl still und mild
  Durch Feld und liebes Thal,
Und ach mein schnell verrauschend Bild,
  Stellt sich dir's nicht einmal?

Des Menschen, der die Welt durchstreift
Voll Unmut und Verdruß,
Nach Osten und nach Westen schweift,
Weil er dich lassen muß.

Mir ist es, denk' ich nur an dich,
Als in den Mond zu sehn;
Ein stiller Friede kommt auf mich,
Weiß nicht wie mir geschehn.

Rastlose Liebe.

Dem Schnee, dem Regen,
Dem Wind entgegen,   10
Im Dampf der Klüfte,
Durch Nebeldüfte,
Immer zu!   Immer zu!
Ohne Rast und Ruh!

Lieber durch Leiden   15
Möcht' ich mich schlagen,
Als so viel Freuden
Des Lebens ertragen.
Alle das Neigen
Von Herzen zu Herzen,   20
Ach wie so eigen
Schaffet das Schmerzen!

Wie soll ich fliehen?
Wälderwärts ziehen?
Alles vergebens!   25
Krone des Lebens,
Glück ohne Ruh,
Liebe, bist du!

Wandrers Nachtlied. 1.

Der du von dem Himmel bist,
Alles Leid und Schmerzen stillest,
Den, der doppelt elend ist,
Doppelt mit Erquickung füllest,
Ach ich bin des Treibens müde!
Was soll all der Schmerz und Lust?
Süßer Friede,
Komm, ach komm in meine Brust!

Der Fischer.

Das Wasser rauscht', das Wasser schwoll,
Ein Fischer saß daran,
Sah nach dem Angel ruhevoll,
Kühl bis ans Herz hinan.
Und wie er sitzt und wie er lauscht,
Teilt sich die Flut empor;
Aus dem bewegten Wasser rauscht
Ein feuchtes Weib hervor.

Sie sang zu ihm, sie sprach zu ihm:
Was lockst du meine Brut
Mit Menschenwitz und Menschenlist
Hinauf in Todesglut?
Ach wüßtest du, wie's Fischlein ist
So wohlig auf dem Grund,
Du stiegst herunter wie du bist,
Und würdest erst gesund.

Labt sich die liebe Sonne nicht,
Der Mond sich nicht im Meer?
Kehrt wellenatmend ihr Gesicht
Nicht doppelt schöner her?

Lockt dich der tiefe Himmel nicht,
Das feuchtverklärte Blau?
Lockt dich dein eigen Angesicht
Nicht her in ew'gen Tau?

Das Wasser rauscht', das Wasser schwoll,
Netzt' ihm den nackten Fuß;
Sein Herz wuchs ihm so sehnsuchtsvoll,
Wie bei der Liebsten Gruß.
Sie sprach zu ihm, sie sang zu ihm;
Da war's um ihn geschehn: 10
Halb zog sie ihn, halb sank er hin,
Und ward nicht mehr gesehn.

Gesang der Geister über den Wassern.

Des Menschen Seele
Gleicht dem Wasser:
Vom Himmel kommt es,   15
Zum Himmel steigt es,
Und wieder nieder
Zur Erde muß es,
Ewig wechselnd.

Strömt von der hohen   20
Steilen Felswand
Der reine Strahl,
Dann stäubt er lieblich
In Wolkenwellen
Zum glatten Fels,   25
Und leicht empfangen,
Wallt er verschleiernd,
Leisrauschend,
Zur Tiefe nieder.

Ragen Klippen   30
Dem Sturz entgegen,

Schäumt er unmutig
Stufenweise
Zum Abgrund.

Im flachen Bette
Schleicht er das Wiesenthal hin,
Und in dem glatten See
Weiden ihr Antlitz
Alle Gestirne.

10 Wind ist der Welle
Lieblicher Buhler;
Wind mischt vom Grund aus
Schäumende Wogen.

Seele des Menschen,
Wie gleichst du dem Wasser!
15 Schicksal des Menschen,
Wie gleichst du dem Wind!

Wandrers Nachtlied. 2.

Über allen Gipfeln
Ist Ruh,
In allen Wipfeln
20 Spürest du
Kaum einen Hauch;
Die Vögelein schweigen im Walde.
Warte nur, balde
Ruhest du auch.

Erlkönig.

25 Wer reitet so spät durch Nacht und Wind?
Es ist der Vater mit seinem Kind;
Er hat den Knaben wohl in dem Arm,
Er faßt ihn sicher, er hält ihn warm.

Mein Sohn, was birgst du so bang dein Gesicht?—
Siehst, Vater, du den Erlkönig nicht?
Den Erlenkönig mit Kron' und Schweif?—
Mein Sohn, es ist ein Nebelstreif.—

„Du liebes Kind, komm, geh' mit mir!
„Gar schöne Spiele spiel' ich mit dir;
„Manch bunte Blumen sind an dem Strand;
„Meine Mutter hat manch gülden Gewand.“—

Mein Vater, mein Vater, und hörest du nicht,
Was Erlenkönig mir leise verspricht?—   10
Sei ruhig, bleibe ruhig, mein Kind;
In dürren Blättern säuselt der Wind.—

„Willst, feiner Knabe, du mit mir gehn?
„Meine Töchter sollen dich warten schön;
„Meine Töchter führen den nächtlichen Reihn,   15
„Und wiegen und tanzen und singen dich ein.“

Mein Vater, mein Vater, und siehst du nicht dort
Erlkönigs Töchter am düstern Ort?—
Mein Sohn, mein Sohn, ich seh' es genau;
Es scheinen die alten Weiden so grau.—   20

„Ich liebe dich, mich reizt deine schöne Gestalt;
„Und bist du nicht willig, so brauch' ich Gewalt.“
Mein Vater, mein Vater, jetzt faßt er mich an!
Erlkönig hat mir ein Leids gethan.—

Dem Vater grauset's, er reitet geschwind,   25
Er hält in Armen das ächzende Kind,
Erreicht den Hof mit Mühe und Not;
In seinen Armen das Kind war tot.

An den Mond.

Füllest wieder Busch und Thal
Still mit Nebelglanz,
Lösest eudlich auch einmal
Meine Seele ganz;

Breitest über mein Gefild
Lindernd deinen Blick,
Wie des Freundes Auge mild
Über mein Geschick.

Jeden Nachklang fühlt mein Herz
Froh und trüber Zeit,
Wandle zwischen Freud' und Schmerz
In der Einsamkeit.

Fließe, fließe, lieber Fluß!
Nimmer werd' ich froh,
So verrauschte Scherz und Kuß,
Und die Treue so.

Ich besaß es doch einmal,
Was so köstlich ist!
Daß man doch zu seiner Qual
Nimmer es vergißt!

Rausche, Fluß, das Thal entlang,
Ohne Rast und Ruh,
Rausche, flüstre meinem Sang
Melodieen zu,

Wenn du in der Winternacht
Wütend überschwillst,
Oder um die Frühlingspracht
Junger Knospen quillst.

Selig, wer sich vor der Welt
Ohne Haß verschließt,
Einen Freund am Busen hält
Und mit dem genießt,

Was, von Menschen nicht gewußt
Oder nicht bedacht,
Durch das Labyrinth der Brust
Wandelt in der Nacht.

Der Sänger.

Was hör' ich draußen vor dem Thor,
Was auf der Brücke schallen?
Laß den Gesang vor unserm Ohr
Im Saale wiederhallen!
Der König sprach's, der Page lief;
Der Knabe kam, der König rief:
Laßt mir herein den Alten!

Gegrüßet seid mir, edle Herrn,
Gegrüßt ihr, schöne Damen!
Welch reicher Himmel! Stern bei Stern!
Wer kennet ihre Namen?
Im Saal voll Pracht und Herrlichkeit
Schließt, Augen, euch; hier ist nicht Zeit,
Sich staunend zu ergetzen.

Der Sänger drückt' die Augen ein,
Und schlug in vollen Tönen;
Die Ritter schauten mutig drein
Und in den Schoß die Schönen.
Der König, dem das Lied gefiel,
Ließ, ihn zu ehren für sein Spiel,
Eine goldne Kette holen.

Die goldne Kette gieb mir nicht,
Die Kette gieb den Rittern,
Vor deren kühnem Angesicht
Der Feinde Lanzen splittern;
Gieb sie dem Kanzler, den du hast,
Und laß ihn noch die goldne Last
Zu andern Lasten tragen.

    Ich singe, wie der Vogel singt,
Der in den Zweigen wohnet;
10   Das Lied, das aus der Kehle bringt,
Ist Lohn, der reichlich lohnet.
Doch darf ich bitten, bitt' ich eins:
Laß mir den besten Becher Weins
In purem Golde reichen.

15   Er setzt' ihn an, er trank ihn aus:
O Trank voll süßer Labe!
O wohl dem hochbeglückten Haus,
Wo das ist kleine Gabe!
Ergeht's euch wohl, so denkt an mich,
20   Und danket Gott so warm, als ich
Für diesen Trunk euch danke.

Zueignung.

    Der Morgen kam; es scheuchten seine Tritte
Den leisen Schlaf, der mich gelind umfing,
Daß ich, erwacht, aus meiner stillen Hütte
25   Den Berg hinauf mit frischer Seele ging;
Ich freute mich bei einem jeden Schritte
Der neuen Blume, die voll Tropfen hing;
Der junge Tag erhob sich mit Entzücken,
Und alles war erquickt mich zu erquicken.

Und wie ich stieg, zog von dem Fluß der Wiesen
Ein Nebel sich in Streifen sacht hervor.
Er wich und wechselte mich zu umfließen,
Und wuchs geflügelt mir um's Haupt empor:
Des schönen Blicks sollt' ich nicht mehr genießen,
Die Gegend deckte mir ein trüber Flor;
Bald sah ich mich von Wolken wie umgossen,
Und mit mir selbst in Dämmrung eingeschlossen.

Auf einmal schien die Sonne durchzubringen,
Im Nebel ließ sich eine Klarheit sehn.
Hier sank er leise sich hinabzuschwingen,
Hier teilt' er steigend sich um Wald und Höhn.
Wie hofft' ich ihr den ersten Gruß zu bringen!
Sie hofft' ich nach der Trübe doppelt schön.
Der luft'ge Kampf war lange nicht vollendet,
Ein Glanz umgab mich und ich stand geblendet.

Bald machte mich, die Augen aufzuschlagen,
Ein innrer Trieb des Herzens wieder kühn,
Ich konnt' es nur mit schnellen Blicken wagen,
Denn alles schien zu brennen und zu glühn.
Da schwebte mit den Wolken hergetragen
Ein göttlich Weib vor meinen Augen hin,
Kein schöner Bild sah ich in meinem Leben,
Sie sah mich an und blieb verweilend schweben.

Kennst du mich nicht? sprach sie mit einem Mund
Dem aller Lieb' und Treue Ton entfloß:
Erkennst du mich, die ich in manche Wunde
Des Lebens dir den reinsten Balsam goß?
Du kenust mich wohl, an die, zu ew'gem Bunde,
Dein strebend Herz sich fest und fester schloß.
Sah ich dich nicht mit heißen Herzensthränen
Als Knabe schon nach mir dich eifrig sehnen?

Ja! rief ich aus, indem ich selig nieder
Zur Erde sank, lang' hab' ich dich gefühlt;
Du gabst mir Ruh, wenn durch die jungen Glieder
Die Leidenschaft sich rastlos durchgewühlt;
5 Du hast mir wie mit himmlischem Gesieder
Am heißen Tag die Stirne sanft gekühlt;
Du schenkest mir der Erde beste Gaben,
Und jedes Glück will ich durch dich nur haben!

Dich nenn' ich nicht. Zwar hör' ich dich von vielen
10 Gar oft genannt, und jeder heißt dich sein,
Ein jedes Auge glaubt auf dich zu zielen,
Fast jedem Auge wird dein Strahl zur Pein.
Ach, da ich irrte, hatt' ich viel Gespielen,
Da ich dich kenne, bin ich fast allein;
15 Ich muß mein Glück nur mit mir selbst genießen,
Dein holdes Licht verdecken und verschließen.

Sie lächelte, sie sprach: Du siehst, wie klug,
Wie nötig war's, euch wenig zu enthüllen!
Kaum bist du sicher vor dem gröbsten Trug,
20 Kaum bist du Herr vom ersten Kinderwillen,
So glaubst du dich schon Übermensch genug,
Versäumst die Pflicht des Mannes zu erfüllen!
Wie viel bist du von andern unterschieden?
Erkenne dich, leb' mit der Welt in Frieden!

25 Verzeih' mir, rief ich aus, ich meint' es gut;
Soll ich umsonst die Augen offen haben?
Ein froher Wille lebt in meinem Blut,
Ich kenne ganz den Wert von deinen Gaben!
Für andre wächst in mir das edle Gut,
30 Ich kann und will das Pfund nicht mehr vergraben!
Warum sucht' ich den Weg so sehnsuchtsvoll,
Wenn ich ihn nicht den Brüdern zeigen soll?

Und wie ich sprach, sah mich das hohe Wesen
Mit einem Blick mitleib'ger Nachsicht an;
Ich konnte mich in ihrem Auge lesen,
Was ich verfehlt und was ich recht gethan.
Sie lächelte, da war ich schou genesen,
Zu neuen Freuden stieg mein Geist heran;
Ich konnte nun mit innigem Vertrauen
Mich zu ihr nahn und ihre Nähe schauen.

Da reckte sie die Hand aus in die Streifen
Der leichten Wolken und des Dufts umher;   10
Wie sie ihn faßte, ließ er sich ergreifen,
Er ließ sich ziehn, es war kein Nebel mehr.
Mein Auge konnt' im Thale wieder schweifen,
Gen Himmel blickt' ich, er war hell und hehr.
Nur sah ich sie den reinsten Schleier halten,   15
Er floß um sie und schwoll in tausend Falten.

Ich kenne dich, ich kenue deine Schwächen,
Ich weiß was Gutes in dir lebt und glimmt!
— So sagte sie, ich hör' sie ewig sprechen, —
Empfange hier was ich dir lang bestimmt,   20
Dem Glücklichen kann es an nichts gebrechen,
Der dies Geschenk mit stiller Seele nimmt:
Aus Morgenduft gewebt und Sonnenklarheit,
Der Dichtung Schleier aus der Hand der Wahrheit.

Und wenn es dir und deinen Freunden schwüle   25
Am Mittag wird, so wirf ihn in die Luft!
Sogleich umsäuselt Abendwindeskühle,
Umhaucht euch Blumen=Würzgeruch und Duft.
Es schweigt das Wehen banger Erdgefühle,
Zum Wolkenbette wandelt sich die Gruft,   30
Besänftiget wird jede Lebenswelle,
Der Tag wird lieblich und die Nacht wird helle.

So kommt denu, Freunde, wenn auf euren Wegen
Des Lebens Bürde schwer und schwerer drückt,
Wenn eure Bahu ein frischerneuter Segen
Mit Blumen ziert, mit goldnen Früchten schmückt:
5 Wir gehn vereint dem nächsten Tag entgegen!
So leben wir, so wandeln wir beglückt.
Und dann auch soll, wenn Eukel um uns trauern,
Zu ihrer Lust noch unsre Liebe dauern.

Mignon.

Kennst du das Land, wo die Citronen blühn,
10 Im dunkeln Laub die Gold-Orangen glühn,
Ein sanfter Wind vom blauen Himmel weht,
Die Myrte still und hoch der Lorbeer steht,
Kennst du es wohl?
                    Dahin! Dahin
Möcht' ich mit dir, o mein Geliebter, ziehn.

15
Kennst du das Haus? Auf Säulen ruht sein Dach,
Es glänzt der Saal, es schimmert das Gemach,
Und Marmorbilder stehn und sehn mich an:
Was hat man dir, du armes Kind, gethan?
20 Kennst du es wohl?
                    Dahin! Dahin
Möcht' ich mit dir, o mein Beschützer, ziehn.

Kennst du den Berg und seinen Wolkensteg?
Das Maultier sucht im Nebel seinen Weg;
25 In Höhlen wohnt der Drachen alte Brut;
Es stürzt der Fels und über ihn die Flut,
Kennst du ihn wohl?
                    Dahin! Dahin
Geht unser Weg! o Vater, laß uns ziehn!

Aus „Egmont."

Freudvoll
Und leidvoll,
Gedankenvoll sein;
Langen
Und bangen
In schwebender Pein;
Himmelhoch jauchzend,
Zum Tode betrübt,
Glücklich allein
Ist die Seele, die liebt.   10

Erinnerung.

Willst du immer weiter schweifen?
Sieh, das Gute liegt so nah.
Lerne nur das Glück ergreifen,
Denn das Glück ist immer da.

Harfenspieler. 1.

Wer nie sein Brot mit Thränen aß,   15
Wer nie die kummervollen Nächte
Auf seinem Bette weinend saß,
Der kennt euch nicht, ihr himmlischen Mächte.

Ihr führt ins Leben uns hinein,
Ihr laßt den Armen schuldig werden,   20
Dauu überlaßt ihr ihn der Pein:
Denn alle Schuld rächt sich auf Erden.

Harfenspieler. 2.

An die Thüren will ich schleichen,
Still und sittsam will ich stehu;
Fromme Hand wird Nahrung reichen,   25
Und ich werde weiter gehn.

Jeder wird sich glücklich scheinen,
Wenn mein Bild vor ihm erscheint;
Eine Thräne wird er weinen,
Und ich weiß nicht was er weint.

Nähe des Geliebten.

5   Ich denke dein, wenn mir der Sonne Schimmer
Vom Meere strahlt;
Ich denke dein, wenn sich des Mondes Flimmer
In Quellen malt.

Ich sehe dich, wenn auf dem fernen Wege
Der Staub sich hebt;
10   In tiefer Nacht, wenn auf dem schmalen Stege
Der Wandrer bebt.

Ich höre dich, wenn dort mit dumpfem Rauschen
Die Welle steigt.
15   Im stillen Haine geh' ich oft zu lauschen,
Wenn alles schweigt.

Ich bin bei dir, du seist auch noch so ferne,
Du bist mir nah!
Die Sonne sinkt; bald leuchten mir die Sterne.
20   O wärst du da!

Alexis und Dora.

Ach! unaufhaltsam strebet das Schiff mit jedem Mo-
mente
Durch die schäumende Flut weiter und weiter hinaus!
Langhin furcht sich die Gleise des Kiels, worin die Del-
phine
Springend folgen, als flöh' ihnen die Beute davon.
25 Alles deutet auf glückliche Fahrt: der ruhige Boots-
mann

Ruckt am Segel gelind, das sich für alle bemüht;
Vorwärts bringt der Schiffenden Geist wie Flaggen und
　　　Wimpel;
Einer nur steht rückwärts traurig gewendet am Mast,
Sieht die Berge schon blau, die scheidenden, sieht in das
　　　Meer sie
Niedersinken, es sinkt jegliche Freude vor ihm.　　　　5
Auch dir ist es verschwunden, das Schiff, das deinen
　　　Alexis,
Dir, o Dora, den Freund, ach! dir den Bräutigam
　　　raubt.
Auch du blickest vergebens nach mir.　Noch schlagen die
　　　Herzen
Für einander, doch, ach! nun an einander nicht mehr.
Einziger Augenblick, in welchem ich lebte! du wiegest　　10
　　　Alle Tage, die sonst kalt mir verschwindenden, auf.
Ach! nur im Augenblick, im letzten, stieg mir ein Leben,
　　　Unvermutet in dir, wie von den Göttern herab.
Nur umsonst verklärst du mit deinem Lichte den Äther;
　　　Dein allleuchtender Tag, Phöbus, mir ist er verhaßt. 15
In mich selber kehr’ ich zurück; da will ich im stillen
　　　Wiederholen die Zeit, als sie mir täglich erschien.
War es möglich, die Schönheit zu sehn und nicht zu
　　　empfinden?
　　　Wirkte der himmlische Reiz nicht auf dein stumpfes
　　　Gemüt?
Klage dich, Armer, nicht an!—So legt der Dichter ein 20
　　　Rätsel,
　　　Künstlich mit Worten verschränkt, oft der Versamm-
　　　lung ins Ohr.
Jeden freuet die seltne, der zierlichen Bilder Verknüpf-
　　　ung;
　　　Aber noch fehlet das Wort, das die Bedeutung ver-
　　　wahrt.
Ist es endlich entdeckt, dann heitert sich jedes Gemüt auf

Und erblickt im Gedicht doppelt erfreulichen Sinn.

Ach! warum so spät, o Amor, nahmst du die Binde,

· Die du ums Aug' mir geknüpft, nahmst sie zu spät
mir hinweg!

Lange schon harrte befrachtet das Schiff auf günstige
Lüfte;

5 Endlich strebte der Wind glücklich vom Ufer ins
Meer.

Leere Zeiten der Jugend! und leere Träume der Zukunft!

Ihr verschwindet, es bleibt einzig die Stunde mir nur.

Ja, sie bleibt, es bleibt mir das Glück! ich halte dich,
Dora!

Und die Hoffnung zeigt, Dora, dein Bild mir allein.

10 Öfter sah ich zum Tempel dich gehn, geschmückt und
gesittet,

Und das Mütterchen ging feierlich neben dir her.

Eilig warst du und frisch, zu Markte die Früchte zu
tragen;

Und vom Brunnen, wie kühn wiegte dein Haupt das
Gefäß!

Da erschien dein Hals, erschien dein Nacken vor allen,

15 Und vor allen erschien deiner Bewegungen Maß.

Oftmals hab' ich gesorgt, es möchte der Krug dir ent-
stürzen;

-Doch er hielt sich stät auf dem geringelten Tuch.

Schöne Nachbarin, ja, so war ich gewohnt dich zu sehen,

Wie man die Sterne sieht, wie man den Mond sich
beschaut,

20 Sich an ihnen erfreut, und innen im ruhigen Busen

Nicht der entfernteste Wunsch, sie zu besitzen, sich regt.

Jahre, so gingt ihr dahin! Nur zwanzig Schritte ge-
trennt

Waren die Häuser, und nie hab' ich die Schwelle be-
rührt.

Und nun trennt uns die gräßliche Flut!   Du lügst nur
    den Himmel,
    Welle! dein herrliches Blau ist mir die Farbe der
      Nacht.
Alles rührte sich schon; da kam ein Knabe gelaufen
    An mein väterlich Haus, rief mich zum Straude hin-
      ab:
Schon erhebt sich das Segel, es flattert im Winde, so   5
    sprach er;
    Und gelichtet, mit Kraft, trennt sich der Anker vom
      Saud;
Komm, Alexis, o komm!   Da drückte der wackere Vater,
    Würdig die segnende Hand mir auf das lockige
      Haupt;
Sorglich reichte die Mutter ein nachbereitetes Bündel;
    Glücklich kehre zurück! riefen sie, glücklich und reich! 10
Und so sprang ich hinweg, das Bündelchen unter dem
    Arme,
    An der Mauer hinab, faud an der Thüre dich stehn
Deines Gartens.   Du lächeltest mir und sagtest:
    Alexis!
    Sind die Lärmenden dort deine Gesellen der Fahrt?
Fremde Küsten besuchest du nun, und köstliche Waren   15
    Handelst du ein, und Schmuck reichen Matronen der
      Stadt.
Aber bringe mir auch ein leichtes Kettchen! ich will es
    Dankbar zahlen; so oft hab' ich die Zierde ge-
      wünscht!
Stehen war ich geblieben, und fragte, nach Weise des
    Kaufmanns
    Erst nach Form und Gewicht deiner Bestellung ge- 20
    nau.
Gar bescheiden erwogst du den Preis! da blickt' ich in-
    dessen
    Nach dem Halse, des Schmucks unserer Königin wert.

Heftiger tönte vom Schiff das Geschrei; da sagtest du
    freundlich:
Nimm aus dem Garten noch einige Früchte mit dir!
Nimm die reifsten Orangen, die weißen Feigen; das
    Meer bringt
    Keine Früchte, sie bringt jegliches Land nicht hervor,
5 Und so trat ich herein. Du brachst nun die Früchte
    geschäftig,
    Und die goldene Last zog das geschürzte Gewand.
Öfters bat ich: es sei nun genug; und immer noch eine
    Schönere Frucht fiel dir, leise berührt, in die Hand.
Endlich kamst du zur Laube hinan; da fand sich ein
    Körbchen,
10   Und die Myrte bog blühend sich über uns hin.
Schweigend begannest du nun geschickt die Früchte zu
    ordnen:
    Erst die Orange, die schwer ruht, als ein goldener Ball,
Dann die weichliche Feige, die jeder Druck schon entstel-
    let;
    Und mit Myrte bedeckt ward und geziert das Ge-
    schenk.
15 Aber ich hob es nicht auf; ich stand. Wir sahen ein-
    ander
    In die Augen, und mir ward vor dem Auge so trüb.
Deinen Busen fühlt' ich an meinem! Den herrlichen
    Nacken,
    Ihn umschlang nun mein Arm; tausendmal küßt'
    ich den Hals.
Mir sank über die Schulter dein Haupt; nun knüpften
    auch deine
20   Lieblichen Arme das Band um den Beglückten herum.
Amors Hände fühlt' ich: er drückt' uns gewaltig zu-
    sammen,
    Und aus heiterer Luft donnert' es dreimal; da floß

Häufig die Thräne vom Aug' mir herab, du weinteſt,
ich weinte,
    Und vor Jammer und Glück ſchien uns die Welt zu
vergehn.
Immer heftiger rief es am Strand; da wollten die
Füße
    Mich nicht tragen, ich rief: Dora! und biſt du nicht
mein?
Ewig! ſagteſt du leiſe.   Da ſchienen unſere Thränen   5
    Wie durch göttliche Luft, leiſe vom Auge gehaucht.
Näher rief es: Alexis!   Da blickte der ſuchende Knabe
    Durch die Thüre herein.   Wie er das Körbchen
empfing!
Wie er mich trieb!   Wie ich dir die Hand noch drückte!
— Zu Schiffe
    Wie ich gekommen?   Ich weiß, daß ich ein Trunkener 10
ſchien.
Und ſo hielten mich auch die Geſellen, ſchonten den
Kranken;
    Und ſchon deckte der Hauch trüber Entfernung die
Stadt.
Ewig! Dora, liſpelteſt du; mir ſchallt es im Ohre
    Mit dem Donner des Zeus!   Stand ſie doch neben
dem Thron,
Seine Tochter, die Göttin der Liebe; die Grazien 15
ſtanden
    Ihr zur Seiten!   Er iſt götterbekräftigt, der Bund!
O, ſo eile denu, Schiff, mit allen günſtigen Winden!
    Strebe, mächtiger Kiel, trenne die ſchäumende Flut!
Bringe dem fremden Hafen mich zu, damit mir der
Goldſchmied
    In der Werkſtatt gleich ordne das himmliſche Pfand. 20
Wahrlich! zur Kette ſoll das Kettchen werden, o Dora!
    Neunmal umgebe ſie dir locker gewunden, den Hals!

Ferner schaff' ich noch Schmuck, den mannigfaltigsten; goldne
    Spangen sollen dir auch reichlich verzieren die Hand!
Da wetteifre Rubin und Smaragd, der liebliche Saphir
    Stelle dem Hyacinth sich gegenüber, und Gold

5 Halte das Edelgestein in schöner Verbindung zusammen!
    O, wie den Bräutigam freut einzig zu schmücken die Braut!
Seh' ich Perlen, so denk' ich an dich; bei jeglichem Ringe
    Kommt mir der länglichen Hand schönes Gebild' in den Sinn.
Tauschen will ich und kaufen; du sollst das Schönste von allem

10 Wählen; ich widmete gern alle die Labung nur dir.
Doch nicht Schmuck und Juwelen allein verschafft dein Geliebter:
    Was ein häusliches Weib freuet, das bringt er dir auch.
Feine wollene Decken mit Purpursäumen, ein Lager
    Zu bereiten, das uns traulich und weichlich empfängt;

15 Köstlicher Leinwand Stücke. Du sitzest und nähest und kleidest
    Mich und dich und auch wohl ein Drittes darein.
Bilder der Hoffnung, täuschet mein Herz! O mäßiget, Götter,
    Diesen gewaltigen Brand, der mir den Busen durchtobt!
Aber auch sie verlang' ich zurück, die schmerzliche Freude,

20 Wenn die Sorge sich kalt, gräßlich gelassen, mir naht.
Nicht der Erinnyen Fackel, das Bellen der höllischen Hunde

Schreckt den Verbrecher so in der Verzweiflung Gefild,

Als das gelassne Gespenst mich schreckt, das die Schöne
von fern mir

Zeiget: die Thüre steht wirklich des Gartens noch auf!
Und ein anderer kommt! Für ihn auch fallen die
Früchte!

Und die Feige gewährt stärkenden Honig auch ihm!　5
Lockt sie auch ihn nach der Laube? und folgt er? O,
macht mich, ihr Götter,

Blind, verwischet das Bild jeder Erinnrung in mir!
Ja, ein Mädchen ist sie! und die sich geschwinde dem
einen

Giebt, sie kehret sich auch schnell zu dem andern
herum.

Lache nicht diesmal, Zeus, der frech gebrochenen　10
Schwüre!

Donnere schrecklicher! Triff!—Halte die Blitze zurück!

Sende die schwankenden Wolken mir nach! Im nächtlichen Dunkel

Treffe dein leuchtender Blitz diesen unglücklichen Mast!
Streue die Planken umher, und gieb der tobenden Welle

Diese Waren, und mich gieb den Delphinen zum　15
Raub!—

Nun, ihr Musen, genug! Vergebens strebt ihr zu schil-
dern,

Wie sich Jammer und Glück wechseln in liebender
Brust.

Heilen könnet die Wunden ihr nicht, die Amor geschla-
gen;

Aber Linderung kommt einzig, ihr Guten, von euch.

Der Zauberlehrling.

Hat der alte Hexenmeister
Sich doch einmal wegbegeben!
Und nun sollen seine Geister
Auch nach meinem Willen leben.
Seine Wort' und Werke
Merkt' ich, und den Brauch,
Und mit Geistesstärke
Thu' ich Wunder auch.

    Walle! walle
10   Manche Strecke,
    Daß, zum Zwecke,
    Wasser fließe,
    Und mit reichem vollem Schwalle
    Zu dem Bade sich ergieße.

15   Und nun komm, du alter Besen!
Nimm die schlechten Lumpenhüllen;
Bist schon lange Knecht gewesen;
Nun erfülle meinen Willen!
Auf zwei Beinen stehe,
20   Oben sei ein Kopf,
Eile nun und gehe
Mit dem Wassertopf!

    Walle! walle
    Manche Strecke,
25   Daß, zum Zwecke,
    Wasser fließe,
    Und mit reichem vollem Schwalle
    Zu dem Bade sich ergieße.

Seht, er läuft zum Ufer nieder;
Wahrlich! ist schon an dem Flusse,
Und mit Blitzesschnelle wieder
Ist er hier mit raschem Gusse.
Schon zum zweitenmale!
Wie das Becken schwillt!
Wie sich jede Schale
Voll mit Wasser füllt!

Stehe! stehe!
Denn wir haben 10
Deiner Gaben
Vollgemessen! —
Ach, ich merk' es! Wehe! Wehe!
Hab' ich doch das Wort vergessen!

Ach das Wort, worauf am Ende 15
Er das wird, was er gewesen.
Ach, er läuft und bringt behende!
Wärst du doch der alte Besen!
Immer neue Güsse
Bringt er schnell herein, 20
Ach! und hundert Flüsse
Stürzen auf mich ein.

Nein, nicht länger
Kann ich's lassen;
Will ihn fassen.
Das ist Tücke! 25
Ach, nun wird mir immer bänger!
Welche Miene! welche Blicke!

O, du Ausgeburt der Hölle!
Soll das ganze Haus ersaufen?
Seh' ich über jede Schwelle 30
Doch schon Wasserströme laufen.

Ein verruchter Besen,
Der nicht hören will!
Stock, der du gewesen,
Steh doch wieder still!

Willst's am Ende
Gar nicht lassen?
Will dich fassen,
Will dich halten,
Und das alte Holz behende
10   Mit dem scharfen Beile spalten.

Seht, da kommt er schleppend wieder!
Wie ich mich nur auf dich werfe,
Gleich, o Kobold, liegst du nieder;
Krachend trifft die glatte Schärfe.
15   Wahrlich! brav getroffen!
Seht, er ist entzwei!
Und nun kann ich hoffen,
Und ich atme frei!

Wehe! wehe!
20   Beide Teile
Stehn in Eile
Schon als Knechte
Völlig fertig in die Höhe!
Helft mir, ach! ihr hohen Mächte!

25   Und sie laufen! Naß und nässer
Wird's im Saal und auf den Stufen.
Welch entsetzliches Gewässer!
Herr und Meister! hör' mich rufen! —
Ach, da kommt der Meister!
30   Herr, die Not ist groß!
Die ich rief, die Geister,
Werd' ich nun nicht los.

„In die Ecke,
Besen! Besen!
Seid's gewesen.
Denn als Geister
Ruft euch nur, zu seinem Zwecke,
Erst hervor der alte Meister."

Das Blümlein Wunderschön.

Lied des gefangnen Grafen.

Graf.

Ich kenn' ein Blümlein Wunderschön
Und trage darnach Verlangen;
Ich möcht' es gerne zu suchen gehn,
Allein ich bin gefangen.
Die Schmerzen siud mir nicht gering;   10
Denn als ich in der Freiheit ging,
Da hatt' ich es in der Nähe.

Von diesem ringsum steilen Schloß
Laß' ich die Augen schweifen,
Und kann's von hohem Turmgeschoß   15
Mit Blicken nicht ergreifen;
Und wer mir's vor die Augen brächt',
Es wäre Ritter oder Knecht,
Der sollte mein Trauter bleiben.   20

Rose.

Ich blühe schön, und höre dies
Hier unter deinem Gitter.
Du meinest mich, die Rose, gewiß,
Du edler armer Ritter!
Du hast gar einen hohen Sinn,
Es herrscht die Blumenkönigin   25
Gewiß auch in deinem Herzen.

Graf.

Dein Purpur ist aller Ehren wert
Im grünen Überkleide;
Darob das Mädchen dein begehrt,
Wie Gold und edel Geschmeide.
Dein Kranz erhöht das schönste Gesicht:
Allein du bist das Blümchen nicht,
Das ich im Stillen verehre.

Lilie.

Das Röslein hat gar stolzen Brauch
Und strebet immer nach oben;
10 Doch wird ein liebes Liebchen auch
Der Lilie Zierde loben.
Wem's Herze schlägt in treuer Brust
Und ist sich rein, wie ich, bewußt,
Der hält mich wohl am höchsten.

Graf.

15 Ich nenne mich zwar keusch und rein,
Und rein von bösen Fehlen;
Doch muß ich hier gefangen sein,
Und muß mich einsam quälen.
Du bist mir zwar ein schönes Bild
20 Von mancher Jungfrau, rein und mild:
Doch weiß ich noch was Liebers.

Nelke.

Das mag wohl ich, die Nelke, sein,
Hier in des Wächters Garten,
Wie würde sonst der Alte mein
25 Mit so viel Sorgen warten?
Im schönen Kreis der Blätter Drang,
Und Wohlgeruch das Leben lang,
Und alle tausend Farben.

Graf.

Die Nelke soll man nicht verschmähn,
Sie ist des Gärtners Wonne:
Bald muß sie in dem Lichte stehn,
Bald schützt er sie vor Sonne;
Doch was den Grafen glücklich macht,
Es ist nicht ausgesuchte Pracht:
Es ist ein stilles Blümchen.

Veilchen.

Ich steh' verborgen und gebückt,
Und mag nicht gerne sprechen,
Doch will ich, weil sich's eben schickt,
Mein tiefes Schweigen brechen.
Wenn ich es bin, du guter Mann,
Wie schmerzt mich's, daß ich hinauf nicht kann
Dir alle Gerüche senden.

Graf.

Das gute Veilchen schätz' ich sehr:
Es ist so gar bescheiden
Und duftet so schön; doch brauch' ich mehr
In meinem herben Leiden.
Ich will es euch nur eingestehn:
Auf diesen dürren Felsenhöhn
Ist's Liebchen nicht zu finden.

Doch wandelt unten an dem Bach
Das treuste Weib der Erde
Und seufzet leise manches Ach,
Bis ich erlöset werde.
Wenn sie ein blaues Blümchen bricht,
Und immer sagt: Vergiß mein nicht!
So fühl' ich's in der Ferne.

Ja, in der Ferne fühlt sich die Macht,
Wenn zwei sich redlich lieben;
Drum bin ich in des Kerkers Nacht
Auch noch lebendig geblieben.
Und wenn mir fast das Herze bricht,
So ruf' ich nur: Vergiß mein nicht!
Da komm' ich wieder ins Leben.

Sonette.

Die Liebende schreibt.

Ein Blick von deinen Augen in die meinen,
Ein Kuß von deinem Mund auf meinem Munde,
Wer davon hat, wie ich, gewisse Kunde,
Mag dem was anders wohl erfreulich scheinen?

Entfernt von dir, entfremdet von den Meinen,
Führ' ich stets die Gedanken in die Runde,
Und immer treffen sie auf jene Stunde,
Die einzige; da fang' ich an zu weinen.

. Die Thräne trocknet wieder unversehens:
Er liebt ja, denk' ich, her in diese Stille,
Und solltest du nicht in die Ferne reichen?

Vernimm das Lispeln dieses Liebewehens;
Mein einzig Glück auf Erden ist dein Wille,
Dein freundlicher zu mir; gieb mir ein Zeichen!

Die Liebende abermals.

Warum ich wieder zum Papier mich wende?
Das mußt du, Liebster, so bestimmt nicht fragen:
Denn eigentlich hab' ich dir nichts zu sagen;
Doch kommt's zuletzt in deine lieben Hände.

Weil ich nicht kommen kann, soll was ich sende
Mein ungeteiltes Herz hinüber tragen
Mit Wonnen, Hoffnungen, Entzücken, Plagen:
Das alles hat nicht Anfang, hat nicht Ende.

Ich mag vom heut'gen Tag dir nichts vertrauen,
Wie sich im Sinnen, Wünschen, Wähnen, Wollen
Mein treues Herz zu dir hinüber wendet:

So stand ich einst vor dir, dich anzuschauen
Und sagte nichts. Was hätt' ich sagen sollen?
Mein ganzes Wesen war in sich vollendet.

Sie kann nicht enden.

Wenn ich nun gleich das weiße Blatt dir schickte,
Anstatt daß ich's mit Lettern erst beschreibe,
Ausfülltest du's vielleicht zum Zeitvertreibe
Und sendetest's an mich, die Hochbeglückte.

Wenn ich den blauen Umschlag dann erblickte;
Neugierig schnell, wie es geziemt dem Weibe,
Riß' ich ihn auf, daß nichts verborgen bleibe;
Da läs' ich was mich mündlich sonst entzückte:

Lieb Kind! Mein artig Herz! Mein einzig Wesen·
Wie du so freundlich meine Sehnsucht stilltest
Mit süßem Wort und mich so ganz verwöhntest.

Sogar dein Lispeln glaubt' ich auch zu lesen,
Womit du liebend meine Seele fülltest
Und mich auf ewig vor mir selbst verschöntest.

Gefunden.

Ich ging im Walde
So für mich hin,
Und nichts zu suchen
Das war mein Sinn.

Im Schatten sah ich
Ein Blümchen stehn,
Wie Sterne leuchtend,
Wie Äuglein schön.

Ich wollt' es brechen,
Da sagt' es fein::
Soll ich zum Welken
Gebrochen sein?

Ich grub's mit allen
Den Würzlein aus,
Zum Garten trug ich's
Am hübschen Haus.

Und pflanzt' es wieder
10   Am stillen Ort;
Nun zweigt es immer
Und blüht so fort.

Aus dem „West=Östlichen Divan."
(Lesebuch.)

Wunderlichstes Buch der Bücher
Ist das Buch der Liebe;
15   Aufmerksam hab' ich's gelesen:
Wenig Blätter Freuden,
Ganze Hefte Leiden;
Einen Abschnitt macht die Trennung.
Wiedersehn! ein klein Kapitel,
20   Fragmentarisch.   Bände Kummers
Mit Erklärungen verlängert,
Endlos, ohne Maß.
O Nisami! — Doch am Ende
Hast den rechten Weg gefunden;
25   Unauflösliches wer löst es?
Liebende sich wiederfindend.

*   *   *

Mich nach= und umzubilden, mißzubilden
Versuchten sie seit vollen fünfzig Jahren;
Ich dächte doch, da konntest du erfahren
30   Was an dir sei in Vaterlands=Gefilden.
Du hast getollt zu deiner Zeit mit wilden

Dämonisch genialen jungen Scharen,
Dann sachte schlossest du von Jahr zu Jahren
Dich näher an die Weisen, Göttlich-Milden.

*   *   *

Wie etwas sei leicht,
Weiß der es erfunden und der es erreicht.

*   *   *

Wenn der schwer Gedrückte klagt:
Hülfe, Hoffnung sei versagt,
Bleibet heilsam fort und fort
Immer noch ein freundlich Wort.

*   *   *

Gutes thu' rein aus des Guten Liebe!   10
Das überliefre deinem Blut;
Und wenn's den Kindern nicht verbliebe,
Den Enkeln kommt es doch zu gut'.

*   *   *

Einen Helden mit Lust preisen und neunen
Wird jeder, der selbst als kühner stritt.   15
Des Menschen Wert kann niemand erkennen
Der nicht selbst Hitze und Kälte litt.

*   *   *

Was willst du untersuchen,
Wohin die Milde fließt!
Ins Wasser wirf deine Kuchen!   20
Wer weiß, wer sie genießt.

Frühling über's Jahr.

Das Beet schon lockert
Sich's in die Höh,
Da wanken Glöckchen
So weiß wie Schnee;
Safran entfaltet   25
Gewalt'ge Glut,
Smaragden keimt es

Und keimt wie Blut.
Primeln stolzieren
So naseweis,
Schalkhafte Veilchen
Versteckt mit Fleiß;
Was auch noch alles
Da regt und webt,
Genug, der Frühling
Er wirkt und lebt.

10   Doch was im Garten
Am reichsten blüht,
Das ist des Liebchens
Lieblich Gemüt.
Da glühen Blicke
15   Mir immerfort,
Erregend Liebchen,
Erheiternd Wort.
Ein immer offen,
Ein Blütenherz,
20   Im Ernste freundlich
Und rein im Scherz.
Wenn Ros' und Lilie
Der Sommer bringt,
Er doch vergebens
25   Mit Liebchen ringt.

Spruch.

Weite Welt und breites Leben,
Langer Jahre redlich Streben,
Stets geforscht und stets gegründet,
Nie geschlossen, oft geründet,
30   Ältestes bewahrt mit Treue,
Freundlich aufgefaßtes Neue,
Heitern Sinn und reine Zwecke:
Nun! man kommt wohl eine Strecke.

Begeisterung.

Fassest du die Muse nur beim Zipfel,
Hast du wenig nur gethan;
Geist und Kunst auf ihrem höchsten Gipfel
Muten alle Menschen an.

Schiller.

Die Schlacht.

Schwer und dumpfig,
Eine Wetterwolke,
Durch die grüne Ebne schwankt der Marsch.
Zum wilden eisernen Würfelspiel
Streckt sich unabsehlich das Gefilde.
Blicke kriechen niederwärts,
An die Rippen pocht das Männerherz,
Vorüber an hohlen Totengesichtern
Niederjagt die Front der Major:
Halt!
Und Regimenter fesselt das starre Kommando.
Lautlos steht die Front.

Prächtig im glühenden Morgenrot
Was blitzt dorther vom Gebirge?
Seht ihr des Feindes Fahnen wehn?
Wir sehn des Feindes Fahnen wehn,
Gott mit euch, Weib und Kinder!
Lustig! hört ihr den Gesang?
Trommelwirbel, Pfeifenklang
Schmettert durch die Glieder;
Wie braust es fort im schönen, wilden Takt!
Und braust durch Mark und Bein.

Gott befohlen, Brüder!
In einer andern Welt wieder!

Schou fleugt es fort wie Wetterleucht,
Dumpf brüllt der Donner schon dort,
Die Wimper zuckt, hier kracht er laut,
Die Losung braust von Heer zu Heer —
5 Laß brausen in Gottes Namen fort,
Freier schon atmet die Brust.

Der Tod ist los — schon wogt sich der Kampf,
Eisern im wolkichten Pulverdampf,
Eisern fallen die Würfel.

10 Nah umarmen die Heere sich;
Fertig! heult's von P'loton zu P'loton;
Auf die Kniee geworfen
Feurn die Vordern, viele stehen nicht mehr auf,
Lücken reißt die streifende Kartätsche,
15 Auf Vormanns Rumpfe springt der Hintermann,
Verwüstung rechts und links und um und um,
Bataillone niederwälzt der Tod.

Die Sonne löscht aus — heiß brennt die Schlacht,
Schwarz brütet auf dem Heer die Nacht —
20 Gott befohlen, Brüder!
In einer andern Welt wieder!

Hoch sprißt an den Nacken das Blut,
Lebende wechseln mit Toten, der Fuß
Strauchelt über den Leichnamen.
25 „Und auch du, Franz?" — „Grüße mein Lottchen,
Freund!"
Wilder immer wütet der Streit.
„Grüßen will ich" — Gott! Kameraden, seht!
Hinter uns wie die Kartätsche springt! —
„Grüßen will ich dein Lottchen, Freund!
30 Schlummre sanft! wo die Kugelsaat
Regnet, stürz' ich Verlaßner hinein."

Hieher, dorthin schwankt die Schlacht,
Finstrer brütet auf dem Heer die Nacht —
Gott befohlen, Brüder!
In einer andern Welt wieder!

Horch! was strampft im Galopp vorbei?
    Die Adjutanten fliegen,
Dragoner rasseln in den Feind,
    Und seine Donner ruhen.

        Viktoria, Brüder!
Schrecken reißt die feigen Glieder!   10
        Und seine Fahne sinkt.—

Entschieden ist die scharfe Schlacht,
Der Tag blickt siegend durch die Nacht!
Horch! Trommelwirbel, Pfeifenklang
Stimmen schon Triumphgesang!   15
Lebt wohl, ihr gebliebenen Brüder!
In einer andern Welt wieder

Die Ideale.

So willst du treulos von mir scheiden
Mit deinen holden Phantasien,
Mit deinen Schmerzen, deinen Freuden,   20
Mit alleu unerbittlich fliehn?
Kann nichts dich, Fliehende, verweilen,
O meines Lebens goldne Zeit?
Vergebens! deine Wellen eilen
Hinab ins Meer der Ewigkeit.   25

Erloschen sind die heitern Sonnen,
Die meiner Jugend Pfad erhellt;
Die Ideale sind zerronnen,
Die einst das trunkne Herz geschwellt;

Er ist dahin, der süße Glaube
An Wesen, die mein Traum gebar,
Der rauhen Wirklichkeit zum Raube,
Was einst so schön, so göttlich war.

Wie einst mit flehendem Verlangen
Pygmalion den Stein umschloß,
Bis in des Marmors kalte Wangen
Empfindung glühend sich ergoß,
So schlang ich mich mit Liebesarmen
Um die Natur mit Jugendlust,
Bis sie zu atmen, zu erwarmen
Begann an meiner Dichterbrust,

Und, teilend meine Flammentriebe,
Die Stumme eine Sprache fand,
Mir wiedergab den Kuß der Liebe
Und meines Herzens Klang verstand.
Da lebte mir der Baum, die Rose,
Mir sang der Quellen Silberfall,
Es fühlte selbst das Seelenlose
Von meines Lebens Wiederhall.

Es dehnte mit allmächt'gem Streben
Die enge Brust ein kreisend All,
Herauszutreten in das Leben
In That und Wort, in Bild und Schall.
Wie groß war diese Welt gestaltet,
So lang die Knospe sie noch barg;
Wie wenig, ach! hat sich entfaltet,
Dies Wenige, wie klein und karg!

Wie sprang, von kühnem Mut beflügelt,
Beglückt in seines Traumes Wahn,
Von keiner Sorge noch gezügelt,
Der Jüngling in des Lebens Bahn!

Bis an des Äthers bleichste Sterne
Erhob ihn der Entwürfe Flug;
Nichts war so hoch und nichts so ferne,
Wohin ihr Flügel ihn nicht trug.

Wie leicht ward er dahin getragen,
Was war dem Glücklichen zu schwer!
Wie tanzte vor des Lebens Wagen
Die luftige Begleitung her!
Die Liebe mit dem süßen Lohne,
Das Glück mit seinem goldnen Kranz,   10
Der Ruhm mit seiner Sternenkrone,
Die Wahrheit in der Sonne Glanz!

Doch, ach! schon auf des Weges Mitte
Verloren die Begleiter sich,
Sie wandten treulos ihre Schritte,   15
Und einer nach dem andern wich.
Leichtfüßig war das Glück entflogen,
Des Wissens Durst blieb ungestillt,
Des Zweifels finstre Wetter zogen
Sich um der Wahrheit Sonnenbild.   20

Ich sah des Ruhmes heil'ge Kränze
Auf der gemeinen Stirn entweiht.
Ach, allzuschnell nach kurzem Lenze
Entfloh die schöne Liebeszeit!
Und immer stiller ward's und immer   25
Verlaßner auf dem rauhen Steg;
Kaum warf noch einen bleichen Schimmer
Die Hoffnung auf den finstern Weg.

Von all dem rauschenden Geleite
Wer harrte liebend bei mir aus?   30
Wer steht mir tröstend noch zur Seite
Und folgt mir bis zum finstern Haus?

Du, die du alle Wunden heilest,
Der Freundschaft leise, zarte Haud,
Des Lebens Bürden liebend teilest,
Du, die ich frühe sucht' und saud.

Und du, die gern sich mit ihr gattet,
Wie sie der Seele Sturm beschwört,
Beschäftigung, die nie ermattet,
Die langsam schafft, doch nie zerstört,
Die zu dem Bau der Ewigkeiten
Zwar Sandkorn nur für Sandkorn reicht,
Doch von der großen Schuld der Zeiten
Minuten, Tage, Jahre streicht.

Würde der Frauen.

Ehret die Frauen! sie flechten und weben
Himmlische Rosen ins irdische Leben,
Flechten der Liebe beglückendes Band,
Und in der Grazie züchtigem Schleier
Nähren sie wachsam das ewige Feuer
Schöner Gefühle mit heiliger Haud.

Ewig aus der Wahrheit Schranken
Schweift des Mannes wilde Kraft;
Unstet treiben die Gedanken
Auf dem Meer der Leidenschaft;
Gierig greift er in die Ferne,
Nimmer wird sein Herz gestillt;
Rastlos durch entlegne Sterne
Jagt er seines Traumes Bild.

Aber mit zauberisch fesselndem Blicke
Winken die Frauen den Flüchtling zurücke,
Warnend zurück in der Gegenwart Spur.
In der Mutter bescheidener Hütte
Sind sie geblieben mit schamhafter Sitte,
Treue Töchter der frommen Natur.

Feindlich ist des Mannes Streben,
Mit zermalmender Gewalt
Geht der wilde durch das Leben,
Ohne Rast und Aufenthalt.
Was er schuf, zerstört er wieder,
Nimmer ruht der Wünsche Streit,
Nimmer, wie das Haupt der Hyder
Ewig fällt und sich erneut.

Aber zufrieden mit stillerem Ruhme,
Brechen die Frauen des Augenblicks Blume,
Nähren sie sorgsam mit liebendem Fleiß,
Freier in ihrem gebundenen Wirken,
Reicher als er in des Wissens Bezirken
Und in der Dichtung unendlichem Kreis.

Streng und stolz, sich selbst genügend,
Kennt des Mannes kalte Brust,
Herzlich an ein Herz sich schmiegend,
Nicht der Liebe Götterlust,
Kennet nicht den Tausch der Seelen,
Nicht in Thränen schmilzt er hin;
Selbst des Lebens Kämpfe stählen
Härter seinen harten Sinn.

Aber wie, leise vom Zephyr erschüttert,
Schnell die äolische Harfe erzittert,
Also die fühlende Seele der Frau.
Zärtlich geängstigt vom Bilde der Qualen,
Wallet der liebende Busen, es strahlen
Perlend die Augen von himmlischem Tau.

In der Männer Herrschgebiete
Gilt der Stärke trotzig Recht;
Mit dem Schwert beweist der Scythe,
Und der Perser wird zum Knecht.

Es befehden sich im Grimme
Die Begierden wild und roh,
Und der Eris rauhe Stimme
Waltet, wo die Charis floh.

Aber mit sanft überredender Bitte
Führen die Frauen den Scepter der Sitte,
Löschen die Zwietracht, die tobend entglüht,
Lehren die Kräfte, die feindlich sich hassen,
Sich in der lieblichen Form zu umfassen,
10　　Und vereinen, was ewig sich flieht.

Die Teilung der Erde.

„Nehmt hin die Welt!" rief Zeus von seinen Höhen
Den Menschen zu. „Nehmt, sie soll euer sein;
Euch schenk' ich sie zum Erb' und ew'gen Lehen;
Doch teilt euch brüderlich darein!"

15 Da eilt, was Hände hat, sich einzurichten,
Es regte sich geschäftig jung und alt.
Der Ackermann griff nach des Feldes Früchten,
Der Junker birschte durch den Wald.

Der Kaufmann nimmt, was seine Speicher fassen,
20　Der Abt wählt sich den edeln Firnewein,
Der König sperrt die Brücken und die Straßen
Und sprach: „Der Zehente ist mein."

Ganz spät, nachdem die Teilung längst geschehen,
Naht der Poet, er kam aus weiter Fern';
25　Ach, da war überall nichts mehr zu sehen,
Und alles hatte seinen Herrn.

„Weh mir! so soll ich denn allein von allen
Vergessen sein, ich, dein getreuster Sohn?"
So ließ er laut der Klage Ruf erschallen,
30　Und warf sich hin vor Jovis Thron.

„Wenn du im Laub der Träume dich verweilet,“
    Verſetzt der Gott, „ſo habre nicht mit mir.
Wo warſt du denu, als man die Welt geteilet?“
    „Ich war,“ ſprach der Poet, „bei dir.

„Mein Auge hing an deinem Angeſichte,
    An deines Himmels Harmonie mein Ohr;
Verzeih’ dem Geiſte, der, von deinem Lichte
    Berauſcht, das Irdiſche verlor!“

„Was thun?“ ſpricht Zeus. — „Die Welt iſt weggegeben,
    Der Herbſt, die Jagd, der Markt iſt nicht mehr mein. 10
Willſt du in meinem Himmel mit mir leben,
    So oft du kommſt, er ſoll dir offen ſein.“

Die zwei Tugendwege.

Zwei ſind der Wege, auf welchen der Menſch zur Tugend
    emporſtrebt;
Schließt ſich der eine dir zu, thut ſich der andre dir
    auf.
Handelnd erringt der Glückliche ſie, der Leidende duldend. 15
    Wohl ihm, den ſein Geſchick liebend auf beiden ge-
    führt!

Das Mädchen aus der Fremde.

In einem Thal bei armen Hirten
Erſchien mit jedem jungen Jahr,
Sobald die erſten Lerchen ſchwirrten,
Ein Mädchen, ſchön und wunderbar.   20

Sie war nicht in dem Thal geboren,
Man wußte nicht, woher ſie kam,
Und ſchnell war ihre Spur verloren,
Sobald das Mädchen Abſchied nahm.

Beseligend war ihre Nähe,
Und alle Herzen wurden weit;
Doch eine Würde, eine Höhe
Entfernte die Vertraulichkeit.

Sie brachte Blumen mit und Früchte,
Gereift auf einer andern Flur,
In einem andern Sonnenlichte,
In einer glücklichern Natur.

Und teilte jedem eine Gabe,
10 Dem Früchte, jenem Blumen aus;
Der Jüngling und der Greis am Stabe,
Ein jeder ging beschenkt nach Haus.

Willkommen waren alle Gäste;
Doch nahte sich ein liebend Paar,
15 Dem reichte sie der Gaben beste,
Der Blumen allerschönste dar.

Votivtafeln.

Die verschiedene Bestimmung.

Millionen beschäftigen sich, daß die Gattung bestehe;
   Aber durch wenige verpflanzet die Menschheit sich fort.
- Tausend Keime zerstreuet der Herbst, doch bringet kaum
      einer
20 Früchte; zum Element kehren die meisten zurück.
   Aber entfaltet sich auch nur einer, einer allein streut
   Eine lebendige Welt ewiger Bildungen aus.

Unterschied der Stände.

Adel ist auch in der sittlichen Welt. Gemeine Naturen
   Zahlen mit dem, was sie thun, edle mit dem, was sie
      sind.

Der Schlüssel.

25 Willst du dich selber erkennen, so sieh, wie die andern es
   treiben.

Willst du die andern verstehn, blick' in dein eignes
    Herz.

Inneres und Äußeres.

„Gott nur siehet das Herz." — Drum eben, weil Gott
    nur das Herz sieht,
Sorge, daß wir doch auch etwas Erträgliches sehn.

Dilettant.

Weil ein Vers dir gelingt in einer gebildeten Sprache,
    Die für dich dichtet und denkt, glaubst du schon Dich-
    ter zu sein?

Der Handschuh.

Vor seinem Löwengarten,
Das Kampfspiel zu erwarten,
Saß König Franz,
Und um ihn die Großen der Krone,
Und rings auf hohem Balkone
Die Damen in schönem Kranz.

Und wie er winkt mit dem Finger,
Aufthut sich der weite Zwinger,
Und hinein mit bedächtigem Schritt
Ein Löwe tritt,
Und sieht sich stumm
Rings um
Mit langem Gähnen,
Und schüttelt die Mähnen,
Und streckt die Glieder,
Und legt sich nieder.

Und der König winkt wieder,
Da öffnet sich behend
Ein zweites Thor,
Daraus rennt
Mit wildem Sprunge
Ein Tiger hervor.

Wie der den Löwen erschaut,

Brüllt er laut,

Schlägt mit dem Schweif

Einen furchtbaren Reif,

5 Und recket die Zunge,

Und im Kreise scheu

Umgeht er den Leu

Grimmig schnurrend;

Drauf streckt er sich murrend

10 Zur Seite nieder.

Und der König winkt wieder,

Da speit das doppelt geöffnete Haus

Zwei Leoparden auf einmal aus.

Die stürzen mit mutiger Kampfbegier

15 Auf das Tigertier;

Das packt sie mit seinen grimmigem Tatzen,

Und der Leu mit Gebrüll

Richtet sich auf, da wird's still;

Und herum im Kreis,

20 Von Mordsucht heiß,

Lagern sich die greulichen Katzen.

Da fällt von des Altans Rand

Ein Handschuh von schöner Hand

Zwischen den Tiger und den Leun

25 Mitten hinein.

Und zu Ritter Delorges spottenderweis

Wendet sich Fräulein Kunigund:

„Herr Ritter, ist eure Lieb' so heiß,

Wie ihr mir's schwört zu jeder Stund',

30 Ei, so hebt mir den Handschuh auf!"

Und der Ritter in schnellem Lauf

Steigt hinab in den furchtbaren Zwinger

Mit festem Schritte
Und aus der Ungeheuer Mitte
Nimmt er den Handschuh mit keckem Finger.

Und mit Erstaunen und mit Grauen
Sehen's die Ritter und Edelfrauen,
Und gelassen bringt er den Handschuh zurück.
Da schallt ihm sein Lob aus jedem Munde,
Aber mit zärtlichem Liebesblick—
Er verheißt ihm sein nahes Glück—
Empfängt ihn Fräulein Kunigunde.   10
Und er wirft ihr den Handschuh ins Gesicht:
„Den Dank, Dame, begehr' ich nicht!"
Und verläßt sie zur selben Stunde.

Die Kraniche des Ibykus.

Zum Kampf der Wagen und Gesänge,
Der auf Korinthus' Landesenge   15
Der Griechen Stämme froh vereint,
Zog Ibykus, der Götterfreund.
Ihm schenkte des Gesanges Gabe,
Der Lieder süßen Mund Apoll;
So wandert' er an leichtem Stabe   20
Aus Rhegium, des Gottes voll.

Schou winkt auf hohem Bergesrücken
Akrokorinth des Wandrers Blicken,
Und in Poseidons Fichtenhain   *grove*
Tritt er mit frommem Schauder ein.   25
Nichts regt sich um ihn her; nur Schwärme
Von Kranichen begleiten ihn,
Die fernhin nach des Südens Wärme
In graulichtem Geschwader ziehn.   *squadron*

„Seid mir gegrüßt, befreundte Scharen,   30
Die mir zur See Begleiter waren;

Zum guten Zeichen nehm' ich euch,
Mein Los, es ist dem euren gleich:
Von fern her kommen wir gezogen
Und flehen um ein wirtlich Dach.
5   Sei uns der Gastliche gewogen,
Der von dem Frembling wehrt die Schmach!"

Und munter förbert er die Schritte,
Und sieht sich in des Walbes Mitte;
Da sperren auf gebrangem Steg
10 Zwei Mörder plötzlich seinen Weg.
Zum Kampfe muß er sich bereiten,
Doch balb ermattet sinkt die Hand,
Sie hat der Leier zarte Saiten,
Doch nie des Bogens Kraft gespannt.

15 Er ruft die Menschen an, die Götter,
Sein Flehen bringt zu keinem Retter;
Wie weit er auch die Stimme schickt,
Nichts Lebendes wird hier erblickt.
„So muß ich hier verlassen sterben,
20 Auf fremdem Boden, unbeweint,
Durch böser Buben Hand verberben,
Wo auch kein Rächer mir erscheint!"

Und schwer getroffen sinkt er nieber,
Da rauscht der Kraniche Gesieber;
25 Er hört, schon kann er nicht mehr sehn,
Die nahen Stimmen furchtbar krähn.
„Von euch, ihr Kraniche dort oben,
Wenn keine anbre Stimme spricht,
Sei meines Morbes Klag' erhoben!"
30 Er ruft es, und sein Auge bricht.

Der nackte Leichnam wird gefunden,
Und balb, obgleich entstellt von Wunden,

Erkennt der Gaſtfreund in Korinth
Die Züge, die ihm teuer ſind.
„Und muß ich ſo dich wieder finden,
Und hoffte mit der Fichte Kranz
Des Sängers Schläfe zu umwinden,
Beſtrahlt von ſeines Ruhmes Glanz!"

Und jammernd hören's alle Gäſte,
Verſammelt bei Poſeidons Feſte,
Ganz Griechenland ergreift der Schmerz,
Verloren hat ihn jedes Herz.   10
Und ſtürmend drängt ſich zum Prytanen
Das Volk, es fordert ſeine Wut,
Zu rächen des Erſchlagnen Manen,
Zu ſühnen mit des Mörders Blut.

Doch wo die Spur, die aus der Menge,   15
Der Völker flutendem Gedränge,
Gelocket von der Spiele Pracht,
Den ſchwarzen Thäter kenntlich macht?
Sind's Räuber, die ihn feig erſchlagen?
That's neidiſch ein verborgner Feind?   20
Nur Helios vermag's zu ſagen,
Der alles Irdiſche beſcheint.

Er geht vielleicht mit frechem Schritte
Jetzt eben durch der Griechen Mitte,
Und während ihn die Rache ſucht,   25
Genießt er ſeines Frevels Frucht.
Auf ihres eignen Tempels Schwelle
Trotzt er vielleicht den Göttern, mengt
Sich dreiſt in jene Menſchenwelle,
Die dort ſich zum Theater drängt.   30

Denn Bank an Bank gedränget ſitzen,
Es brechen faſt der Bühne Stützen,

Herbeigeströmt von fern und nah,
Der Griechen Völker wartend da.
Dumpfbrausend wie des Meeres Wogen,
Von Menschen wimmelnd wächst der Bau
5 In weiter stets geschweiftem Bogen
Hinauf bis in des Himmels Blau.

Wer zählt die Völker, nennt die Namen,
Die gastlich hier zusammen kamen?
Von Theseus' Stadt, von Aulis' Strand,
10 Von Phocis, vom Spartanerland,
Von Asiens entlegner Küste,
Von allen Inseln kamen sie,
Und horchen von dem Schaugerüste
Des Chores grauser Melodie,

15 Der, streng und ernst, nach alter Sitte
Mit langsam abgemessnem Schritte
Hervortritt aus dem Hintergrund,
Umwandelnd des Theaters Rund.
So schreiten keine ird'schen Weiber!
20 Die zeugete kein sterblich Haus!
Es steigt das Riesenmaß der Leiber
Hoch über Menschliches hinaus.

Ein schwarzer Mantel schlägt die Lenden,
Sie schwingen in entfleischten Händen
25 Der Fackel düsterrote Glut,
In ihren Wangen fließt kein Blut.
Und wo die Haare lieblich flattern,
Um Menschenstirnen freundlich wehn,
Da sieht man Schlangen hier und Nattern
30 Die giftgeschwollnen Bäuche blähn.

Und schauerlich, gedreht im Kreise,
Beginnen sie des Hymnus Weise,

Der durch das Herz zerreißend dringt,
Die Bande um den Sünder schlingt.
Besinnungraubend, herzbethörend
Schallt der Erinnyen Gesang.
Er schallt, des Hörers Mark verzehrend,   5
Und duldet nicht der Leier Klang:

„Wohl dem, der frei von Schuld und Fehle
Bewahrt die kindlich reine Seele!
Ihm dürfen wir nicht rächend nahn,
Er wandelt frei des Lebens Bahn.   10
Doch wehe, wehe, wer verstohlen
Des Mordes schwere That vollbracht!
Wir heften uns an seine Sohlen,
Das furchtbare Geschlecht der Nacht.

„Und glaubt er fliehend zu entspringen,   15
Geflügelt sind wir da, die Schlingen
Ihm werfend um den flücht'gen Fuß,
Daß er zu Boden fallen muß.
So jagen wir ihn, ohn' Ermatten,
Versöhnen kann uns keine Reu',   20
Ihn fort und fort bis zu den Schatten,
Und geben ihn auch dort nicht frei."

So singend, tanzen sie den Reigen,
Und Stille, wie des Todes Schweigen,
Liegt überm ganzen Hause schwer,   25
Als ob die Gottheit nahe wär'.
Und feierlich nach alter Sitte
Umwandelnd des Theaters Rund
Mit langsam abgemessnem Schritte,
Verschwinden sie im Hintergrund.   30

Und zwischen Trug und Wahrheit schwebet
Noch zweifelnd jede Brust und bebet,

Und huldiget der furchtbarn Macht,
Die richtend im Verborgnen wacht,
Die unerforschlich, unergründet
Des Schicksals dunkeln Knäuel flicht,
5 Dem tiefen Herzen sich verkündet,
Doch fliehet vor dem Sonnenlicht.

Da hört man auf den höchsten Stufen
Auf einmal eine Stimme rufen:
„Sieh da, sieh da, Timotheus,
10 Die Kraniche des Ibykus!" —
Und finster plötzlich wird der Himmel,
Und über dem Theater hin
Sieht man in schwärzlichtem Gewimmel
Ein Kranichheer vorüberziehn.

15 „Des Ibykus!" — Der teure Name
Rührt jede Brust mit neuem Grame,
Und wie im Meere Well' auf Well',
So läuft's von Mund zu Munde schnell:
„Des Ibykus? den wir beweinen?
20 Den eine Mörderhand erschlug?
Was ist's mit dem? was kann er meinen?
Was ist's mit diesem Kranichzug?" —

Und lauter immer wird die Frage,
Und ahnend fliegt's mit Blitzesschlage
25 Durch alle Herzen: „Gebet acht,
Das ist der Eumeniden Macht!
Der fromme Dichter wird gerochen,
Der Mörder bietet selbst sich dar —
Ergreift ihn, der das Wort gesprochen,
30 Und ihn, an den's gerichtet war!"

Doch dem war kaum das Wort entfahren,
Möcht' er's im Busen gern bewahren;

Umsonst!   Der schreckenbleiche Mund
Macht schnell die Schuldbewußten kund.
Man reißt und schleppt sie vor den Richter,
Die Scene wird zum Tribunal,
Und es gestehn die Bösewichter,
Getroffen von der Rache Strahl.

Der Taucher.

„Wer wagt es, Rittersmann oder Knapp',
Zu tauchen in diesen Schlund?
Einen goldnen Becher werf' ich hinab;
Verschlungen schon hat ihn der schwarze Mund.   10
Wer mir den Becher kann wieder zeigen,
Er mag ihn behalten, er ist sein eigen."

Der König spricht es und wirft von der Höh'
Der Klippe, die schroff und steil
Hinaushängt in die unendliche See,   15
Den Becher in der Charybde Geheul.
„Wer ist der Beherzte, ich frage wieder,
Zu tauchen in diese Tiefe nieder?"

Und die Ritter, die Knappen um ihn her
Vernehmen's und schweigen still,   20
Sehen hinab in das wilde Meer,
Und keiner den Becher gewinnen will.
Und der König zum drittenmal wieder fraget:
„Ist keiner, der sich hinunter waget?"

Doch alles noch stumm bleibt wie zuvor;   25
Und ein Edelknecht, sanft und keck,
Tritt aus der Knappen zagendem Chor,
Und den Gürtel wirft er, den Mantel weg,
Und alle die Männer umher und Frauen
Auf den herrlichen Jüngling verwundert schauen.   30

Und wie er tritt an des Felsen Hang
Und blickt in den Schlund hinab,
Die Waſſer, die ſie hinunter ſchlang,
Die Charybde jetzt brüllend wiedergab,
5 Und wie mit des fernen Donners Getoſe
Entſtürzen ſie ſchäumend dem finſtern Schoße.

Und es wallet und ſiedet und brauſet und ziſcht,
Wie wenn Waſſer mit Feuer ſich mengt,
Bis zum Himmel ſpritzet der dampfende Giſcht,
10 Und Flut auf Flut ſich ohn' Ende drängt,
Und will ſich nimmer erſchöpfen und leeren,
Als wollte das Meer noch ein Meer gebären.

Doch endlich, da legt ſich die wilde Gewalt,
Und ſchwarz aus dem weißen Schaum
15 Klafft hinunter ein gähnender Spalt,
Grundlos, als ging's in den Höllenraum,
Und reißend ſieht man die brandenden Wogen
Hinab in den ſtrudelnden Trichter gezogen.

Jetzt ſchnell, eh die Brandung wiederkehrt,
20 Der Jüngling ſich Gott befiehlt,
Und — ein Schrei des Entſetzens wird rings gehört,
Und ſchon hat ihn der Wirbel hinweggeſpült,
Und geheimnisvoll über dem kühnen Schwimmer
Schließt ſich der Rachen; er zeigt ſich nimmer.

25 Und ſtille wird's über dem Waſſerſchlund,
In der Tiefe nur brauſet es hohl,
Und bebend hört man von Mund zu Mund:
„Hochherziger Jüngling, fahre wohl!"
Und hohler und hohler hört man's heulen,
30 Und es harrt noch mit bangem, mit ſchrecklichem Weilen.

Und wärfſt du die Krone ſelber hinein
Und ſprächſt: wer mir bringet die Kron',
Er ſoll ſie tragen und König ſein!
Mich gelüſtete nicht nach dem teuren Lohn.
Was die heulende Tiefe da unten verhehle,　　　　5
Das erzählt keine lebende, glückliche Seele.

Wohl manches Fahrzeug, vom Strudel gefaßt,
Schoß gäh in die Tiefe hinab;
Doch zerſchmettert nur rangen ſich Kiel und Maſt
Hervor aus dem alles verſchlingenden Grab.　　　　10
Und heller und heller wie Sturmes Sauſen
Hört man's näher nnd immer näher brauſen.

Und es wallet und ſiebet und brauſet und ziſcht,
Wie wenn Waſſer mit Feuer ſich mengt,
Bis zum Himmel ſpritzet der dampfende Giſcht,　　　　15
Und Well' auf Well' ſich ohn' Eude drängt,
Und wie mit des fernen Donners Getoſe
Entſtürzt es brüllend dem finſtern Schoße.

Und ſieh! aus dem finſter flutenden Schoß,
Da hebet ſich's ſchwanenweiß,　　　　20
Und ein Arm und ein glänzender Nacken wird bloß,
Und es rudert mit Kraft und mit emſigem Fleiß,
Und er iſt's, und hoch in ſeiner Linken
Schwingt er den Becher mit freudigem Winken.

Und atmete lang und atmete tief,　　　　25
Und begrüßte das himmliſche Licht.
Mit Frohlocken es einer dem andern rief:
„Er lebt! er iſt da! es behielt ihn nicht!
Aus dem Grab, aus der ſtrudelnden Waſſerhöhle
Hat der Brave gerettet die lebende Seele."　　　　30

Und er kommt, es umringt ihn die jubelnde Schar!
Zu des Königs Füßen er sinkt,
Den Becher reicht er ihm knieend dar,
Und der König der lieblichen Tochter winkt,
5 Die füllt ihn mit funkelndem Wein bis zum Rande;
Und der Jüngling sich also zum König wandte:

„Lang lebe der König! Es freue sich,
Wer da atmet im rosichten Licht!
Da unten aber ist's fürchterlich,
10 Und der Mensch versuche die Götter nicht,
Und begehre nimmer und nimmer zu schauen,
Was sie gnädig bedecken mit Nacht und Grauen.

„Es riß mich hinunter blitzesschnell,
Da stürzt' mir aus felsichtem Schacht
15 Wildflutend entgegen ein reißender Quell;
Mich packte des Doppelstroms wütende Macht,
Und wie einen Kreisel mit schwindelndem Drehen
Trieb mich's um, ich konnte nicht widerstehen.

„Da zeigte mir Gott, zu dem ich rief,
20 In der höchsten schrecklichen Not,
Aus der Tiefe ragend, ein Felsenriff,
Das erfaßt' ich behend und entrann dem Tod.
Und da hing auch der Becher an spitzen Korallen,
Sonst wär' er ins Bodenlose gefallen.

25   „Denn unter mir lag's noch bergetief
In purpurner Finsternis da,
Und ob's hier dem Ohre gleich ewig schlief,
Das Auge mit Schaudern hinunter sah,
Wie's von Salamandern und Molchen und Drachen
30 Sich regt' in dem furchtbaren Höllenrachen.

„Schwarz wimmelten da in grausem Gemisch,
Zu scheußlichen Klumpen geballt,
Der stachlichte Roche, der Klippenfisch,
Des Hammers greuliche Ungestalt,
Und bräuend wies mir die grimmigen Zähne
Der entsetzliche Hai, des Meeres Hyäne.

„Und da hing ich und war's mir mit Grausen bewußt,
Von der menschlichen Hilfe so weit,
Unter Larven die einzige fühlende Brust,
Allein in der gräßlichen Einsamkeit,   10
Tief unter dem Schall der menschlichen Rede
Bei den Ungeheuern der traurigen Öde.

„Und schaudernd dacht' ich's, da kroch's heran,
Regte hundert Gelenke zugleich,
Will schnappen nach mir; in des Schreckens Wahn   15
Laß' ich los der Koralle umklammerten Zweig;
Gleich faßt mich der Strudel mit rasendem Toben,
Doch es war mir zum Heil, er riß mich nach oben."

Der König darob sich verwundert schier
Und spricht: „Der Becher ist dein,   20
Und diesen Ring noch bestimm' ich dir,
Geschmückt mit dem köstlichsten Edelgestein,
Versuchst du's noch einmal und bringst mir Kunde,
Was du sahst auf des Meeres tiefunterstem Grunde."

Das hörte die Tochter mit weichem Gefühl,   25
Und mit schmeichelndem Munde sie fleht:
„Laßt, Vater, genug sein das grausame Spiel!
Er hat Euch bestanden, was keiner besteht,
Und könnt Ihr des Herzens Gelüste nicht zähmen,
So mögen die Ritter den Knappen beschämen."   30

Drauf der König greift nach dem Becher schnell,
In den Strubel ihn schleudert hinein:
„Und schaffst du den Becher mir wieder zur Stell',
So sollst du der trefflichste Ritter mir sein,
5 Und sollst sie als Ehgemahl heut noch umarmen,
Die jetzt für dich bittet mit zartem Erbarmen.“

Da ergreift's ihm die Seele mit Himmelsgewalt,
Und es blitzt aus den Augen ihm kühn, .
Und er siehet erröten die schöne Gestalt,
10 Und sieht sie erbleichen und sinken hin —
Da treibt's ihn, den köstlichen Preis zu erwerben,
Und stürzt hinunter auf Leben und Sterben.

Wohl hört man die Brandung, wohl kehrt sie zurück,
Sie verkündigt der donnernde Schall;
15 Da bückt sich's hinunter mit liebendem Blick,
Es kommen, es kommen die Wasser all,
Sie rauschen herauf, sie rauschen nieder,
Den Jüngling bringt keines wieder.

Breite und Tiefe.

Es glänzen viele in der Welt,
20 Sie wissen von allem zu sagen,
Und wo was reizet, und wo was gefällt,
Man kann es bei ihnen erfragen;
Man dächte, hört man sie reden laut,
Sie hätten wirklich erobert die Braut.

25 Doch gehn sie aus der Welt ganz still,
Ihr Leben war verloren.
Wer etwas Treffliches leisten will,
Hätt' gern was Großes geboren,
Der sammle still und unerschlafft
30 Im kleinsten Punkte die höchste Kraft.

Der Stamm erhebt sich in die Luft
Mit üppig prangenden Zweigen;
Die Blätter glänzen und hauchen Duft,
Doch können sie Früchte nicht zeugen;
Der Kern allein im schmalen Raum   5
Verbirgt den Stolz des Waldes, den Baum.

Hoffnung.

Es reden und träumen die Menschen viel
    Von bessern künftigen Tagen;
Nach einem glücklichen goldenen Ziel
    Sieht man sie rennen und jagen.   10
Die Welt wird alt und wird wieder jung,
Doch der Mensch hofft immer Verbesserung.

Die Hoffnung führt ihn ins Leben ein,
    Sie umflattert den fröhlichen Knaben,
Den Jüngling begeistert ihr Zauberschein,   15
    Sie wird mit dem Greis nicht begraben;
Denn beschließt er im Grabe den müden Lauf,
Noch am Grabe pflanzt er — die Hoffnung auf.

Es ist kein leerer, schmeichelnder Wahn,
    Erzeugt im Gehirne des Thoren.   20
Im Herzen kündigt es laut sich an:
    Zu was Besserm sind wir geboren;
Und was die innere Stimme spricht,
Das täuscht die hoffende Seele nicht.

Der Kampf mit dem Drachen.

Was rennt das Volk, was wälzt sich dort   25
Die langen Gassen brausend fort?
Stürzt Rhodus unter Feuers Flammen?
Es rottet sich im Sturm zusammen,

Und einen Ritter, hoch zu Roß,
Gewahr' ich aus dem Menschentroß;
Und hinter ihm, welch Abenteuer!
Bringt man geschleppt ein Ungeheuer;
5   Ein Drache scheint es von Gestalt,
Mit weitem Krokodilesrachen,
Und alles blickt verwundert bald
Den Ritter an und bald den Drachen.

Und tausend Stimmen werden laut:
10 „Das ist der Lindwurm, kommt und schaut,
Der Hirt und Herden uns verschlungen!
Das ist der Held, der ihn bezwungen!
Viel' andre zogen vor ihm aus,
Zu wagen den gewalt'gen Strauß,
15 Doch keinen sah man wiederkehren;
Den kühnen Ritter soll man ehren!"
Und nach dem Kloster geht der Zug,
Wo Sankt Johanns, des Täufers, Orden,
Die Ritter des Spitals, im Flug
20 Zu Rate sind versammelt worden.

Und vor den edeln Meister tritt
Der Jüngling mit bescheidnem Schritt;
Nachdrängt das Volk mit wildem Rufen,
Erfüllend des Geländers Stufen.
25 Und jener nimmt das Wort und spricht:
„Ich hab' erfüllt die Ritterpflicht.
Der Drache, der das Land verödet,
Er liegt von meiner Hand getötet;
Frei ist dem Wanderer der Weg,
30 Der Hirte treibe ins Gefilde,
Froh walle auf dem Felsensteg
Der Pilger zu dem Gnadenbilde."

Doch strenge blickt der Fürst ihn an,
Und spricht: „Du hast als Held gethan;
Der Mut ist's, der den Ritter ehret,
Du hast den kühnen Geist bewähret.
Doch sprich! was ist die erste Pflicht
Des Ritters, der für Christum ficht,
Sich schmücket mit des Kreuzes Zeichen?"
Und alle rings herum erbleichen.
Doch er mit edlem Anstand spricht,
Indem er sich errötend neiget:
„Gehorsam ist die erste Pflicht,
Die ihn des Schmuckes würdig zeiget."

„Und diese Pflicht, mein Sohn," versetzt
Der Meister, „hast du frech verletzt.
Den Kampf, den das Gesetz versaget,
Hast du mit frevlem Mut gewaget!"
„Herr, richte, wenn du alles weißt,"
Spricht jener mit gesetztem Geist,
„Denn des Gesetzes Sinn und Willen
Vermeint' ich treulich zu erfüllen.
Nicht unbedachtsam zog ich hin,
Das Ungeheuer zu bekriegen;
Durch List und kluggewandten Sinn
Versucht' ich's, in dem Kampf zu siegen.

„Fünf unsers Ordens waren schon,
Die Zierden der Religion,
Des kühnen Mutes Opfer worden:
Da wehrtest du den Kampf dem Orden.
Doch an dem Herzen nagten mir
Der Unmut und die Streitbegier,
Ja, selbst im Traum der stillen Nächte
Fand ich mich keuchend im Gefechte;

Und wenn der Morgen dämmernd kam
Und Kunde gab von neuen Plagen,
Da faßte mich ein wilder Gram,
Und ich beschloß, es frisch zu wagen.

5 „Und zu mir selber sprach ich dann:
Was schmückt den Jüngling, ehrt den Mann?
Was leisteten die tapfern Helden,
Von denen uns die Lieder melden,
Die zu der Götter Glanz und Ruhm
10 Erhub das blinde Heidentum? *Paganism*
Sie reinigten von Ungeheuern
Die Welt in kühnen Abenteuern,
Begegneten im Kampf dem Leun *lion*
Und rangen mit den Minotauren,
15 Die armen Opfer zu befrein, *victims*
Und ließen sich das Blut nicht dauren. *begrudge*

„Ist nur der Sarazen es wert,
Daß ihn bekämpft des Christen Schwert?
Bekriegt er nur die falschen Götter?
20 Gesandt ist er der Welt zum Retter,
Von jeder Not und jedem Harm
Befreien muß sein starker Arm;
Doch seinen Mut muß Weisheit leiten,
Und List muß mit der Stärke streiten. *stratagem*
25 So sprach ich oft und zog allein,
Des Raubtiers Fährte zu erkunden;
Da flößte mir der Geist es ein,
Froh rief ich aus: Ich hab's gefunden!

„Und trat zu dir und sprach das Wort:
30 Mich zieht es nach der Heimat fort.
Du, Herr, willfahrtest meinen Bitten,
Und glücklich war das Meer durchschnitten.

Kaum stieg ich aus am heim'schen Strand,
Gleich ließ ich durch des Künstlers Hand,
Getreu den wohlbemerkten Zügen,
Ein Drachenbild zusammenfügen.
Auf kurzen Füßen wird die Last   5
Des langen Leibes aufgetürmet;
Ein schuppicht Panzerhemb umfaßt
Den Rücken, den es furchtbar schirmet.

„Lang strecket sich der Hals hervor,
Und gräßlich wie ein Höllenthor,   10
Als schnappt' es gierig nach der Beute,
Eröffnet sich des Rachens Weite,
Und aus dem schwarzen Schlunde dräun
Der Zähne stachelichte Reihn;
Die Zunge gleicht des Schwertes Spitze,   15
Die kleinen Augen sprühen Blitze;
In einer Schlange endigt sich
Des Rückens ungeheure Länge,
Rollt um sich selber fürchterlich,
Daß es um Mann und Roß sich schlänge.   20

„Und alles bild' ich nach genau
Und kleid' es in ein scheußlich Grau;
Halb Wurm erschien's, halb Molch und Drache,
Gezeuget in der gift'gen Lache.
Und als das Bild vollendet war,   25
Erwähl' ich mir ein Doggenpaar,
Gewaltig, schnell, von flinken Läufen,
Gewohnt, den wilden Ur zu greifen;
Die hetz' ich auf den Lindwurm an,
Erhitze sie zu wildem Grimme,   30
Zu fassen ihn mit scharfem Zahn,
Und lenke sie mit meiner Stimme.

„Und wo des Bauches weiches Vließ
Den scharfen Biſſen Blöße ließ,
Da reiz' ich ſie, den Wurm zu packen,
Die ſpitzen Zähne einzuhacken.
5   Ich ſelbſt, bewaffnet mit Geſchoß,
Beſteige mein arabiſch Roß,
Von adeliger Zucht entſtammet,
Und als ich ſeinen Zorn entflammet,
Raſch auf den Drachen ſpreng' ich's los,
10   Und ſtachl' es mit den ſcharfen Sporen,
Und werfe zielend mein Geſchoß,
Als wollt' ich die Geſtalt durchbohren.

„Ob auch das Roß ſich grauend bäumt
Und knirſcht und in den Zügel ſchäumt,
15   Und meine Doggen ängſtlich ſtöhnen,
Nicht raſt' ich, bis ſie ſich gewöhnen.
So üb' ich's aus mit Emſigkeit,
Bis dreimal ſich der Mond erneut,
Und als ſie jedes recht begriffen,
20   Führ' ich ſie her auf ſchnellen Schiffen.
Der dritte Morgen iſt es nun,
Daß mir's gelungen, hier zu landen;
Den Gliedern gönnt' ich kaum zu ruhn,
Bis ich das große Werk beſtanden.

25   „Denn heiß erregte mir das Herz
Des Landes friſch erneuter Schmerz:
Zerriſſen fand man jüngſt die Hirten,
Die nach dem Sumpfe ſich verirrten.
Und ich beſchließe raſch die That,
30   Nur von dem Herzen nehm' ich Rat.
Flugs unterricht' ich meine Knappen,
Beſteige den verſuchten Rappen,

Und von dem edeln Doggenpaar
Begleitet, auf geheimen Wegen,
Wo meiner That kein Zeuge war,
Reit' ich dem Feinde frisch entgegen.

„Das Kirchlein kennst du, Herr, das hoch   5
Auf eines Felsenberges Joch,
Der weit die Insel überschauet,
Des Meisters kühner Geist erbauet.
Verächtlich scheint es, arm und klein,
Doch ein Mirakel schließt es ein,   10
Die Mutter mit dem Jesusknaben,
Den die drei Könige begaben.
Auf dreimal dreißig Stufen steigt
Der Pilgrim nach der steilen Höhe;
Doch hat er schwindelnd sie erreicht,   15
Erquickt ihn seines Heilands Nähe.

„Tief in den Fels, auf den es hängt,
Ist eine Grotte eingesprengt,
Vom Tau des nahen Moors befeuchtet,
Wohin des Himmels Strahl nicht leuchtet.   20
Hier hausete der Wurm und lag,
Den Raub erspähend, Nacht und Tag.
So hielt er wie der Höllendrache
Am Fuß des Gotteshauses Wache;
Und kam der Pilgrim hergewallt   25
Und lenkte in die Unglücksstraße,
Hervorbrach aus dem Hinterhalt
Der Feind und trug ihn fort zum Fraße.

„Den Felsen stieg ich jetzt hinau,
Eh ich den schweren Strauß begann;   30
Hier knief' ich vor dem Christuskinde
Und reinigte mein Herz von Sünde,

Drauf gürt’ ich mir im Heiligtum
Den blanken Schmuck der Waffen um,
Bewehre mit dem Spieß die Rechte,
Und nieder steig’ ich zum Gefechte.
5 Zurücke bleibt der Knappen Troß;
Ich gebe scheidend die Befehle,
Und schwinge mich behend aufs Roß,
Und Gott empfehl’ ich meine Seele.

„Kaum seh’ ich mich im ebnen Plan,
10 Flugs schlagen meine Doggen an,
Und bang beginnt das Roß zu keuchen
Und bäumet sich und will nicht weichen;
Denn nahe liegt, zum Knäul geballt,
Des Feindes scheußliche Gestalt
15 Und sonnet sich auf warmem Grunde.
Aufjagen ihn die flinken Hunde;
Doch wenden sie sich pfeilgeschwind,
Als es den Rachen gähnend teilet
Und von sich haucht den gift’gen Wind
20 Und winselnd wie der Schakal heulet.

„Doch schnell erfrisch’ ich ihren Mut,
Sie fassen ihren Feind mit Wut,
Indem ich nach des Tieres Lende
Aus starker Faust den Speer versende;
25 Doch machtlos wie ein dünner Stab
Prallt er vom Schuppenpanzer ab,
Und eh ich meinen Wurf erneuet,
Da bäumet sich mein Roß und scheuet
An seinem Basiliskenblick
30 Und seines Atems gift’gem Wehen,
Und mit Entsetzen springt’s zurück
Und jetzo war’s um mich geschehen —

„Da schwing' ich mich behend vom Roß,
Schnell ist des Schwertes Schneide bloß;
Doch alle Streiche sind verloren,
Den Felsenharnisch zu durchbohren.
Und wütend mit des Schweifes Kraft
Hat es zur Erde mich gerafft;
Schon seh' ich seinen Rachen gähnen,
Es haut nach mir mit grimmen Zähnen,
Als meine Hunde, wutentbrannt,
An seinen Bauch mit grimm'gen Bissen   10
Sich warfen, daß es heulend stand,
Von ungeheurem Schmerz zerrissen.

„Und eh es ihren Bissen sich
Entwindet, rasch erheb' ich mich,
Erspähe mir des Feindes Blöße   15
Und stoße tief ihm ins Gekröse,
Nachbohrend bis ans Heft, den Stahl.
Schwarzquellend springt des Blutes Strahl;
Hin sinkt es und begräbt im Falle
Mich mit des Leibes Riesenballe,   20
Daß schnell die Sinne mir vergehn;
Und als ich neugestärkt erwache,
Seh' ich die Knappen um mich stehn,
Und tot im Blute liegt der Drache."

Des Beifalls lang gehemmte Lust   25
Befreit jetzt aller Hörer Brust,
So wie der Ritter dies gesprochen;
Und zehnfach am Gewölb gebrochen,
Wälzt der vermischten Stimmen Schall
Sich brausend fort im Wiederhall.   30
Laut fordern selbst des Ordens Söhne,
Daß man die Heldenstirne kröne,

Und dankbar im Triumphgepräng
Will ihn das Volk dem Volke zeigen;
Da faltet seine Stirne streng
Der Meister und gebietet Schweigen.

Und spricht: „Den Drachen, der dies Land
Verheert, schlugst du mit tapfrer Hand;
Ein Gott bist du dem Volke worden —
Ein Feind kommst du zurück dem Orden,
Und einen schlimmern Wurm gebar
10 Dein Herz, als dieser Drache war.
Die Schlange, die das Herz vergiftet,
Die Zwietracht und Verderben stiftet,
Das ist der widerspenst'ge Geist,
Der gegen Zucht sich frech empöret,
15 Der Ordnung heilig Band zerreißt;
Denn der ist's, der die Welt zerstöret.

„Mut zeiget auch der Mameluck,
Gehorsam ist des Christen Schmuck;
Denn wo der Herr in seiner Größe
20 Gewandelt hat in Knechtesblöße,
Da stifteten auf heil'gem Grund
Die Väter dieses Ordens Bund,
Der Pflichten schwerste zu erfüllen,
Zu bändigen den eignen Willen.
25 Dich hat der eitle Ruhm bewegt,
Drum wende dich aus meinen Blicken!
Denn wer des Herren Joch nicht trägt,
Darf sich mit seinem Kreuz nicht schmücken."

Da bricht die Menge tobend aus,
30 Gewalt'ger Sturm bewegt das Haus,
Um Gnade flehen alle Brüder.
Doch schweigend blickt der Jüngling nieder,

Still legt er von sich das Gewand *vestment*
Und küßt des Meisters strenge Hand
Und geht. Der folgt ihm mit dem Blicke,
Dann ruft er liebend ihn zurücke
Und spricht: „Umarme mich, mein Sohn!
Dir ist der härtre Kampf gelungen.
Nimm dieses Kreuz! Es ist der Lohn
Der Demut, die sich selbst bezwungen."

Das Lied von der Glocke.

Vivos voco. Mortuos plango. Fulgura frango.

Fest gemauert in der Erden
Steht die Form, aus Lehm gebrannt. *den*   10
Heute muß die Glocke werden!
Frisch, Gesellen, seid zur Hand!
    Von der Stirne heiß
    Rinnen muß der Schweiß,
Soll das Werk den Meister loben;   15
Doch der Segen kommt von oben.

    Zum Werke, das wir ernst bereiten,
Geziemt sich wohl ein ernstes Wort;
Wenn gute Reden sie begleiten,
Dann fließt die Arbeit munter fort.   20
So laßt uns jetzt mit Fleiß betrachten,
Was durch die schwache Kraft entspringt;
Den schlechten Mann muß man verachten,
Der nie bedacht, was er vollbringt.
Das ist's ja, was den Menschen zieret,   25
Und dazu ward ihm der Verstand,
Daß er im innern Herzen spüret,
Was er erschafft mit seiner Hand.

    Nehmet Holz vom Fichtenstamme,
    Doch recht trocken laßt es sein,   30
    Daß die eingepreßte Flamme
    Schlage zu dem Schwalch hinein!

Kocht des Kupfers Brei,
Schnell das Zinn herbei,
Daß die zähe Glockenspeise
Fließe nach der rechten Weise!

Was in des Dammes tiefer Grube
Die Hand mit Feuers Hilfe baut,
Hoch auf des Turmes Glockenstube,
Da wird es von uns zeugen laut.
Noch dauern wird's in späten Tagen
10 Und rühren vieler Menschen Ohr,
Und wird mit dem Betrübten klagen
Und stimmen zu der Andacht Chor.
Was unten tief dem Erdensohne
Das wechselnde Verhängnis bringt,
15 Das schlägt an die metallne Krone,
Die es erbaulich weiter klingt.

Weiße Blasen seh' ich springen;
Wohl! die Massen sind im Fluß.
Laßt's mit Aschensalz durchdringen,
20 Das befördert schnell den Guß.
Auch von Schaume rein
Muß die Mischung sein,
Daß vom reinlichen Metalle
Rein und voll die Stimme schalle.

25 Denn mit der Freude Feierklange
Begrüßt sie das geliebte Kind

Vom Mädchen reißt sich stolz der Knabe,
Er stürmt ins Leben wild hinaus,
Durchmißt die Welt am Wanderstabe,
Fremd kehrt er heim ins Vaterhaus.
Und herrlich, in der Jugend Prangen,
Wie ein Gebild aus Himmelshöhn,
Mit züchtigen verschämten Wangen
Sieht er die Jungfrau vor sich stehn.
Da faßt ein namenloses Sehnen
Des Jünglings Herz, er irrt allein,   10
Aus seinen Augen brechen Thränen,
Er flieht der Brüder wilden Reihn.
Errötend folgt er ihren Spuren
Und ist von ihrem Gruß beglückt,
Das Schönste sucht er auf den Fluren,   15
Womit er seine Liebe schmückt.
O zarte Sehnsucht, süßes Hoffen!
Der ersten Liebe goldne Zeit!
Das Auge sieht den Himmel offen,
Es schwelgt das Herz in Seligkeit;   20
O, daß sie ewig grünen bliebe,
Die schöne Zeit der jungen Liebe!

Wie sich schon die Pfeifen bräunen!
Dieses Stäbchen tauch' ich ein,
Sehn wir's überglast erscheinen,   25
Wird's zum Gusse zeitig sein.
    Jetzt, Gesellen, frisch!
    Prüft mir das Gemisch,
Ob das Spröde mit dem Weichen
Sich vereint zum guten Zeichen.   30

Denn wo das Strenge mit dem Zarten,
Wo Starkes sich und Mildes paarten,

Da giebt es einen guten Klang.
Drum prüfe, wer sich ewig bindet,
Ob sich das Herz zum Herzen findet!
Der Wahn ist kurz, die Reu' ist lang.
5 Lieblich in der Bräute Locken
Spielt der jungfräuliche Kranz,
Wenn die hellen Kirchenglocken
Laden zu des Festes Glanz.
Ach! des Lebens schönste Feier
10 Endigt auch den Lebensmai,
Mit dem Gürtel, mit dem Schleier
Reißt der schöne Wahn entzwei.
Die Leidenschaft flieht,
Die Liebe muß bleiben;
15 Die Blume verblüht,
Die Frucht muß treiben.
Der Mann muß hinaus
Ins feindliche Leben,
Muß wirken und streben
20 Und pflanzen und schaffen,
Erlisten, erraffen,
Muß wetten und wagen,
Das Glück zu erjagen.
Da strömet herbei die unendliche Gabe,
25 Es füllt sich der Speicher mit köstlicher Habe,
Die Räume wachsen, es dehnt sich das Haus.
Und drinnen waltet
Die züchtige Hausfrau,
Die Mutter der Kinder,
30 Und herrschet weise
Im häuslichen Kreise,
Und lehret die Mädchen
Und wehret den Knaben,
Und reget ohn' Ende
35 Die fleißigen Hände,

Und mehrt den Gewinn
Mit ordnendem Sinn,
Und füllet mit Schätzen die buhlenden Laden,
Und dreht um die schnurrende Spindel den Faden,
Und sammelt im reinlich geglätteten Schrein   5
Die schimmernde Wolle, den schneeichten Lein,
Und füget zum Guten den Glanz und den Schimmer,
Und ruhet nimmer.

Und der Vater mit frohem Blick
Von des Hauses weitschauendem Giebel   10
Überzählet sein blühend Glück,
Siehet der Pfosten ragende Bäume
Und der Scheunen gefüllte Räume,
Und die Speicher, vom Segen gebogen,
Und des Kornes bewegte Wogen,   15
Rühmt sich mit stolzem Mund:
Fest, wie der Erde Grund,
Gegen des Unglücks Macht
Steht mir des Hauses Pracht!
Doch mit des Geschickes Mächten   20
Ist kein ew'ger Bund zu flechten,
Und das Unglück schreitet schnell.

Wohl! nun kann der Guß beginnen,
Schön gezacket ist der Bruch;
Doch bevor wir's lassen rinnen,   25
Betet einen frommen Spruch!
Stoßt den Zapfen aus!
Gott bewahr' das Haus!
Rauchend in des Henkels Bogen
Schießt's mit feuerbraunen Wogen.   30

Wohlthätig ist des Feuers Macht,
Wenn sie der Mensch bezähmt, bewacht,

Und was er bildet, was er schafft,
Das dankt er dieser Himmelskraft;
Doch furchtbar wird die Himmelskraft,
Wenn sie der Fessel sich entrafft,
5   Einhertritt auf der eignen Spur,
Die freie Tochter der Natur.
Wehe, wenn sie losgelassen,
Wachsend ohne Widerstand,
Durch die volkbelebten Gassen
10 Wälzt den ungeheuren Brand!
Denn die Elemente hassen
Das Gebild der Menschenhand.
Aus der Wolke
Quillt der Segen,
15 Strömt der Regen;
Aus der Wolke ohne Wahl
Zuckt der Strahl.
Hört ihr's wimmern hoch vom Turm?
Das ist Sturm!
20 Rot wie Blut
Ist der Himmel;
Das ist nicht des Tages Glut!
Welch Getümmel
Straßen auf!
25 Dampf wallt auf!
Flackernd steigt die Feuersäule,
Durch der Straße lange Zeile
Wächst es fort mit Windeseile;
Kochend wie aus Ofens Rachen
30 Glühn die Lüfte, Balken krachen,
Pfosten stürzen, Fenster klirren,
Kinder jammern, Mütter irren,
Tiere wimmern
Unter Trümmern;
35 Alles rennet, rettet, flüchtet.

Taghell ist die Nacht gelichtet;
Durch der Hände lauge Kette
Um die Wette
Fliegt der Eimer; hoch im Bogen
Sprißen Quellen, Wasserwogen.
Heulend kommt der Sturm geflogen,
Der die Flamme brausend sucht;
Prasselnd in die dürre Frucht
Fällt sie, in des Speichers Räume,
In der Sparren dürre Bäume,
Und als wollte sie im Wehen
Mit sich fort der Erde Wucht
Reißen in gewalt'ger Flucht,
Wächst sie in des Himmels Höhen
Riesengroß!
Hoffnungslos
Weicht der Mensch der Götterstärke,
Müßig sieht er seine Werke
Und bewundernd untergehn.

Leergebrannt
Ist die Stätte,
Wilder Stürme rauhes Bette.
In den öden Fensterhöhlen
Wohnt das Grauen,
Und des Himmels Wolken schauen
Hoch hinein.

Einen Blick
Nach dem Grabe
Seiner Habe
Sendet noch der Mensch zurück —
Greift fröhlich dann zum Wanderstabe.
Was Feuers Wut ihm auch geraubt,
Ein süßer Trost ist ihm geblieben:

Er zählt die Häupter seiner Lieben,
Und sieh! ihm fehlt kein teures Haupt.

In die Erd' ist's aufgenommen,
Glücklich ist die Form gefüllt;
5 Wird's auch schön zu Tage kommen,
Daß es Fleiß und Kunst vergilt?
Wenn der Guß mißlang?
Wenn die Form zersprang?
Ach, vielleicht, indem wir hoffen,
10 Hat uns Unheil schon getroffen.

Dem dunkeln Schoß der heil'gen Erde
Vertrauen wir der Hände That,
Vertraut der Sämann seine Saat,
Und hofft, daß sie entkeimen werde
15 Zum Segen nach des Himmels Rat.
Noch köstlicheren Samen bergen
Wir trauernd in der Erde Schoß
Und hoffen, daß er aus den Särgen
Erblühen soll zu schönerm Los.

20 Von dem Dome
Schwer und bang
Tönt die Glocke
Grabgesang.
Ernst begleiten ihre Trauerschläge
Einen Wandrer auf dem letzten Wege.

25 Ach! die Gattin ist's, die teure,
Ach! es ist die treue Mutter,
Die der schwarze Fürst der Schatten
Wegführt aus dem Arm des Gatten,
30 Aus der zarten Kinder Schar,
Die sie blühend ihm gebar,
Die sie an der treuen Brust
Wachsen sah mit Mutterlust —

Ach! des Hauses zarte Bande
Sind gelöst auf immerdar;
Denn sie wohnt im Schattenlande,
Die des Hauses Mutter war;
Denn es fehlt ihr treues Walten,
Ihre Sorge wacht nicht mehr;
An verwaister Stätte schalten
Wird die Fremde, liebeleer.

Bis die Glocke sich verkühlet,
Laßt die strenge Arbeit ruhn.   10
Wie im Laub der Vogel spielet,
Mag sich jeder gütlich thun.
Winkt der Sterne Licht,
Ledig aller Pflicht
Hört der Bursch die Vesper schlagen,   15
Meister muß sich immer plagen.

Munter fördert seine Schritte
Fern im wilden Forst der Wandrer
Nach der lieben Heimathütte.
Blökend ziehen heim die Schafe,   20
Und der Rinder
Breitgestirnte, glatte Scharen
Kommen brüllend,
Die gewohnten Ställe füllend.
Schwer herein   25
Schwankt der Wagen
Kornbeladen;
Bunt von Farben,
Auf den Garben
Liegt der Kranz,   30
Und das junge Volk der Schnitter
Fliegt zum Tanz.
Markt und Straße werden stiller,
Um des Lichts gesell'ge Flamme

Sammeln sich die Hausbewohner,
Und das Stadtthor schließt sich knarrend.
Schwarz bedecket
Sich die Erde;
5 Doch den sichern Bürger schrecket
Nicht die Nacht,
Die den Bösen gräßlich wecket;
Denn das Auge des Gesetzes wacht.

Heil'ge Ordnung, segenreiche
10 Himmelstochter, die das Gleiche
Frei und leicht und freudig bindet,
Die der Städte Bau gegründet,
Die herein von den Gefilden
Rief den ungesell'gen Wilden,
15 Eintrat in der Menschen Hütten,
Sie gewöhnt zu sanften Sitten,
Und das teuerste der Bande
Wob, den Trieb zum Vaterlande!

Tausend fleiß'ge Hände regen,
20 Helfen sich in munterm Bund,
Und in feurigem Bewegen
Werden alle Kräfte kund.
Meister rührt sich und Geselle
In der Freiheit heil'gem Schutz;
Jeder freut sich seiner Stelle,
25 Bietet dem Verächter Trutz.
Arbeit ist des Bürgers Zierde,
Segen ist der Mühe Preis;
Ehrt den König seine Würde,
Ehret uns der Hände Fleiß.

30 Holder Friede,
Süße Eintracht,
Weilet, weilet

Freundlich über dieser Stadt!
Möge nie der Tag erscheinen,
Wo des rauhen Krieges Horden
Dieses stille Thal durchtoben;
Wo der Himmel,
Den des Abends sanfte Röte
Lieblich malt,
Von der Dörfer, von der Städte
Wildem Brande schrecklich strahlt!

    Nun zerbrecht mir das Gebäude,   **10**
    Seine Absicht hat's erfüllt,
    Daß sich Herz und Auge weide
    An dem wohlgelungnen Bild.
        Schwingt den Hammer, schwingt,
        Bis der Mantel springt!
    Wenn die Glock' soll auferstehen,   **15**
    Muß die Form in Stücken gehen.

    Der Meister kann die Form zerbrechen
    Mit weiser Hand zur rechten Zeit!
    Doch wehe, wenn in Flammenbächen   **20**
    Das glühnde Erz sich selbst befreit!
    Blindwütend, mit des Donners Krachen
    Zersprengt es das geborstne Haus,
    Und wie aus offnem Höllenrachen
    Speit es Verderben zündend aus.   **25**
    Wo rohe Kräfte sinnlos walten,
    Da kann sich kein Gebild gestalten;
    Wenn sich die Völker selbst befrein,
    Da kann die Wohlfahrt nicht gedeihn.

    Weh, wenn sich in dem Schoß der Städte   **30**
    Der Feuerzunder still gehäuft,
    Das Volk, zerreißend seine Kette,
    Zur Eigenhilfe schrecklich greift!

Da zerret an der Glocke Strängen
Der Aufruhr, daß sie heuleud schallt
Und, nur geweiht zu Friedensklängen,
Die Losung anstimmt zur Gewalt.

Freiheit und Gleichheit! hört man schallen;
Der ruh'ge Bürger greift zur Wehr,
Die Straßen füllen sich, die Hallen,
Und Würgerbanden ziehn umher.
Da werden Weiber zu Hyänen

10 Und treiben mit Entsetzen Scherz;
Noch zuckend, mit des Panthers Zähnen
Zerreißen sie des Feindes Herz.
Nichts Heiliges ist mehr, es lösen
Sich alle Bande frommer Scheu;

15 Der Gute räumt den Platz dem Bösen,
Und alle Laster walten frei.
Gefährlich ist's, den Leu zu wecken,
Verderblich ist des Tigers Zahn;
Jedoch der schrecklichste der Schrecken,

20 Das ist der Mensch in seinem Wahn.
Weh denen, die dem Ewigblinden
Des Lichtes Himmelsfackel leihn!
Sie strahlt ihm nicht, sie kann nur zünden,
Und äschert Städt' und Länder ein.

25 Freude hat mir Gott gegeben
Sehet! wie ein goldner Stern,
Aus der Hülse, blank und eben
Schält sich der metallne Kern.
Von dem Helm zum Kranz

30 Spielt's wie Sonnenglanz,
Auch des Wappens nette Schilder
Loben den erfahrnen Bilder.

Herein! herein!
Gesellen alle, schließt den Reihen,
Daß wir die Glocke taufend weihen!
Concordia soll ihr Name sein.
Zur Eintracht, zu herzinnigem Vereine   5
Versammle sie die liebende Gemeine.

Und dies sei fortan ihr Beruf,
Wozu der Meister sie erschuf:
Hoch überm niedern Erdenleben
Soll sie im blauen Himmelszelt,   10
Die Nachbarin des Donners, schweben
Und grenzen an die Sternenwelt,
Soll eine Stimme sein von oben,
Wie der Gestirne helle Schar,
Die ihren Schöpfer wandelnd loben   15
Und führen das bekränzte Jahr.
Nur ewigen und ernsten Dingen
Sei ihr metallner Mund geweiht
Und stündlich mit den schnellen Schwingen
Berühr' im Fluge sie die Zeit.   20
Dem Schicksal leihe sie die Zunge;
Selbst herzlos, ohne Mitgefühl,
Begleite sie mit ihrem Schwunge
Des Lebens wechselvolles Spiel.
Und wie der Klang im Ohr vergehet,   25
Der mächtig tönend ihr entschallt,
So lehre sie, daß nichts bestehet,
Daß alles Irdische verhallt.

Jetzo mit der Kraft des Stranges
Wiegt die Glock' mir aus der Gruft,
Daß sie in das Reich des Klanges   30
Steige, in die Himmelsluft!

Ziehet, ziehet, hebt!
Sie bewegt sich, schwebt.
Freude dieser Stadt bedeute,
Friede sei ihr erst Geläute.

Die Erwartung.

Hör' ich das Pförtchen nicht gehen?
Hat nicht der Riegel geklirrt?
Nein, es war des Windes Wehen,
Der durch diese Pappeln schwirrt.

O schmücke dich, du grün belaubtes Dach,
Du sollst die Anmutstrahlende empfangen!
Ihr Zweige, baut ein schattendes Gemach,
Mit holder Nacht sie heimlich zu umfangen!
Und all ihr Schmeichellüfte, werdet wach
Und scherzt und spielt um ihre Rosenwangen,
Wenn seine schöne Bürde, leicht bewegt,
Der zarte Fuß zum Sitz der Liebe trägt.

Stille! Was schlüpft durch die Hecken
Raschelnd mit eilendem Lauf?
Nein, es scheuchte nur der Schrecken
Aus dem Busch den Vogel auf.

O lösche deine Fackel, Tag! Hervor
Du geist'ge Nacht, mit deinem holden Schweigen!
Breit' um uns her den purpurroten Flor,
Umspinn' uns mit geheimnisvollen Zweigen!
Der Liebe Wonne flieht des Lauschers Ohr,
Sie flieht des Strahles unbescheidnen Zeugen;
Nur Hesper, der verschwiegene, allein
Darf, still herblickend, ihr Vertrauter sein.

Rief es von ferne nicht leise,
Flüsternden Stimmen gleich?
  Nein, der Schwan ist's, der die Kreise
  Ziehet durch den Silberteich.

Mein Ohr umtönt ein Harmonieenfluß,
Der Springquell fällt mit angenehmem Rauschen,
Die Blume neigt sich bei des Westes Kuß,
Und alle Wesen seh' ich Wonne tauschen;
Die Traube winkt, die Pfirsche zum Genuß,
Die üppig schwellend hinter Blättern lauschen,   10
Die Luft, getaucht in der Gewürze Flut,
Trinkt von der heißen Wange mir die Glut.

  Hör' ich nicht Tritte erschallen?
  Rauscht's nicht den Laubgang daher?
    Nein, die Frucht ist dort gefallen,   15
    Von der eignen Fülle schwer.

Des Tages Flammenauge selber bricht
In süßem Tod, und seine Farben blassen;
Kühn öffnen sich im holden Dämmerlicht
Die Kelche schon, die seine Gluten hassen;   20
Still hebt der Mond sein strahlend Angesicht,
Die Welt zerschmilzt in ruhig große Massen,
Der Gürtel ist von jedem Reiz gelöst,
Und alles Schöne zeigt sich mir entblößt.

  Seh' ich nichts Weißes dort schimmern?   25
  Glänzt's nicht wie seidnes Gewand?
    Nein, es ist der Säule Flimmern
    An der dunkeln Taxuswand.

O sehnend Herz, ergötze dich nicht mehr,
Mit süßen Bildern wesenlos zu spielen!   30
Der Arm, der sie umfassen will, ist leer,
Kein Schattenglück kann diesen Busen kühlen.

O führe mir die Lebende daher,
Laß ihre Hand, die zärtliche, mich fühlen!
Den Schatten nur von ihres Mantels Saum,
Und in das Leben tritt der hohle Traum.

5 Und leis, wie aus himmlischen Höhen
Die Stunde des Glückes erscheint,
So war sie genaht, ungesehen,
Und weckte mit Küssen den Freund.

Der Graf von Habsburg.

Zu Aachen in seiner Kaiserpracht,
10 Im altertümlichen Saale,
Saß König Rudolfs heilige Macht
Beim festlichen Krönungsmahle.
Die Speisen trug der Pfalzgraf des Rheins,
Es schenkte der Böhme des perlenden Weins,
15 Und alle die Wähler, die sieben,
Wie der Sterne Chor um die Sonne sich stellt,
Umstanden geschäftig den Herrscher der Welt,
Die Würde des Amtes zu üben.

Und rings erfüllte den hohen Balkon
20 Das Volk in freud'gem Gedränge;
Laut mischte sich in der Posaunen Ton
Das jauchzende Rufen der Menge;
Denn geendigt nach langem verderblichen Streit
War die kaiserlose, die schreckliche Zeit,
25 Und ein Richter war wieder auf Erden;
Nicht blind mehr waltet der eiserne Speer,
Nicht fürchtet der Schwache, der Friedliche mehr,
Des Mächtigen Beute zu werden.

Und der Kaiser ergreift den goldnen Pokal,
30 Und spricht mit zufriedenen Blicken:

„Wohl glänzet das Feſt, wohl pranget das Mahl,
Mein königlich Herz zu entzücken;
Doch den Sänger vermiſſ' ich, den Bringer der Luſt,
Der mit ſüßem Klang mir bewege die Bruſt
Und mit göttlich erhabenen Lehren.
So hab' ich's gehalten von Jugend an,
Und was ich als Ritter gepflegt und gethan,
Nicht will ich's als Kaiſer entbehren.“

Und ſieh! in der Fürſten umgebenden Kreis
Trat der Sänger im langen Talare;   10
Ihm glänzte die Locke ſilberweiß
Gebleicht von der Fülle der Jahre.
„Süßer Wohllaut ſchläft in der Saiten Gold,

Er preiſet das Höchſte, das Beſte,   15
Was das Herz ſich wünſcht, was der Sinn begehrt;
Doch ſage, was iſt des Kaiſers wert
An ſeinem herrlichſten Feſte?“ —

„Nicht gebieten werd' ich dem Sänger,“ ſpricht
Der Herrſcher mit lächelndem Munde,   20
„Er ſteht in des größeren Herren Pflicht,
Er gehorcht der gebietenden Stunde.
Wie in den Lüften der Sturmwind ſauſt,
Man weiß nicht, von wannen er kommt und brauſt,
Wie der Quell aus verborgenen Tiefen,   25
So des Sängers Lied aus dem Innern ſchallt
Und wecket der dunkeln Gefühle Gewalt,
Die im Herzen wunderbar ſchliefen.“

Und der Sänger raſch in die Saiten fällt
Und beginnt, ſie mächtig zu ſchlagen: 30
„Aufs Weidwerk hinaus ritt ein edler Held,
Den flüchtigen Gemsbock zu jagen.

Ihm folgte der Knapp' mit dem Jägergeschoß,
Und als er auf seinem stattlichen Roß
   In eine Au kommt geritten,
Ein Glöcklein hört er erklingen fern,
5   Ein Priester war's mit dem Leib des Herrn;
   Voran kam der Meßner geschritten.

Und der Graf zur Erde sich neiget hin,
   Das Haupt mit Demut entblößet,
Zu verehren mit gläubigem Christensinn,
10   Was alle Menschen erlöset.
Ein Bächlein aber rauschte durchs Feld,
Von des Gießbachs reißenden Fluten geschwellt,
   Das hemmte der Wanderer Tritte;
Und beiseit legt jener das Sakrament,
15   Von den Füßen zieht er die Schuhe behend,
   Damit er das Bächlein durchschritte.

„Was schaffst du?" redet der Graf ihn an,
   Der ihn verwundert betrachtet.
„Herr, ich walle zu einem sterbenden Mann,
20   Der nach der Himmelskost schmachtet;
Und da ich mich nahe des Baches Steg,
Da hat ihn der strömende Gießbach hinweg
   Im Strudel der Wellen gerissen.
Drum daß dem Lechzenden werde sein Heil,
25   So will ich das Wässerlein jetzt in Eil'
   Durchwaten mit nackenden Füßen."

Da setzt ihn der Graf auf sein ritterlich Pferd
   Und reicht ihm die prächtigen Zäume,
Daß er labe den Kranken, der sein begehrt,
30   Und die heilige Pflicht nicht versäume.
Und er selber auf seines Knappen Tier
Vergnüget noch weiter des Jagens Begier;

Der andre die Reise vollführet. *complete*
Und am nächsten Morgen mit dankendem Blick
Da bringt er dem Grafen sein Roß zurück,
  Bescheiden am Zügel geführt. *bridle*

„Nicht wolle das Gott," rief mit Demutssinn
  Der Graf, „daß zum Streiten und Jagen
Das Roß ich beschritte fürderhin,
  Das meinen Schöpfer getragen!
Und magst du's nicht haben zu eignem Gewinnst,
So bleib' es gewidmet dem göttlichen Dienst!   10
  Denn ich hab' es dem ja gegeben,
Von dem ich Ehre und irdisches Gut
Zu Lehen trage und Leib und Blut
  Und Seele und Atem und Leben." —

„So mög' Euch Gott, der allmächtige Hort,   15
  Der das Flehen der Schwachen erhöret,
Zu Ehren Euch bringen hier und dort,
  So wie Ihr jetzt ihn geehret.
Ihr seid ein mächtiger Graf, bekannt
Durch ritterlich Walten im Schweizerland;   20
  Euch blühn sechs liebliche Töchter.
So mögen sie," rief er begeistert aus,
„Sechs Kronen Euch bringen in Euer Haus,
  Und glänzen die spätsten Geschlechter!"

Und mit sinnendem Haupt saß der Kaiser da,   25
  Als dächt' er vergangener Zeiten;
Jetzt, da er dem Sänger ins Auge sah,
  Da ergreift ihn der Worte Bedeuten.
Die Züge des Priesters erkennt er schnell
Und verbirgt der Thränen stürzenden Quell   30
  In des Mantels purpurnen Falten.
Und alles blickte den Kaiser an
Und erkannte den Grafen, der das gethan,
  Und verehrte das göttliche Walten.

Lied des Fischerknaben.

Es lächelt der See, er ladet zum Bade;
Der Knabe schlief ein am grünen Gestade.
 Da hört er ein Klingen,
 Wie Flöten so süß,
 Wie Stimmen der Engel
 Im Paradies.
Und wie er erwachet in seliger Lust,
Da spülen die Wasser ihm um die Brust,
 Und es ruft aus den Tiefen:
10 Lieb Knabe, bist mein!
 Ich locke den Schläfer,
 Ich zieh' ihn herein.

Mattbisson.

Elysium.

Hain! der von der Götter Frieden,
 Wie von Tau die Rose träuft,
15 Wo die Frucht der Hesperiden
 Zwischen Silberblüten reift;
Den ein rosenfarbner Äther
 Ewig unbewölkt umfleußt,
Der den Klageton verschmähter
20 Zärtlichkeit verstummen heißt.

Freudig schaudernd, in der Fülle
 Hoher Götterseligkeit,
Grüßt, entflohn der Erdenhülle,
 Psyche deine Dunkelheit!
25 Wonne! wo kein Nebelschleier
 Ihres Urstoffs Reine trübt,
Wo sie geistiger und freier
 Den entbundnen Fittich übt.

Ha! ſchon eilt auf Roſenwegen,
 In verklärter Lichtgeſtalt,
Sie dem Schattenthal entgegen,
 Wo die heil'ge Lethe wallt;
Fühlt ſich magiſch hingezogen,
 Wie von leiſer Geiſterhand,
Schaut entzückt die Silberwogen
 Und des Ufers Blumenrand.

Kniet voll ſüßer Ahnung nieder,
 Schöpfet, und ihr zitternd Bild   10
Leuchtet aus dem Strome wieder,
 Der der Menſchheit Jammer ſtillt,
Wie auf ſanfter Meeresfläche
 Die entwölkte Luna ſchwimmt,
Oder im Kryſtall der Bäche,   15
 Heſpers goldne Fackel glimmt.

Pſyche trinkt, und nicht vergebens!
 Plötzlich in der Fluten Grab
Sinkt das Nachtſtück ihres Lebens
 Wie ein Traumgeſicht hinab.   20
Glänzender auf kühnern Flügeln,
 Schwebt ſie aus des Thales Nacht
Zu den gottbeblümten Hügeln,
 Wo ein ew'ger Frühling lacht.

Welch ein feierliches Schweigen!   25
 Leiſe, kaum wie Zephyrs Hauch,
Säuſelt's in den Lorbeerzweigen,
 Bebt's im Amaranthenſtrauch!
So in heil'ger Stille ruhten
 Luft und Wogen, ſo nur ſchwieg   30
Die Natur, als aus den Fluten
 Anadyomene ſtieg.

Welch ein ungewohnter Schimmer!
    Erde! dieses Zauberlicht
Flammte selbst im Lenze nimmer
    Von Aurorens Angesicht!
Sieh! des glatten Epheus Ranken
    Tauchen sich in Purpurglanz!
Blumen, die den Quell umwanken,
    Funkeln wie ein Sternenkranz!

So begann's im Hain zu tagen,
    Als die keusche Cynthia,
Hoch vom stolzen Drachenwagen
    Den geliebten Schläfer sah,
Als die Fluren sich verschönten,
    Und, mit holdem Zauberton,
Göttermelodieen tönten:
    Seliger Endymion!

Salis-Seewis.

Abendbilder.

    Wenn der Abend
    Kühl und labend
Sich auf Thal und Waldung senkt;
Wenn die Wolken röter werden
Und der Hirt des Dorfes Herden
Am beschilften Teiche tränkt;

    Wenn der Hase
    Leis im Grase
Nascht und im betauten Kraut;
Wenn der Hirsch aus dem Gehege
Wandelt, und das Reh am Wege
Steht und traulich um sich schaut;

Wenn mit Blüten
Auf den Hüten,
Senf' und Rechen auf dem Arm,
Unter spätem Festgeleier,
Heimwärts kehrt der Zug der Heuer
Und der Schnitterinnen Schwarm:

Wonneträumend
Staun' ich, säumend,
Dann vom Damm die Gegend an;
Freu' so herrlich mich der hehren
Schönen Erd,' und süße Zähren
Sagen, was kein Ausdruck kann.

Froh und bange
Lausch' ich lange
Auf der Amsel Abendlied:
Wie, umhüllt von Erlenblättern,
Nachtigallen ziehend schmettern,
Und der Kiebitz lockt im Ried;

Bis nur Grillen
Noch im stillen
Zirpen, und der Käfer streift,
Und der Landmann, wenn's noch dämme
Seine Senf' im Hofe hämmert
Und ein Mäherliebchen pfeift;

Bis der Liebe
Stern so trübe
In der Abendröte schwimmt;
Dann der perlenfarbne Himmel
Dunkelt, und das Glanzgewimmel
Der Gestirne sacht entglimmt.

ERNST MORITZ ARNDT.
(*Taken from the picture by Jügel in 1848.*)

Arndt.

Vaterlandslied.

Der Gott, der Eisen wachsen ließ,
Der wollte keine Knechte,
Drum gab er Säbel, Schwert und Spieß
Dem Mann in seine Rechte,
Drum gab er ihm den kühnen Mut,
Den Zorn der freien Rede,
Daß er bestände bis aufs Blut,
Bis in den Tod die Fehde.

So wollen wir was Gott gewollt
Mit rechter Treue halten
Und nimmer im Tyrannensold
Die Menschenschädel spalten,
Doch wer für Tand und Schande ficht,
Den hauen wir zu Scherben,
Der soll im deutschen Lande nicht
Mit deutschen Männern erben.

O Deutschland, heil'ges Vaterland!
O deutsche Lieb' und Treue!
Du hohes Land! du schönes Land!
Dir schwören wir aufs neue:
Dem Buben und dem Knecht die Acht!
Der füttre Kräh'n und Raben!
So ziehn wir aus zur Hermannsschlacht
Und wollen Rache haben.

Laßt brausen, was nur brausen kann,
In hellen lichten Flammen!
Ihr Deutschen alle Mann für Mann
Fürs Vaterland zusammen!

Und hebt die Herzen himmelan!
Und himmelan die Hände!
Und rufet alle Mann für Mann:
Die Knechtschaft hat ein Ende!

Laßt klingen, was nur klingen kann,
Die Trommeln und die Flöten!
Wir wollen heute Mann für Mann
Mit Blut das Eisen röten,
Mit Henkerblut, Franzosenblut —
O süßer Tag der Rache!　　　　　　　　　　10
Das klinget allen Deutschen gut,
Das ist die große Sache.

Laßt wehen, was nur wehen kann,
Standarten wehn und Fahnen!
Wir wollen heut' uns Mann für Mann　　　　15
Zum Heldentode mahnen:
Auf! fliege, stolzes Siegspanier
Vorau den kühnen Reihen!
Wir siegen oder sterben hier
Den süßen Tod der Freien.　　　　　　　　　20

Warum ruf' ich?

Und rufst du immer Vaterland
Und Freiheit? will das Herz nicht rasten?
Und doch wie bald umrollt der Sand
Des Grabes deinen Leichenkasten!
Die nächste Ladung trägst du schon　　　　25
Geschrieben hell auf weißer Scheitel;
Gedenk' des weisen Salomon,
Gedenk' des Spruches: Alles eitel.

Ja, darum ruf' ich Vaterland
Und Freiheit — dieser Ruf muß bleiben,
Wann lange unsrer Gräber Sand
Und unsern Staub die Winde treiben;
5   Wann unsrer Namen dünner Schall
Im Zeitensturme längst verklungen,
Sei dieses Namens Wiederhall
Von Millionen nachgesungen!

Ja, darum, weil wir gleich dem Schein
10   Der Morgendämmerung verschweben,
Muß dies die große Sonne sein,
Worin wir blühn, wodurch wir leben:
Drum müssen wir an diesem Bau
Uns hier die Ewigkeit erbauen,
15   Damit wir aus dem Geistergau
Einst selig können niederschauen.

O Vaterland! mein Vaterland!
Du heil'ges, das mir Gott gegeben!
Sei alles eitel, alles Tand,
20   Mein Name nichts und nichts mein Leben —
Du wirst Jahrtausende durchblühn
In deutschen Treuen, deutschen Ehren:
Wir Kurze müssen hinnen ziehn,
Doch Liebe wird unsterblich währen.

Körner.

Lützows wilde Jagd.

25   Was glänzt dort vom Walde im Sonnenschein?
    Hör's näher und näher brausen.
Es zieht sich herunter in düsteren Reihn,
Und gellende Hörner schallen darein,
    Und erfüllen die Seele mit Grausen.

Und wenn ihr die schwarzen Gesellen fragt:
Das ist Lützows wilde verwegene Jagd.

Was zieht dort rasch durch den finstern Wald
　　Und streift von Bergen zu Bergen?
Es legt sich in nächtlichen Hinterhalt;
Das Hurrah jauchzt, und die Büchse knallt,
　　Es fallen die fränkischen Schergen.
Und wenn ihr die schwarzen Jäger fragt:
Das ist Lützows wilde verwegene Jagd.

Wo die Reben dort glühen, dort brauf't der Rhein, 　10
　　Der Wütrich geborgen sich meinte,
Da naht es schnell mit Gewitterschein,
Und wirft sich mit rüst'gen Armen hinein,
　　Und springt ans Ufer der Feinde.
Und wenn ihr die schwarzen Schwimmer fragt: 　15
Das ist Lützows wilde verwegene Jagd.

Was braust dort im Thale die laute Schlacht,
　　Was schlagen die Schwerter zusammen?
Wildherzige Reiter schlagen die Schlacht,
Und der Funke der Freiheit ist glühend erwacht 　20
　　Und lodert in blutigen Flammen.
Und wenn ihr die schwarzen Reiter fragt:
Das ist Lützows wilde verwegene Jagd.

Wer scheidet dort röchelnd vom Sonnenlicht,
　　Unter winselnde Feinde gebettet?
Es zuckt der Tod auf dem Angesicht, 　25
Doch die wackern Herzen erzittern nicht;
　　Das Vaterland ist ja gerettet!
Und wenn ihr die schwarzen Gefallnen fragt:
Das war Lützows wilde verwegene Jagd.
　　　　　　　　　　　　　　　　30

Die wilde Jagd und die deutsche Jagd
Auf Henkersblut und Tyrannen!
Drum, die ihr uns liebt, nicht geweint und geklagt!
Das Land ist ja frei, und der Morgen tagt,
5 Wenn wir's auch nur sterbend gewannen!
Und von Enkeln zu Enkeln sei's nachgesagt:
Das war Lützows wilde verwegene Jagd.

Gebet während der Schlacht.

Vater, ich rufe dich!
Brüllend umwölkt mich der Dampf der Geschütze,
10 Sprühend umzucken mich rasselnde Blitze.
  Lenker der Schlachten, ich rufe dich!
  Vater du, führe mich!

  Vater du, führe mich!
Führ' mich zum Siege, führ' mich zum Tode:
15 Herr, ich erkenne deine Gebote!
  Herr, wie du willst, so führe mich.
  Gott, ich erkenne dich!

  Gott, ich erkenne dich!
So im herbstlichen Rauschen der Blätter
20 Als im Schlachtendonnerwetter,
  Urquell der Gnade, erkenn' ich dich.
  Vater du, segne mich!

  Vater du, segne mich!
In deine Hand befehl' ich mein Leben,
25 Du kannst es nehmen, du hast es gegeben;
  Zum Leben, zum Sterben segne mich;
  Vater, ich preise dich!

  Vater, ich preise dich!
'S ist ja kein Kampf für die Güter der Erde;
30 Das Heiligste schützen wir mit dem Schwerte:

Drum fallend und siegend preiſ' ich dich;
Gott, dir ergeb' ich mich!

Gott, dir ergeb' ich mich!
Wenn mich die Donner des Todes begrüßen,
Wenn meine Adern geöffnet fließen;
Dir, mein Gott, dir ergeb' ich mich!
Vater, ich rufe dich!

Schenkendorf.

Das Lied vom Rhein.

Es klingt ein heller Klang,
Ein ſchönes deutſches Wort
In jedem Hochgeſang   10
Der deutſchen Männer fort:
Ein alter König hochgeboren,
Dem jedes deutſche Herz geſchworen —
Wie oft ſein Name wiederkehrt,
Man hat ihn nie genug gehört.   15

Das iſt der heil'ge Rhein,
Ein Herrſcher, reich begabt,
Des Name ſchon, wie Wein,
Die treue Seele labt.
Es regen ſich in allen Herzen   20
Viel vaterländ'ſche Luſt und Schmerzen,
Wenn man das deutſche Lied beginnt
Vom Rhein, dem hohen Felſenkind.

Sie hatten ihm geraubt
Der alten Würden Glanz,   25
Von ſeinem Königshaupt
Den grünen Rebenkranz;
In Feſſeln lag der Held geſchlagen:
Sein Zürnen und ſein ſtolzes Klagen,

Wir haben's manche Nacht belauscht,
Von Geisterschauern hehr umrauscht.

Was sang der alte Held? —
Ein furchtbar dräuend Lied:
5 „O weh dir, schnöde Welt!
Wo keine Freiheit blüht,
Von Treuen los und bar von Ehren!
Und willst du nimmer wiederkehren,
Mein, ach! gestorbenes Geschlecht
10 Und mein gebrochnes deutsches Recht!"

„O meine hohe Zeit!
Mein goldner Lebenstag!
Als noch in Herrlichkeit
Mein Deutschland vor mir lag.
15 Und auf und ab am Ufer wallten
Die stolzen ablichen Gestalten,
Die Helden, weit und breit geehrt
Durch ihre Tugend und ihr Schwert!"

„Es war ein frommes Blut
20 In ferner Riesenzeit
Voll kühnem Leuenmut
Und mild als eine Maid.
Man singt es noch in späten Tagen,
Wie den erschlug der arge Hagen,
25 Was ihn zu solcher That gelenkt,
In meinem Bette liegt's versenkt."

„Du Sünder, wüte fort!
Bald ist dein Becher voll;
Der Nibelungen Hort
30 Ersteht wohl, wenn er soll.
Es wird in dir die Seele grausen,
Wann meine Schrecken dich umbrausen;

Ich habe wohl und treu bewahrt
Den Schatz der alten Kraft und Art!"

Erfüllt ist jenes Wort:
Der König ist nun frei,
Der Nibelungen Hort
Ersteht und glänzet neu!
Es sind die alten deutschen Ehren,
Die wieder ihren Schein bewähren:
Der Väter Zucht und Mut und Ruhm,
Das heil'ge deutsche Kaisertum!   10

Wir huld'gen unserm Herrn,
Wir trinken seinen Wein.
Die Freiheit sei der Stern!
Die Losung sei der Rhein!
Wir wollen ihm aufs neue schwören;   15
Wir müssen ihm, er uns gehören.
Von Felsen kommt er frei und hehr,
Er fließe frei in Gottes Meer!

Muttersprache.

Muttersprache, Mutterlaut!
Wie so wonnesam, so traut!   20
Erstes Wort, das mir erschallet,
Süßes, erstes Liebeswort,
Erster Ton, den ich gelallet,
Klingest ewig in mir fort.

Ach, wie trüb ist meinem Sinn,   25
Wenn ich in der Fremde bin,
Wenn ich fremde Zungen üben,
Fremde Worte brauchen muß,
Die ich nimmermehr kann lieben,
Die nicht klingen als ein Gruß!   30

Sprache, schön und wunderbar,
Ach wie klingest du so klar! ·
Will noch tiefer mich vertiefen
In den Reichtum, in die Pracht,
Ist mir's doch, als ob mich riefen
Väter aus des Grabes Nacht.

Klinge, klinge fort und fort,
Heldensprache, Liebeswort,
Steig' empor aus tiefen Grüften,
10 Längst verschollnes altes Lied,
Leb' aufs neu in heil'gen Schriften,
Daß dir jedes Herz erglüht!

Überall weht Gottes Hauch,
Heilig ist wohl mancher Brauch.
15 Aber soll ich beten, danken,
Geb' ich meine Liebe kund,
Meine seligsten Gedanken,
Sprech' ich wie der Mutter Mund.

Rückert.

Aus den „Geharnischten Sonetten.“

Der blutdurchwirkte Vorhang ist gehoben,
20 Das Schicksal geht an seine Trauerspiele;
Der ernsten Spieler sind berufen viele,
Vielfach an Art und bunt an Garderoben.

Denkt ihr, den Kämpfern auf der Bühne droben
So zuzusehn von eurer niedern Diele?
25 Mit Stirn und Händen ohne Schweiß und Schwiele
So zuzusehn, zu tadeln und zu loben?

Mit nichten! Ihr seid auch zum Spiel berufen;
Wer Arme hat, hinauf, sie drein zu mischen!
Braucht ihr Zuschauer? die auch sind gerufen.

Der Väter Geister schauen aus den Nischen
Walhallas drein, und werden Beifall rufen
Dem braven Spieler, und dem schlechten zischen.

* *
*

Ihr deutschen Wälder rauscht in euren Frischen;
Und schüttelt eure Locken unverwirret;
Die Taub' ist's, die in euren Schatten girret;
Der Geier, der sie scheucht, hat ausgekrischen,

Und ihr, o deutsche Ströme, braust dazwischen;
Ihr dürft die Silbergleise ungeirret
Nun wieder ziehn; die Rosse sind entschirret,   10
Die streitig machten eure Flut den Fischen.

Ihr deutschen Auen, künftig unzertreten,
Ihr sollt jetzt Scharen tragen dichter Ähren,
Nicht starre Saaten mehr von Speer und Spießen;

Und nicht der Tod als Schnitter sei gebeten,   15
Und nicht die Ernte soll von Blut und Zähren,
Vom Tau des Friedens soll sie überfließen.

* *
*

Gleichwie die Juden, die ins Joch gebeugten.
Ausziehend aus Ägypti Knechtschaftstande,
Nicht selbst anlangten im verheißnen Lande,   20
Sondern nur erst von ihnen die Erzeugten;

So lasse sich auch dies Geschlecht nicht deuchten,
Freiheit zu finden, weil es bricht die Bande;
Es muß verbrennen in dem Läutrungsbrande,
Das reine Licht wird erst den Enkeln leuchten.   25

O dürft' ich nur, wie du Mann Gottes, Mose,
Dort, da du von Sinais Wolkenspitze
Das Land, daß du auch durftest nicht betreten,

Von ferne sahest, so im dunklen Schose
Der Zukunft ich, hell von prophetischem Blitze,   30
Sehn deutscher Freiheit Land, und stumm anbeten.

Aus „Agnes' Totenfeier."

Soll ich euch sagen, daß als Morgenglocke
Ihr Gruß der Seele schlummernd Leben regte?
Daß sie der Göttin Nacht glich, wann sie legte
Ums Antlitz schweigend ihre dunkle Locke?

5 Soll ich euch sagen, daß vom Haupt zur Socke
Des Wohllauts Woge ihren Wuchs bewegte?
Daß ihre Stirne Lilienbeete hegte?
Daß ihre Wange ward zum Rosenstocke?

Was hilft's, daß ich durch Höhn und Tiefen schweife?
10 Daß ich an Sonnen meine Fackel zünde?
Daß ich den Duft von allen Blumen streife?

Nur tote Farben häuf' ich. Wer's verstünde,
Hindurch zu schlingen so des Lebens Schleife,
Daß braus ihr wahres Bild dem Blick entstünde!

*   *   *

15 Wär' ich wie ihr, ihr sommerlichen Schwalben,
Ich wandert' aus von dieser öden Heide;
Ich schwör' es euch bei meines Herzens Leide,
Ihr seht's nur nicht, der Herbst ist allenthalben.

Und ihr, die ihr noch leben wollt, mit halben
20 Scheinleben, Birke, Buche, Lind' und Weide,
Ich rat' es euch, laßt ab vom grünen Kleide,
Und kleidet ohne Scheu euch mit dem falben.

Fragt nicht, warum! fragt nicht, was denn im Gange,
Natur, die alte Mutter, plötzlich störte,
25 Daß Herbst kommt in den Frühling eingebrochen!

Nicht erst seit heut' ist's ja, es ist seit lange;
Denn sie, der all der Frühling angehörte,
Schläft ihren Winterschlaf schon sieben Wochen.

Aus den „Sicilianen."

Ich, Zephyr, soll dich zur Siesta laden;
Kaum thu' ich selbst dem Schlummer Widerstand.
Entsunken ist schlaftrunkenen Najaden
Die Urne murmelnd in den warmen Sand.
Es schlummern unterm Liede der Cicaden
Dryaden zwischen Busch und Felsenwand.
Komm, Schöne, daß dir nicht die Gluten schaden,
Schlaf' auch! die Nymphen schlafen all im Land.

                *   *
                  *

Der Lenz ist meiner Liebsten blum'ges Kleid;
Wie schwillt vor Lust es, weich sie zu umfließen!   10
Der Morgen ist ihr glänzendes Geschmeid;
Wie blitzt es, Strahlen um sie her zu gießen!
Des Baumes Knospen sind ein stilles Leid,
Das gern sich möcht' an ihrem Blick erschließen:
Und alle Blumen sind ein heller Neid,   15
Weil Rosen nur auf ihrer Wange sprießen.

Aus den „Östlichen Rosen."

        Kehr' ein bei mir!

            Du bist die Ruh,
            Der Friede mild,
            Die Sehnsucht du,
            Und was sie stillt.   20

            Ich weihe dir
            Voll Lust und Schmerz
            Zur Wohnung hier
            Mein Aug' und Herz.

            Kehr' ein bei mir,   25
            Und schließe du
            Still hinter dir
            Die Pforten zu.

Treib andern Schmerz
Aus dieser Brust!
Voll sei dies Herz
Von deiner Lust.

Dies Augenzelt
Von deinem Glanz
Allein erhellt,
O füll' es ganz.

Ein Gruß an die Entfernte.

Ich sende einen Gruß wie Duft der Rosen,
10 Ich send' ihn an ein Rosenangesicht,
Ich sende einen Gruß wie Frühlingskosen,
Ich send' ihn an ein Auge frühlingslicht.
Aus Schmerzenstürmen, die mein Herz durchtosen,
Send' ich den Hauch, dich unsanft rühr' er nicht!
Wenn du gedenkest an den Freudelosen,
15 So wird der Himmel meiner Nächte licht.

Ghasele.

Du Duft, der meine Seele speiset, verlaß mich nicht!
    Traum, der mit mir durchs Leben reiset, verlaß mich
        nicht!
Du Paradiesesvogel, dessen Schwing' ungesehn
20 Mit leisem Säuseln mich umkreiset, verlaß mich
        nicht!
Du Amme mir und Ammenmärchen der Kindheit einst!
    Du fehlst, und ich bin noch verwaiset, verlaß mich
        nicht!
Du statt der Jugend mir geblieben, da sie mir floh;
    Wo du mir fliehst, bin ich ergreiset, verlaß mich
        nicht;
25 O du mein Frühling! sieh, wie draußen der Herbst nun
        braust;

Komm, daß nicht Winter mich umeiset, verlaß mich
    nicht!
O Hauch des Friedens! horch, wie draußen das Leben
    tobt;
    Wer ist, der still hindurch mich weiset?   Verlaß mich
    nicht!
O du mein Rausch! du meine Liebe! o du mein Lieb!
    Das hier durch mich sich selber preiset, verlaß mich   5
    nicht!

Aus dem „Liebesfrühling.“

Du meine Seele, du mein Herz,
Du meine Wonn', o du mein Schmerz,
Du meine Welt, in der ich lebe,
Mein Himmel du, darein ich schwebe,
O du mein Grab, in das hinab   10
Ich ewig meinen Kummer gab!
Du bist die Ruh, du bist der Frieden,
Du bist der Himmel mir beschieden.
Daß du mich liebst, macht mich mir wert,
Dein Blick hat mich vor mir verklärt,   15
Du hebst mich liebend über mich,
Mein guter Geist, mein bessres Ich!

*

Rose, Meer und Sonne
Sind ein Bild der Liebsten mein,
Die mit ihrer Wonne   20
Faßt mein ganzes Leben ein.

Aller Glanz, ergossen,
Aller Tau der Frühlingsflur,
Liegt vereint beschlossen
In dem Kelch der Rose nur.   25

Alle Farben ringen,
Alle Düft' im Lenzgefild,
Um hervorzubringen
Im Verein der Rose Bild.

Rose, Meer und Sonne
Sind ein Bild der Liebsten mein,
Die mit ihrer Wonne
Faßt mein ganzes Leben ein.

Alle Ströme haben
Ihren Lauf auf Erden bloß,
Um sich zu begraben
Sehnend in des Meeres Schoß.

Alle Quellen fließen
In den unerschöpften Grund,
Einen Kreis zu schließen
Um der Erde blühndes Rund.

Rose, Meer und Sonne
Sind ein Bild der Liebsten mein,
Die mit ihrer Wonne
Faßt mein ganzes Leben ein.

Alle Stern' in Lüften
Sind ein Liebesblick der Nacht,
In des Morgens Düften
Sterbend, wann der Tag erwacht.

Alle Weltenflammen,
Der zerstreute Himmelsglanz,
Fließen hell zusammen
In der Sonne Strahlenkranz.

Rose, Meer und Sonne
Sind ein Bild der Liebsten mein,
Die mit ihrer Wonne
Faßt mein ganzes Leben ein.

*   *

Liebſte! Nein, nicht luſtberauſcht,
Sondern ruhig nüchtern,
Hat ſich Herz um Herz getauſcht,
Innig ſtark und ſchüchtern.

Keine wilde ſchwärmende
Sinnesübermeiſtrung,
Eine milde wärmende
Haltende Begeiſtrung.

Wie mein Dichter von Natur,
Liebſte! ſo mein Lieben.⁣   10
Niemals trunken hab' ich nur
Auch ein Wort geſchrieben.

Lüfteleben.

Wär' ich die Luft, um die Flügel zu ſchlagen,
Wolken zu jagen,
Über die Gipfel der Berge zu ſtreben,   15
Das wär' ein Leben!

Tannen zu wiegen und Eichen zu ſchaukeln,
Weiter zu gaukeln,
Seele den flüſternden Schatten zu geben,
Das wär' ein Leben!   20

Echo, die ſchlummernde, neckend zu wecken.
Nymphen zu ſchrecken,
Über die ſchaudernden Fluren zu beben,
Das wär' ein Leben!

Roſen mit Schmeicheln entkoſen ein Lächeln,   25
Nelkenglut fächeln,
Duftige Lilienſchleier zu heben,
Das wär' ein Leben! .

Bräuten an ihrem Gewande zu säuseln
Locken zu kräuseln,
Düfte von beiden als Steuer erheben,
Das wär' ein Leben!

5 Myrrhen und Weihrauch zum Opfer zu tragen,
Sel'ges Behagen,
Heiligen Flammen den Atem zu geben,
Das wär' ein Leben!

Schwellende Fülle zu schütteln von Zweigen,
10 Ähren zu neigen,
Trauben zu küssen im Schoße der Reben,
Das wär' ein Leben!

Morgens dem Reh und der Blum' auf dem Rasen
Wache zu blasen,
15 Abends die Träume der Schöpfung zu weben,
Das wär' ein Leben!

Kühl bei des Mittags versengenden Gluten
Tauchen in Fluten,
Auen mit träufelnder Schwinge beschweben,
20 Das wär' ein Leben!

Rosen, aus euern verschlossenen Thüren
Düfte entführen,
Um sie in Freimunds Lieder zu weben,
Das wär' ein Leben!

Aus „Schi=King."

25 Trachte, daß dein Außres werde
Glänzend, und dein Innres rein;
Jede Miene und Geberde,
Jedes Wort ein Edelstein.
Um zu sein der Herr der Erde,
30 Gatte Wesenheit und Schein.

A. W. Schlegel.

Das Schwanenlied.

Oft, wenn sich ihre reine Stimm' erschwungen,
Schüchtern und kühn, und Saiten drein gerauschet,
Hab' ich das unbewußte Herz belauschet,
Das aus der Brust melodisch vorgedrungen.

Vom Becher, den die Wellen eingedrungen,   5
Als aus dem Pfand, das Lieb' und Treu getauschet,
Der alte König sterbend sich berauschet,
Das war das letzte Lied, so sie gesungen.

Wohl ziemt sich's, daß der lebensmüde Zecher,
Wenn dunkle Fluten still sein Ufer küssen,   10
In ihren Schoß dahingiebt all sein Sehnen.

Mir ward aus liebevoller Hand gerißen,
Schlank, golden, süßgefüllt, bekränzt, der Becher;
Und mir zu Füßen braust ein Meer von Thränen.

In der Fremde.

Oft hab' ich dich rauh gescholten   15
Muttersprache, so vertraut!
Höher hätte mir gegolten
Süblicher Sirenenlaut.

Und nun irr' ich in der Ferne
Freudenlos von Ort zu Ort,   20
Und vernähm', ach wie so gerne!
Nur ein einzig deutsches Wort.

Manches regt sich mir im Innern,
Doch wie schaff' ich hier ihm Luft?
All mein kindliches Erinnern   25
Findet in mir seine Gruft.

Einſam ſchweif' ich in die Felder,
Such' ein Echo der Natur;
Aber Bäche, Winde, Wälder
Rauſchen fremd auf dieſer Flur.

Unverſtanden, unbeachtet,
Wie mein deutſches Lied verhallt,
Bleibt es, wann mein Buſen ſchmachtet,
Und in bangem Sehnen wallt.

Fr. Schlegel.

Calderon.

Ein Zaubergarten liegt im Meeresgrunde;
Kein Garten, nein, aus künſtlichen Kryſtallen
Ein Wunderſchloß, wo blitzend von Metallen,
Die Bäumchen ſproſſen aus dem lichten Grunde;

Kein Meer, wo oben, ſeitwärts, in die Runde,
Farbige Flammenwogen uns umwallen,
Doch kühlend, duftend alle Sinne allen
Entrauben, ſüß umſpielend jede Wunde.

Nicht Zaub'rer blos von dieſen Seligkeiten,
Bezaubert ſelbſt wohnet, zum ſchönſten Lohne,
Im eignen Garten ſelig ſelbſt der Meiſter;

Drum ſollen alle Feen auch bereiten
Des Dichterhimmels diamantne Krone,
Dir, Calderon! Du Sonnenſtrahl der Geiſter.

Tieck.

Die Muſik.

Ich bin ein Engel, Menſchenkind, das wiſſe,
Mein Flügelpaar klingt in dem Morgenlichte,
Den grünen Wald erfreut mein Angeſichte,
Das Nachtigallen-Chor giebt ſeine Grüße.

Wem ich der Sterblichen die Lippe küsse,
Dem tönt die Welt ein göttliches Gedichte,
Wald, Wasser, Feld und Luft spricht ihm Geschichte,
Im Herzen rinnen Paradiesesflüsse.

Die ew'ge Liebe, welche nie vergangen,
Erscheint ihm im Triumph auf allen Wogen,
Er nimmt den Tönen ihre dunkle Hülle,

Da regt sich, schlägt in Jubel auf die Stille,
Zur spiel'nden Glorie wird der Himmelsbogen,
Der Trunkne hört, was alle Engel sangen.   10

Die Blumen.

Sieh die zarten Blüten keimen
Wie sie aus sich selbst erwachen,
Und wie Kinder aus den Träumen
Dir entgegen lieblich lachen.

Ihre Farbe ist im Spielen   15
Zugekehrt der goldnen Sonne,
Deren heißen Kuß zu fühlen,
Das ist ihre höchste Wonne:

An den Küssen zu verschmachten,
Zu vergehn in Lieb' und Wehmut;   20
Also stehn, die eben lachten,
Bald verwelkt in stiller Demut.

Das ist ihre höchste Freude,
Im Geliebten sich verzehren,
Sich im Tode zu verklären,   25
Zu vergehn in süßem Leide.

Dann ergießen sie die Düfte,
Ihre Geister, mit Entzücken,
Es berauschen sich die Lüfte
Im balsamischen Erquicken.   30

Liebe kommt zum Menschenherzen,
Regt die goldnen Saitenspiele,
Und die Seele spricht: ich fühle
Was das Schönste sei, wonach ich ziele,—
Wehmut, Sehnsucht und der Liebe Schmerzen.

Novalis.

Der Bergmann.

Der ist der Herr der Erde,
Wer ihre Tiefen mißt,
Und jeglicher Beschwerde
In ihrem Schoß vergißt.

10   Wer ihrer Felsenglieder
Geheimen Bau versteht,
Und unverdrossen nieder
Zu ihrer Werkstatt geht.

Er ist mit ihr verbündet,
15   Und inniglich vertraut,
Und wird von ihr entzündet,
Als wär' sie seine Braut.

Er sieht ihr alle Tage
Mit neuer Liebe zu,
20   Und scheut nicht Fleiß und Plage,
Sie läßt ihm keine Ruh.

Die mächtigen Geschichten
Der längst verflossnen Zeit,
Ist sie ihm zu berichten
25   Mit Freundlichkeit bereit.

Der Vorwelt heilge Lüfte
Umwehn sein Angesicht,
Und in die Nacht der Klüfte
Strahlt ihm ein ewges Licht.

Er trifft auf allen Wegen
Ein wohlbekanntes Land,
Und gern kommt sie entgegen
Den Werken seiner Hand.

Ihm folgen die Gewässer
Hülfreich den Berg hinauf;
Und alle Felsenschlosser
Thun ihre Schätz' ihm auf.

Er führt des Goldes Ströme
In seines Königs Haus,   10
Und schmückt die Diademe
Mit edlen Steinen aus.

Zwar reicht er treu dem König
Den glückbegabten Arm,
Doch frägt er nach ihm wenig,   15
Und bleibt mit Freuden arm.

Sie mögen sich erwürgen
Am Fuß um Gut und Geld;
Er bleibt auf den Gebirgen
Der frohe Herr der Welt.   20

Arnim.

Liebesglück.

Mir ist zu licht zum Schlafen,
Der Tag bricht in die Nacht,
Die Seele ruht im Hafen,
Ich bin so froh erwacht.

Ich hauchte meine Seele
Im ersten Kusse aus,   25
Was ist's, daß ich mich quäle,
Ob sie auch fand ein Haus.

Sie hat es wohl gefunden
Auf ihren Lippen schön,
O welche selge Stunden,
Wie ist mir so geschehn.

Was soll ich nun noch sehen,
Ach alles ist in ihr,
Was fühlen, was erflehen,
Es ward ja alles mir.

Ich habe was zu sinnen,
Ich hab', was mich beglückt,
In allen meinen Sinnen
Bin ich von ihr entzückt.

Brentano.

Der Spinnerin Lied.

Es sang vor langen Jahren
Wohl auch die Nachtigall,
Das war wohl süßer Schall,
Da wir zusammen waren.

Ich sing' und kann nicht weinen,
Und spinne so allein
Den Faden klar und rein,
So lang der Mond wird scheinen.

Da wir zusammen waren,
Da sang die Nachtigall,
Nun mahnet mich ihr Schall,
Daß du von mir gefahren.

So oft der Mond mag scheinen,
Gedenk ich dein allein,
Mein Herz ist klar und rein,
Gott wolle uns vereinen.

Seit du von mir gefahren
Singt stets die Nachtigall,
Ich denk' bei ihrem Schall
Wie wir zusammen waren.

Gott wolle uns vereinen,
Hier spinn' ich so allein,
Der Mond scheint klar und rein,
Ich sing' und möchte weinen!

Der Abend.

Wie so leis die Blätter wehn,
In dem lieben, stillen Hain,   10
Sonne will schon schlafen gehn,
Läßt ihr goldnes Hemdelein
Sinken auf den grünen Rasen,
Wo die schlanken Hirsche grasen
In dem roten Abendschein.   15

In der Quellen klarer Flut
Treibt kein Fischlein mehr sein Spiel,
Jedes suchet, wo es ruht,
Sein gewöhnlich Ort und Ziel,
Und entschlummert überm Lauschen   20
Auf der Wellen leises Rauschen,
Zwischen bunten Kieseln kühl.

Schlank schaut auf der Felsenwand
Sich die Glockenblume um;
Denn verspätet über Land   25
Will ein Bienchen mit Gesumm
Sich zur Nachtherberge melden,
In den blauen zarten Zelten,
Schlüpft hinein und wird ganz stumm.

Vöglein, euer schwaches Nest,
Ist das Abendlied vollbracht,
Wird wie eine Burg so fest;
Fromme Vöglein schützt zur Nacht
Gegen Katz- und Marterkrallen,
Die im Schlaf sie überfallen,
Gott, der über alle wacht.

Treuer Gott, du bist nicht weit,
Dir vertraun wir ohne Harm
10 In der wilden Einsamkeit,
Wie in Hofes eitelm Schwarm.
Du wirst uns die Hütte bauen,
Daß wir fromm und voll Vertrauen
Sicher ruhn in deinem Arm.

Hölderlin.

Hyperions Schickfalslied.

15 Ihr wandelt droben im Licht
Auf weichem Boden, selige Genien!
Glänzende Götterlüfte
Rühren euch leicht,
Wie die Finger der Künstlerin
20 · Heilige Saiten.

Schickfalslos, wie der schlafende
Säugling, atmen die Himmlischen;
Keusch bewahrt
In bescheidener Knospe,
25 Blühet ewig
Ihnen der Geist,
Und die seligen Augen
Blicken in stiller
Ewiger Klarheit.

Doch uns ist gegeben,
Auf keiner Stätte zu ruhn,
Es schwinden, es fallen
Die leidenden Menschen
Blindlings von einer
Stunde zur andern
Wie Wasser von Klippe
Zu Klippe geworfen,
Jahrlang ins Ungewisse hinab.

Eichendorff.

Rückkehr.

Sind's die Häuser, sind's die Gassen?
Ach, ich weiß nicht, wo ich bin!
Hab' ein Liebchen hier gelassen,
Und manch Jahr ging seitdem hin.

Aus den Fenstern schöne Frauen
Sehn mir freundlich ins Gesicht,
Keine kann so fröhlich schauen
Als mein liebes Liebchen sicht.

An dem Hause poch' ich bange —
Doch die Fenster stehen leer,
Ausgezogen ist sie lange,
Und es kennt mich keiner mehr.

Und ringsum ein Rufen, Handeln,
Schmucke Waren, bunter Schein,
Herrn und Damen gehn und wandeln
Zwischendurch in bunten Reihn.

Zierlich Bücken, freundlich Blicken,
Manches flücht'ge Liebeswort,
Händedrücken, heimlich Nicken —
Nimmt sie all der Strom mit fort.

Und mein Liebchen sah ich eben
Traurig in dem luft'gen Schwarm,
Und ein schöner Herr daneben
Führt sie stolz und ernst am Arm.

Doch verblaßt war Mund und Wange
Und gebrochen war ihr Blick,
Seltsam schaut' sie stumm und lange,
Lange noch auf mich zurück. —

Und es enden Tag und Scherzen.
Durch die Gassen pfeift der Wind —
Keiner weiß, wie unsre Herzen
Tief von Schmerz zerrissen sind.

Das zerbrochene Ringlein.

In einem kühlen Grunde
Da geht ein Mühlenrad,
Mein' Liebste ist verschwunden,
Die dort gewohnet hat.

Sie hat mir Treu' versprochen,
Gab mir ein'n Ring dabei,
Sie hat die Treu' gebrochen,
Mein Ringlein sprang entzwei.

Ich möcht' als Spielmann reisen
Weit in die Welt hinaus,
Und singen meine Weisen,
Und gehn von Haus zu Haus.

Ich möcht' als Reiter fliegen
Wohl in die blut'ge Schlacht,
Um stille Feuer liegen
Im Feld bei dunkler Nacht.

Hör' ich das Mühlrad gehen,
Ich weiß nicht, was ich will —
Ich möcht' am liebsten sterben,
Da wär's auf einmal still.

Wehmut.

Ich kann wohl manchmal singen,
Als ob ich fröhlich sei,
Doch heimlich Thränen dringen,
Da wird das Herz mir frei.

So lassen Nachtigallen,
Spielt draußen Frühlingsluft,   10
Der Sehnsucht Lied erschallen,
Aus ihres Käfigs Gruft.

Da lauschen alle Herzen,
Und alles ist erfreut,
Doch keiner fühlt die Schmerzen,   15
Im Lied das tiefe Leid.

Die zwei Gesellen.

Es zogen zwei rüstige Gesellen
Zum erstenmal von Haus,
So jubelnd recht in die hellen,
Klingenden, singenden Wellen   20
Des vollen Frühlings hinaus.

Die strebten nach hohen Dingen,
Die wollten, trotz Lust und Schmerz,
Was Rechts in der Welt vollbringen,
Und wem sie vorüber gingen,   25
Dem lachten Sinnen und Herz.

Der erste, der fand ein Liebchen,
Die Schwieger kauft' Hof und Haus;

Der wiegte gar bald ein Bübchen,
Und sah aus heimlichem Stübchen
Behaglich ins Feld hinaus.

Dem zweiten sangen und logen
Die tausend Stimmen im Grund,
Verlockend' Sirenen, und zogen
Ihn in der buhlenden Wogen
Farbig klingenden Schlund.

Und wie er auftaucht' vom Schlunde,
Da war er müde und alt,
Sein Schifflein, das lag im Grunde,
So still war's rings in die Runde,
Und über die Wasser weht's kalt.

Es singen und klingen die Wellen
Des Frühlings wohl über mir:
Und seh' ich so kecke Gesellen;
Die Thränen im Auge mir schwellen —
Ach Gott, führ' uns liebreich zu dir!

Lockung.

Hörst du nicht die Bäume rauschen
Draußen durch die stille Rund'?
Lockt's dich nicht, hinabzulauschen
Von dem Söller in den Grund,
Wo die vielen Bäche gehen
Wunderbar im Mondenschein,
Und die stillen Schlösser sehen
In den Fluß vom hohen Stein?

Kennst du noch die irren Lieder
Aus der alten, schönen Zeit?
Sie erwachen alle wieder
Nachts in Waldeseinsamkeit,

Wenn die Bäume träumend lauschen,
Und der Flieder duftet schwül,
Und im Fluß die Nixen rauschen —
Komm herab, hier ist's so kühl.

Sehnsucht.

Es schienen so golden die Sterne,
Am Fenster ich einsam stand
Und hörte aus weiter Ferne
Ein Posthorn im stillen Land.
Das Herz mir im Leib entbrennte,
Da hab' ich mir heimlich gedacht: 10
Ach, wer da mitreisen könnte
In der prächtigen Sommernacht!

Zwei junge Gesellen gingen
Vorüber am Bergeshang,
Ich hörte im Wandern sie singen   15
Die stille Gegend entlang:
Von schwindelnden Felsenschlüften,
Wo die Wälder rauschen so sacht,
Von Quellen, die von den Klüften
Sich stürzen in die Waldesnacht.   20

Sie sangen von Marmorbildern,
Von Gärten, die überm Gestein
In dämmernden Lauben verwildern,
Palästen im Mondenschein,
Wo die Mädchen am Fenster lauschen,   25
Wann der Lauten Klang erwacht,
Und die Brunnen verschlafen rauschen
In der prächtigen Sommernacht.

ADELBERT VON CHAMISSO.
(Drawn by Ernst Theodor Amadeus Hoffmann, 1805.)

Chamisso.

Das Schloß Boncourt.

Ich träum' als Kind mich zurücke,
Und schüttle mein greises Haupt;
Wie sucht ihr mich heim, ihr Bilder,
Die lang' ich vergessen geglaubt?

Hoch ragt aus schatt'gen Gehegen
Ein schimmerndes Schloß hervor,
Ich kenne die Türme, die Zinnen,
Die steinerne Brücke, das Thor.

10
Es schauen vom Wappenschilde
Die Löwen so traulich mich an,
Ich grüße die alten Bekannten,
Und eile den Burghof hinan.

Dort liegt die Sphinx am Brunnen,
Dort grünt der Feigenbaum,
15
Dort, hinter diesen Fenstern,
Verträumt' ich den ersten Traum.

Ich tret' in die Burgkapelle
Und suche des Ahnherrn Grab,
Dort ist's, dort hängt vom Pfeiler
Das alte Gewaffen herab.

20
Noch lesen umflort die Augen
Die Züge der Inschrift nicht,
Wie hell durch die bunten Scheiben
Das Licht darüber auch bricht.

So stehst du, o Schloß meiner Väter,
25
Mir treu und fest in dem Sinn,
Und bist von der Erde verschwunden,
Der Pflug geht über dich hin.

Sei fruchtbar, o teurer Boden,
Ich ſegne dich mild und gerührt,
Und ſegn' ihn zwiefach, wer immer
Den Pflug nun über dich führt.

Ich aber will auf mich raffen,
Mein Saitenſpiel in der Hand,
Die Weiten der Erde durchſchweifen,
Und ſingen von Land zu Land.

Frauen-Liebe und Leben.

1.

Seit ich ihn geſehen,
Glaub' ich blind zu ſein;
Wo ich hin nur blicke,
Seh' ich ihn allein;
Wie im wachen Traume
Schwebt ſein Bild mir vor,
Taucht aus tiefſtem Dunkel
Heller nur empor.

Sonſt iſt licht- und farblos
Alles um mich her,
Nach der Schweſtern Spiele
Nichi begehr' ich mehr,
Möchte lieber weinen
Still im Kämmerlein;
Seit ich ihn geſehen,
Glaub' ich blind zu ſein.

2.

Er, der Herrlichſte von allen,
Wie ſo milde, wie ſo gut!
Holde Lippen, klares Auge,
Heller Sinn und feſter Mut.

So wie dort in blauer Tiefe,
Hell und herrlich, jener Stern,
Also er an meinem Himmel,
Hell und herrlich, hoch und fern.

Wandle, wandle deine Bahnen;
Nur betrachten deinen Schein,
Nur in Demut ihn betrachten,
Selig nur und traurig sein!

10 Höre nicht mein stilles Beten,
Deinem Glücke nur geweiht;
Darfst mich niedre Magd nicht kennen,
Hoher Siern der Herrlichkeit.

Nur die Würdigste von allen
Soll beglücken deine Wahl,
15 Und ich will die Hohe segnen,
Segnen viele tausend Mal.

Will mich freuen dann und weinen,
Selig, selig bin ich dann,
Sollie mir das Herz auch brechen,
20 Brich, o Herz, was liegt daran!

3.

Ich kann's nicht fassen, nicht glauben,
Es hat ein Traum mich berückt;
Wie hätt' er doch unter allen
Mich Arme erhöht und beglückt?
25 Mir war's, er habe gesprochen:
Ich bin auf ewig dein —
Mir war's — ich träume noch immer,
Es kann ja nimmer so sein.

O laß im Traume mich sterben
Gewieget an seiner Brust,
Den seligsten Tod mich schlürfen
In Thränen unendlicher Lust.

4.

Du Ring an meinem Finger,
Mein goldnes Ringelein,
Ich drücke dich fromm an die Lippen,
Dich fromm an das Herze mein.

Ich hatt' ihn ausgeträumet,
Der Kindheit friedlichen Traum,   10
Ich fand allein mich, verloren,
Im öden unendlichen Raum.

Du Ring an meinem Finger
Da hast du mich erst belehrt,
Hast meinem Blick erschlossen   15
Des Lebens unendlichen Wert.

Ich werd' ihm dienen, ihm leben,
Ihm angehören ganz,
Hin selber mich geben und finden
Verklärt mich in seinem Glanz.   20

Du Ring an meinem Finger,
Mein goldnes Ringelein,
Ich drücke dich fromm an die Lippen,
Dich fromm an das Herze mein.

5.

Helft mir, ihr Schwestern,
Freundlich mich schmücken,   25
Dient der Glücklichen heute mir.
Windet geschäftig

Mir um die Stirne
Noch der blühenden Myrte Zier.

Als ich befriedigt,
Freudiges Herzens,
5   Dem Geliebten im Arme lag,
Immer noch rief er,
Sehnsucht im Herzen,
Ungeduldig den heut'gen Tag.

Helft mir, ihr Schwestern,
Helft mir verscheuchen
10   Eine thörichte Bangigkeit;
Daß ich mit klarem
Aug' ihn empfange,
Ihn, die Quelle der Freudigkeit.

Bist, mein Geliebter,
15   Du mir erschienen,
Giebst du, Sonne, mir deinen Schein?
Laß mich in Andacht,
Laß mich in Demut
20   Mich verneigen dem Herrn mein.

Streuet ihm, Schwestern,
Streuet ihm Blumen,
Bringt ihm knospende Rosen dar.
Aber euch, Schwestern,
25   Grüß' ich mit Wehmut,
Freudig scheidend aus eurer Schar.

6.

Süßer Freund, du blickest
Mich verwundert an,
Kannst es nicht begreifen,
30   Wie ich weinen kann;

Laß der feuchten Perlen
Ungewohnte Zier
Freudenhell erzittern
In den Wimpern mir.

Wie so bang mein Busen,
Wie so wonnevoll!
Wüßt' ich nur mit Worten,
Wie ich's sagen soll;
Komm und birg dein Antlitz
Hier an meiner Brust,   10
Will ins Ohr dir flüstern
Alle meine Lust.

Hab' ob manchen Zeichen
Mutter schon gefragt,
Hat die gute Mutter   15
Alles mir gesagt,
Hat mich unterwiesen,
Wie, nach allem Schein
Bald für eine Wiege
Muß gesorget sein.   20

Weißt du nun die Thränen,
Die ich weinen kann,
Sollst du nicht sie sehen,
Du geliebter Mann;
Bleib' an meinem Herzen,   25
Fühle dessen Schlag,
Daß ich fest und fester
Nur dich drücken mag.

Hier an meinem Bette
Hat die Wiege Raum,   30
Wo sie still verberge
Meinen holden Traum;

Kommen wird der Morgen,
Wo der Traum erwacht,
Und daraus dein Bildniß
Mir entgegen lacht.

7.

An meinem Herzen, an meiner Brust,
Du meine Wonne, du meine Lust!

Das Glück ist die Liebe, die Lieb' ist das Glück,
Ich hab' es gesagt und nehm's nicht zurück.

Hab' überglücklich mich geschätzt,
Bin überglücklich aber jetzt.

Nur die da säugt, nur die da liebt
Das Kind, dem sie die Nahrung giebt;

Nur eine Mutter weiß allein,
Was lieben heißt und glücklich sein.

O wie bedaur' ich doch den Mann,
Der Mutterglück nicht fühlen kann!

Du schauest mich an und lächelst dazu,
Du lieber, lieber Engel du!

An meinem Herzen, an meiner Brust,
Du meine Wonne, du meine Lust!

8.

Nun hast du mir den ersten Schmerz gethan,
      Der aber traf.
Du schläfst, du harter, unbarmherz'ger Mann,
      Den Todesschlaf.

Es blicket die Verlaßne vor sich hin,
      Die Welt ist leer.
Geliebet hab' ich und gelebt, ich bin
      Nicht lebend mehr.

Ich zieh' mich in mein Innres ſtill zurück,
  Der Schleier fällt,
Da hab' ich dich und mein vergangnes Glück,
  Du meine Welt!

9.

Traum der eignen Tage,
Die nun ferne ſind,
Tochter meiner Tochter,
Du mein ſüßes Kind,
Nimm, bevor die Müde
Deckt das Leichentuch,   10
Nimm ins friſche Leben
Meinen Segensſpruch.

Siehſt mich grau von Haaren,
Abgezehrt und bleich,
Bin, wie du, geweſen   15
Jung und wonnereich,
Liebte, wie du liebeſt,
Ward, wie du, auch Braut,
Und auch du wirſt altern,
So wie ich ergraut.   20

Laß die Zeit im Fluge
Wandeln fort und fort,
Nur beſtändig wahre
Deines Buſens Hort;
Hab' ich's einſt geſprochen,   25
Nehm' ich's nicht zurück:
Glück iſt nur die Liebe,
Liebe nur iſt Glück.

Als ich, den ich liebte,
In das Grab gelegt,   30
Hab' ich meine Liebe
Treu in mir gehegt;

War mein Herz gebrochen,
Blieb mir fest der Mut,
Und des Alters Asche
Wahrt die heil'ge Glut.

Nimm, bevor die Müde
Deckt das Leichentuch,
Nimm ins frische Leben
Meinen Segensspruch:
Muß das Herz dir brechen,
10 Bleibe fest dein Mut,
Sei der Schmerz der Liebe
Dann dein höchstes Gut.

Platen.

Das Grab im Busento.

Nächtlich am Busento lispeln bei Cosenza dumpfe
      Lieder;
Aus den Wassern schallt es Antwort, und in Wirbeln
      klingt es wieder!

15 Und den Fluß hinauf, hinunter ziehn die Schatten
      tapfrer Goten,
Die den Alarich beweinen, ihres Volkes besten Toten.

Allzufrüh und fern der Heimat mußten hier sie ihn
      begraben,
Während noch die Jugendlocken seine Schulter blond
      umgaben.

Und am Ufer des Busento reihten sie sich um die Wette,
20 Um die Strömung abzuleiten, gruben sie ein frisches
      Bette.

In der wogenleeren Höhlung wühlten sie empor die
    Erde,
Senkten tief hinein den Leichnam, mit der Rüstung, auf
    dem Pferde.

Deckten dann mit Erde wieder ihn und seine stolze
    Habe,
Daß die hohen Stromgewächse wüchsen aus dem Hel-
    bengrabe.

Abgelenkt zum zweiten Male, ward der Fluß herbei- 5
    gezogen:
Mächtig in ihr altes Bette schäumten die Busentowogen.

Und es sang ein Chor von Männern: „Schlaf in deinen
    Heldenehren!
Keines Römers schnöde Habsucht soll dir je dein Grab
    versehren!"

Sangen's, und die Lobgesänge tönten fort im Goten-
    heere;
Wälze sie, Busentowelle, wälze sie von Meer zu Meere! 10

Gasele.

Der Löwin dient des Löwen Mähne nicht;
Buntfarbig sonnt sich die Phaläne nicht;
Der Schwan befurcht mit stolzem Hals den See,
Doch hoch im Äther hausen Schwäne nicht;
Die Rieselquelle murmelt angenehm,   15
Doch Schiffe trägt sie nicht und Kähne nicht;
An Dauer weicht die Rose dem Rubin,
Ihn aber schmückt des Taues Thräne nicht:
Was suchst du mehr, als was du bist, zu sein?
Ein andres je zu werden, wähne nicht!   20

Verzagen.

Ich möchte gern mich frei bewahren,
Verbergen vor der ganzen Welt;
Auf stillen Flüssen möcht' ich fahren,
Bedeckt vom schatt'gen Wolkenzelt.

Von Sommervögeln übergaukelt,
Der irb'schen Schwere mich entziehn,
Vom reinen Element geschaukelt,
Die schuldbefleckten Menschen fliehn.

Nur selten an das Ufer streifen,
10 Doch nie entsteigen meinem Kahn,
Nach einer Rosenknospe greifen
Und wieder ziehn die feuchte Bahn.

Von ferne sehn, wie Herden weiden,
Wie Blumen wachsen immer neu,
15 Wie Winzerinnen Trauben schneiden,
Wie Schnitter mähn das duft'ge Heu.

Und nichts genießen, als die Helle
Des Lichts, das ewig lauter bleibt,
Und einen Trunk der frischen Welle,
20 Der nie das Blut geschwinder treibt.

Antwort.

Was soll dies kindische Verzagen,
Dies eitle Wünschen ohne Halt?
Da du der Welt nicht kannst entsagen,
Erobre dir sie mit Gewalt!

25 Und könntest du dich auch entfernen,
Es triebe Sehnsucht dich zurück;
Denn ach, die Menschen lieben lernen,
Es ist das einz'ge wahre Glück!

Unwiderruflich dorrt die Blüte,
Unwiderruflich wächst das Kind,
Abgründe liegen im Gemüte,
Die tiefer als die Hölle sind.

Du siehst sie, doch du fliehst vorüber,
Im glücklichen, im ernsten Lauf,
Dem frohen Tage folgt ein trüber,
Doch alles wiegt zuletzt sich auf.

Und wie der Mond im leichten Schweben,
Bald rein und bald in Wolken steht,   10
So schwinde wechselnd dir das Leben,
Bis es in Wellen untergeht!

Venedig.

Es scheint ein langes, ew'ges Ach zu wohnen
In diesen Lüften, die sich leise regen,
Aus jenen Hallen weht es mir entgegen,   15
Wo Scherz und Jubel sonst gepflegt zu thronen.

Venedig fiel, wiewohl's getrotzt Äonen,
Das Rad des Glücks kann nichts zurückbewegen:
Öd' ist der Hafen, wen'ge Schiffe legen
Sich an die schöne Riva der Slavonen.   20

Wie hast du sonst, Venetia, geprahlet
Als stolzes Weib mit goldenen Gewändern,
So wie dich Paolo Veronese malet!

Nun steht ein Dichter an den Prachtgeländern
Der Riesentreppe staunend und bezahlet   25
Den Thränenzoll, der nichts vermag zu ändern!

J. Kerner.

Wanderlied.

Wohlauf! noch getrunken
Den funkelnden Wein!
Ade nun, ihr Lieben!
Geschieden muß sein.
Ade nun, ihr Berge,
Du väterlich Haus!
Es treibt in die Ferne
Mich mächtig hinaus.

Die Sonne, sie bleibet
Am Himmel nicht stehn,
Es treibt sie, durch Länder
Und Meere zu gehn.
Die Woge nicht haftet
Am einsamen Strand,
Die Stürme, sie brausen
Mit Macht durch das Land.

Mit eilenden Wolken
Der Vogel dort zieht,
Und singt in der Ferne
Ein heimatlich Lied.
So treibt es den Burschen
Durch Wälder und Feld,
Zu gleichen der Mutter,
Der wandernden Welt.

Da grüßen ihn Vögel
Bekannt überm Meer,
Sie flogen von Fluren
Der Heimat hieher;

Da duften die Blumen
Vertraulich um ihn,
Sie trieben vom Lande
Die Lüfte dahin.

Die Vögel die kennen
Sein väterlich Haus,
Die Blumen einst pflanzt' er
Der Liebe zum Strauß,
Und Liebe die folgt ihm,
Sie geht ihm zur Hand:
So wird ihm zur Heimat
Das fernste Land.

Sehnsucht.

O könnt' ich einmal los
Von all dem Menschentreiben,
Natur! in deinem Schoß
Ein herzlich Kind verbleiben!

Mich rief ein Traum so schwer
Aus deinen Mutterarmen,
Seitdem kann nimmermehr
Das kranke Herz erwarmen.

Der Menschen Treiben, ach!
Das hält mich nun gefangen,
Das folgt mir störend nach,
Wo Erd' und Himmel prangen.

Doch ist dies Treiben mir
So fremd und so unherzlich,
Und, Mutter, ach! nach dir
Zieht mich ein Heimweh schmerzlich!

O nimm dein reuig Kind
In deine Mutterarme,
Daß dir's am Busen lind
Zu neuer Lieb' erwarme!

Wie ist's ergangen mir,
Daß ich verirrt so lange!
Mutter! zu dir, zu dir!
Wie ist mir weh und bange!

Bis ich wie Blum' und Quell
Dir darf im Herzen bleiben,
Mutter! o führ' mich schnell
Hin, wo kein Menschentreiben!

Poesie.

Poesie ist tiefes Schmerzen,
Und es kommt das echte Lied
Einzig aus dem Menschenherzen,
Das ein tiefes Leid durchglüht.

Doch die höchsten Poesieen
Schweigen, wie der höchste Schmerz,
Nur wie Geisterschatten ziehen
Stumm sie durchs gebrochne Herz.

Uhland.

Das Schloß am Meere.

Hast du das Schloß gesehen,
Das hohe Schloß am Meer?
Golden und rosig wehen
Die Wolken drüber her.

Es möchte sich niederneigen
In die spiegelklare Flut,
Es möchte streben und steigen
In der Abendwolken Glut.

„Wohl hab' ich es gesehen,
Das hohe Schloß am Meer
Und den Mond darüber stehen
Und Nebel weit umher."

Der Wind und des Meeres Wallen,
Gaben sie frischen Klang?   10
Vernahmst du aus hohen Hallen
Saiten und Festgesang?

„Die Winde, die Wogen alle
Lagen in tiefer Ruh';
Einem Klagelied aus der Halle   15
Hört' ich mit Thränen zu."

Sahest du oben gehen
Den König und sein Gemahl,
Der roten Mäntel Wehen,
Der goldnen Kronen Strahl?   20

Führten sie nicht mit Wonne
Eine schöne Jungfrau dar,
Herrlich wie eine Sonne,
Strahlend im goldnen Haar?

„Wohl sah ich die Eltern beide,   25
Ohne der Kronen Licht,
Im schwarzen Trauerkleide;
Die Jungfrau sah ich nicht."

Des Knaben Berglied.

Ich bin vom Berg der Hirtenknab'
Seh' auf die Schlösser all herab;
Die Sonne strahlt am ersten hier,
Am längsten weilet sie bei mir;
5   Ich bin der Knab' vom Berge!

Hier ist des Stromes Mutterhaus,
Ich trink' ihn frisch vom Stein heraus;
Er braust vom Fels in wildem Lauf,
Ich fang' ihn mit den Armen auf;
10   Ich bin der Knab' vom Berge!

Der Berg, der ist mein Eigentum,
Da ziehn die Stürme rings herum;
Und heulen sie von Nord und Süd,
So überschallt sie doch mein Lied:
15   Ich bin der Knab' vom Berge!

Sind Blitz und Donner unter mir,
So steh' ich hoch im Blauen hier;
Ich kenne sie und rufe zu:
„Laßt meines Vaters Haus in Ruh'!"
20   Ich bin der Knab' vom Berge!

Und wann die Sturmglock' einst erschallt,
Manch Feuer auf den Bergen wallt,
Dann steig' ich nieder, tret' ins Glied
Und schwing' mein Schwert und sing' mein Lied:
25   Ich bin der Knab' vom Berge!

Abschied.

Was klinget und singet die Straß' herauf?
Ihr Jungfern, machet die Fenster auf!
Es ziehet der Bursch in die Weite,
Sie geben ihm das Geleite.

Wohl jauchzen die andern und schwingen die Hüt',
Viel Bänder darauf und viel edle Blüt';
Doch dem Burschen gefällt nicht die Sitte,
Geht still und bleich in der Mitte.

Wohl klingen die Kannen, wohl funkelt der Wein; 5
„Trink' aus und trink' wieder, lieb Bruder mein!"
„Mit dem Abschiedsweine nur fließet,
Der da innen mir brennet und glühet!"

Und draußen am allerletzten Haus,
Da gucket ein Mägdlein zum Fenster heraus,   10
Sie möcht' ihre Thränen verdecken
Mit Gelbveiglein und Rosenstöcken.

Und draußen am allerletzten Haus,
Da schlägt der Bursche die Augen auf
Und schlägt sie nieder mit Schmerze   15
Und leget die Hand aufs Herze.

„Herr Bruder, und hast du noch keinen Strauß,
Dort winken und wanken viel Blumen heraus.
Wohlauf, du Schönste von allen,
Laß ein Sträußlein herunterfallen!"   20

„Ihr Brüder, was sollte das Sträußlein mir?
Ich hab' ja kein liebes Liebchen wie ihr;
An der Sonne würd' es vergehen,
Der Wind, der würd' es verwehen."

Und weiter, ja weiter mit Sang und mit Klang! 25
Und das Mägdlein lauschet und horchet noch lang:
„O weh! er ziehet, der Knabe,
Den ich stille geliebet habe.

„Da steh' ich, ach, mit der Liebe mein,
Mit Rosen und mit Gelbveigelein;   30
Dem ich alles gäbe so gerne,
Der ist nun in der Ferne."

Des Goldschmieds Töchterlein.

Ein Goldschmied in der Bude stand
Bei Perl' und Edelstein:
„Das beste Kleinod, das ich fand,
Das bist doch du, Helene,.
Mein teures Töchterlein!"

Ein schmucker Ritter trat herein:
„Willkommen, Mägdlein traut!
Willkommen, lieber Goldschmied mein!
Mach' mir ein köstlich Kränzchen
10   Für meine süße Braut!"

Und als das Kränzlein war bereit
Und spielt' in reichem Glanz,
Da hängt' Helen' in Traurigkeit,
Wohl als sie war alleine,
15   An ihren Arm den Kranz:

„Ach, wunderselig ist die Braut,
Die's Krönlein tragen soll.
Ach, schenkte mir der Ritter traut
Ein Kränzlein nur von Rosen,
20   Wie wär' ich freudenvoll!"

Nicht lang, der Ritter trat herein,
Das Kränzlein wohl beschaut':
„O fasse, lieber Goldschmied mein,
Ein Ringlein mit Demanten
25   Für meine süße Braut!"

Und als das Ringlein war bereit
Mit teurem Demantstein,
Da steckt' Helen' in Traurigkeit,
Wohl als sie war alleine,
30   Es halb ans Fingerlein:

„Ach, wunderſelig iſt die Braut,
Die's Ringlein tragen ſoll.
Ach, ſchenkte mir der Ritter traut
Nur ſeines Haars ein Löcklein,
Wie wär' ich freudenvoll!"

Nicht lang, der Ritter trat herein,
Das Ringlein wohl beſchaut':
„Du haſt, o lieber Goldſchmied mein,
Gar fein gemacht die Gaben
Für meine ſüße Braut. 10

„Doch, daß ich wiſſe, wie ihr's ſteh',
Tritt, ſchöne Maid, herzu,
Daß ich an dir zur Probe ſeh'
Den Brautſchmuck meiner Liebſten!
Sie iſt ſo ſchön wie du." 15

Es war an einem Sonntag früh;
Drum hatt' die feine Maid
Heut angethan mit ſondrer Müh',
Zur Kirche hinzugehen,
Ihr allerbeſtes Kleid. 20

Von holder Scham erglühend ganz
Sie vor dem Ritter ſtand;
Er ſetzt' ihr auf den goldnen Kranz,
Er ſteckt' ihr an das Ringlein,
Dann faßt' er ihre Hand: 25

„Helene ſüß, Helene traut!
Der Scherz ein Ende nimmt.
Du biſt die allerſchönſte Braut,
Für die ich's goldne Kränzlein,
Für die den Ring beſtimmt. 30

„Bei Gold und Perl' und Edelstein
Bist du erwachsen hier;
Das sollte dir ein Zeichen sein,
Daß du zu hohen Ehren
Eingehen wirst mit mir.“

Der Wirtin Töchterlein.

Es zogen drei Bursche wohl über den Rhein,
Bei einer Frau Wirtin, da kehrten sie ein:

„Frau Wirtin, hat sie gut Bier und Wein?
Wo hat sie ihr schönes Töchterlein'?“

10 „Mein Bier und Wein ist frisch und klar.
Mein Töchterlein liegt auf der Totenbahr'.“

Und als sie traten zur Kammer hinein,
Da lag sie in einem schwarzen Schrein.

Der erste, der schlug den Schleier zurück
15 Und schaute sie an mit traurigen Blick:

„Ach, lebtest du noch, du schöne Maid!
Ich würde dich lieben von dieser Zeit.“

Der zweite deckte den Schleier zu
Und kehrte sich ab und weinte dazu:

20 „Ach, daß du liegst auf der Totenbahr'!
Ich hab' dich geliebet so manches Jahr.“

Der dritte hub ihn wieder sogleich
Und küßte sie an den Mund so bleich:

„Dich liebt' ich immer, dich lieb' ich noch heut'
25 Und werde dich lieben in Ewigkeit.“

Der gute Kamerad.

Ich hatt' einen Kameraden,
Einen beffern findst du nit.
Die Trommel schlug zum Streite,
Er ging an meiner Seite
In gleichem Schritt und Tritt.

Eine Kugel kam geflogen;
Gilt's mir oder gilt es dir?
Ihn hat es weggeriffen,
Er liegt mir vor den Füßen,
10   Als wär's ein Stück von mir.

Will mir die Hand noch reichen,
Derweil ich eben lad':
„Kann dir die Hand nicht geben;
Bleib du im ew'gen Leben
15   Mein guter Kamerad!"

Die Rache.

Der Knecht hat erstochen den edeln Herrn,
Der Knecht wär' selber ein Ritter gern.

Er hat ihn erstochen im dunkeln Hain
Und den Leib versenket im tiefen Rhein.

20   Hat angeleget die Rüstung blank,
Auf des Herren Roß sich geschwungen frank.

Und als er sprengen will über die Brück',
Da stutzet das Roß und bäumt sich zurück.

Und als er die güldnen Sporen ihm gab,
25   Da schleudert's ihn wild in den Strom hinab.

Mit Arm, mit Fuß er rudert und ringt,
Der schwere Panzer ihn niederzwingt.

Harald.

Vor seinem Heergefolge ritt
Der kühne Held Harald;
Sie zogen in des Mondes Schein
Durch einen wilden Wald.

Sie tragen manch erkämpfte Fahn',
Die hoch im Winde wallt,
Sie singen manches Siegeslied.
Das durch die Berge hallt.

10
Was rauschet, lauschet im Gebüsch
Was wiegt sich auf dem Baum?
Was senket aus den Wolken sich
Und taucht aus Stromes Schaum?

15
Was wirft mit Blumen um und um?
Was singt so wonniglich?
Was tanzet durch der Krieger Reihn,
Schwingt auf die Rosse sich?

20
Was kost so sanft und küßt so süß
Und hält so lind umfaßt?
Und nimmt das Schwert und zieht vom Roß
Und läßt nicht Ruh noch Rast?

Es ist der Elfen leichte Schar;
Hier hilft kein Widerstand,
Schon sind die Krieger all dahin,
Sind all im Feeenland.

25
Nur er, der Beste, blieb zurück,
Der kühne Held Harald;
Er ist vom Wirbel bis zur Sohl'.
In harten Stahl geschnallt.

All seine Krieger sind entrückt,
Da liegen Schwert und Schild;
Die Rosse, ledig ihrer Herrn,
Sie gehn im Walde wild.

In großer Trauer ritt von dann
Der stolze Held Harald;
Er ritt allein im Mondenschein
Wohl durch den weiten Wald.

Vom Felsen rauscht es frisch und klar;
Er springt vom Rosse schnell,   10
Er schnallt vom Haupte sich den Helm
Und trinkt vom kühlen Quell.

Doch, wie er kaum den Durst gestillt,
Versagt ihm Arm und Bein;
Er muß sich setzen auf den Fels,   15
Er nickt und schlummert ein.

Er schlummert auf demselben Stein
Schon manche hundert Jahr',
Das Haupt gesenket auf die Brust,
Mit grauem Bart und Haar.   20

Wann Blitze zucken, Donner rollt,
Wann Sturm erbraust im Wald,
Dann greift er träumend nach dem Schwert,
Der alte Held Harald.

Einkehr.

Bei einem Wirte wundermild,
Da war ich jüngst zu Gaste;   5
Ein goldner Apfel war sein Schild
An einem langen Aste.

Es war der gute Apfelbaum,
Bei dem ich eingekehret;
Mit süßer Kost und frischem Schaum
Hat er mich wohl genähret.

5   Es kamen in sein grünes Haus
Viel leichtbeschwingte Gäste;
Sie sprangen frei und hielten Schmaus
Und sangen auf das beste.

Ich fand ein Bett zu süßer Ruh
10 Auf weichen, grünen Matten;
Der Wirt, er deckte selbst mich zu
Mit seinem kühlen Schatten.

Nun fragt' ich nach der Schuldigkeit,
Da schüttelt' er den Wipfel.
15 Gesegnet sei er alle Zeit
Von der Wurzel bis zum Gipfel!

Frühlingsglaube.

Die linden Lüfte sind erwacht,
Sie säuseln und weben Tag und Nacht,
Sie schaffen an allen Enden.
20 O frischer Duft, o neuer Klang!
Nun, armes Herze, sei nicht bang!
Nun muß sich alles, alles wenden.

Die Welt wird schöner mit jedem Tag,
Man weiß nicht, was noch werden mag,
Das Blühen will nicht enden.
25 Es blüht das fernste, tiefste Thal;
Nun, armes Herz, vergiß der Qual!
Nun muß sich alles, alles wenden.

Freie Kunst.

Singe, wem Gesang gegeben,
In dem deutschen Dichterwald!
Das ist Freude, das ist Leben,
Wenn's von allen Zweigen schallt.

Nicht an wenig stolze Namen
Ist die Liederkunst gebannt;
Ausgestreuet ist der Samen
Über alles deutsche Land.

Deines vollen Herzens Triebe,
Gieb sie keck im Klange frei!   10
Säuselnd wandle deine Liebe,
Donnernd uns dein Zorn vorbei!

Singst du nicht dein ganzes Leben,
Sing' doch in der Jugend Drang!
Nur im Blütenmond erheben   15
Nachtigallen ihren Sang.

Kann man's nicht in Bücher binden,
Was die Stunden dir verleihn,
Gieb ein fliegend Blatt den Winden!
Muntre Jugend hascht es ein.   20

Fahret wohl, geheime Kunden,
Nekromantik, Alchimie!
Formel hält uns nicht gebunden,
Unsre Kunst heißt Poesie.

Heilig achten wir die Geister,   25
Aber Namen sind uns Dunst;
Würdig ehren wir die Meister,
Aber frei ist uns die Kunst.

Nicht in kalten Marmorsteinen,
Nicht in Tempeln dumpf und tot,
In den frischen Eichenhainen
Webt und rauscht der deutsche Gott.

Lied eines deutschen Sängers.

Ich sang in vor'gen Tagen
Der Lieder mancherlei
Von alten frommen Sagen,
Von Minne, Wein und Mai.
Nun ist es ausgesungen,
10   Es dünkt mir alles Tand;
Der Heerschild ist erklungen,
Der Ruf „Fürs Vaterland!"

Man sagt wohl von den Katten:
Sie legten Erzring' an,
15   Bis sie gelöst sich hatten
Mit einem erschlagnen Mann.
Ich schlag' den Geist in Bande
Und werf' an den Mund ein Schloß,
Bis ich dem Vaterlande
20   Gedient als Schwertgenoß.

Und bin ich nicht geboren
Zu hohem Heldentum,
Ist mir das Lied erkoren
Zu Lust und schlichtem Ruhm,
Doch möcht' ich eins erringen
25   In diesem heil'gen Krieg:
Das edle Recht, zu singen
Des deutschen Volkes Sieg.

Des Sängers Fluch.

Es stand in alten Zeiten ein Schloß so hoch und hehr,
Weit glänzt' es über die Lande bis an das blaue Meer,
Und rings von duft'gen Gärten ein blütenreicher Kranz,
Drin sprangen frische Brunnen in Regenbogenglanz.

Dort saß ein stolzer König, an Land und Siegen
    reich,
Er saß auf seinem Throne so finster und so bleich;
Denn was er sinnt, ist Schrecken, und was er blickt, ist
    Wut,
Und was er spricht, ist Geißel, und was er schreibt, ist
    Blut.

Einst zog nach diesem Schloße ein edles Sängerpaar,
Der ein' in goldnen Locken, der andre grau von Haar;
Der Alte mit der Harfe der saß auf schmuckem Roß,
Es schritt ihm frisch zur Seite der blühende Genoß.

Der Alte sprach zum Jungen: „Nun sei bereit, mein
    Sohn!
Denk' unsrer tiefsten Lieder, stimm' an den vollsten Ton!
Nimm alle Kraft zusammen, die Lust und auch den
    Schmerz!
Es gilt uns heut, zu rühren des Königs steinern Herz.“

Schon stehn die beiden Sänger im hohen Säulensaal,
Und auf dem Throne sitzen der König und sein Gemahl,
Der König, furchtbar prächtig, wie blut'ger Nordlicht-
    schein,
Die Königin süß und milde, als blickte Vollmond drein.

Da schlug der Greis die Saiten, er schlug sie wunder-
    voll,
Daß reicher, immer reicher der Klang zum Ohre
    schwoll;

Dann strömte himmlisch helle des Jünglings Stimme
vor,
Des Alten Sang dazwischen wie dumpfer Geisterchor.

Sie singen von Lenz und Liebe, von sel'ger goldner
Zeit,
Von Freiheit, Männerwürde, von Treu' und Heiligkeit,
5 Sie singen von allem Süßen, was Menschenbrust durch-
bebt,
Sie singen von allem Hohen, was Menschenherz erhebt.

Die Höflingsschar im Kreise verlernet jeden Spott,
Des Königs trotz'ge Krieger sie beugen sich vor Gott;
Die Königin, zerflossen in Wehmut und in Lust,
10 Sie wirft den Sängern nieder die Rose von ihrer Brust.

„Ihr habt mein Volk verführet; verlockt ihr nun
mein Weib?"
Der König schreit es wütend, er bebt am ganzen Leib;
Er wirft sein Schwert, das blitzend des Jünglings Brust
durchdringt,
Draus statt der goldnen Lieder ein Blutstrahl hoch auf-
springt.

15 Und wie vom Sturm zerstoben ist all der Hörer
Schwarm.
Der Jüngling hat verröchelt in seines Meisters Arm;
Der schlägt um ihn den Mantel und setzt ihn auf das
Roß,
Er bindt ihn aufrecht feste, verläßt mit ihm das Schloß.

Doch vor dem hohen Thore, da hält der Sängergreis,
20 Da faßt er seine Harfe, sie, aller Harfen Preis,
An einer Marmorsäule, da hat er sie zerschellt;
Dann ruft er, daß es schaurig durch Schloß und Gärten
gellt:

„Weh euch, ihr stolzen Hallen! Nie töne süßer
　　Klang
Durch eure Räume wieder, nie Saite noch Gesang,
Nein, Seufzer nur und Stöhnen und scheuer Sklaven-
　　schritt,
Bis euch zu Schutt und Moder der Rachegeist zertritt!

„Weh euch, ihr duft'gen Gärten im holden Maien-　5
　　licht!
Euch zeig' ich dieses Toten entstelltes Angesicht,
Daß ihr darob verdorret, daß jeder Quell versiegt,
Daß ihr in künft'gen Tagen versteint, verödet liegt.

„Weh dir, verruchter Mörder! du Fluch des Sänger-
　　tums!
Umsonst sei all dein Ringen nach Kränzen blut'gen　10
　　Ruhms!
Dein Name sei vergessen, in ew'ge Nacht getaucht,
Sei wie ein letztes Röcheln in leere Luft verhaucht!"

Der Alte hat's gerufen, der Himmel hat's gehört,
Die Mauern liegen nieder, die Hallen sind zerstört;
Noch eine hohe Säule zeugt von verschwundner Pracht;　15
Auch diese, schon geborsten, kann stürzen über Nacht.

Und rings statt duft'ger Gärten ein ödes Heideland,
Kein Baum verstreuet Schatten, kein Quell durchdringt
　　den Sand.
Des Königs Namen meldet kein Lied, kein Heldenbuch;
Versunken und vergessen! Das ist des Sängers Fluch.　20

Rechtfertigung.

Wohl geht der Jugend Sehnen
Nach manchem schönen Traum,
Mit Ungestüm und Thränen
Stürmt sie den Sternenraum.

Der Himmel hört ihr Flehen
Und lächelt gnädig nein
Und läßt vorübergehen
Den Wunsch zusamt der Pein.

Wenn aber nun vom Scheine
Das Herz sich abgekehrt
Und nur das Echte, Reine,
Das Menschliche begehrt
Und doch mit allem Streben
10 Kein Ziel erreichen kann:
Da muß man wohl vergeben
Die Trauer auch dem Mann.

Das Glück von Edenhall.

Von Edenhall der junge Lord
Läßt schmettern Festtrommetenschall;
Er hebt sich an des Tisches Bord
15 Und ruft in trunkner Gäste Schwall:
„Nun her mit dem Glücke von Edenhall!"

Der Schenk vernimmt ungern den Spruch,
Des Hauses ältester Vasall,
Nimmt zögernd aus dem seidnen Tuch
20 Das hohe Trinkglas von Krystall;
Sie nennen's: Das Glück von Edenhall.

Darauf der Lord: „Dem Glas zum Preis
Schenk' Roten ein aus Portugall!"
Mit Händezittern gießt der Greis
25 Und purpurn Licht wird überall;
Es strahlt aus dem Glücke von Edenhall.

Da spricht der Lord und schwingt's dabei:
„Dies Glas von leuchtendem Krystall
30 Gab meinem Ahn am Quell die Fei;

Drein schrieb sie: „Kommt dies Glas zu Fall,
Fahr' wohl dann, o Glück von Edenhall!"

„Ein Kelchglas ward zum Los mit Fug
Dem freud'gen Stamm von Edenhall;
Wir schlürfen gern in vollem Zug,
Wir läuten gern mit lautem Schall.
Stoßt an mit dem Glücke von Edenhall!"

Erst klingt es milde, tief und voll
Gleich dem Gesang der Nachtigall,
Dann wie des Waldstroms laut Geroll;   10
Zuletzt erdröhnt wie Donnerhall
Das herrliche Glück von Edenhall.

„Zum Horte nimmt ein kühn Geschlecht
Sich den zerbrechlichen Krystall!
Er dauert länger schon als recht;   15
Stoßt an!   Mit diesem kräft'gen Prall
Versuch' ich das Glück von Edenhall."

Und als das Trinkglas gellend springt,
Springt das Gewölb' mit jähem Knall,
Und aus dem Riß die Flamme bringt;   20
Die Gäste sind zerstoben all
Mit dem brechenden Glücke von Edenhall.

Ein stürmt der Feind mit Brand und Mord,
Der in der Nacht erstieg den Wall;
Vom Schwerte fällt der junge Lord,   25
Hält in der Hand noch den Krystall,
Das zersprungene Glück von Edenhall.

Am Morgen irrt der Schenk allein,
Der Greis, in der zerstörten Hall';
Er sucht des Herrn verbrannt Gebein,   30
Er sucht im grausen Trümmerfall
Die Scherben des Glücks von Edenhall.

„Die Steinwand," spricht er, „springt zu Stück,
Die hohe Säule muß zu Fall,
Glas ist der Erde Stolz und Glück,
In Splitter fällt der Erdenball

5 Einst, gleich dem Glücke von Edenhall."

Schwab.

Schlittenlied.

Unter muntrer Glöcklein Schallen
Raschelt's wie ein Elfenzug,
Freudig drein die Peitschen knallen,
Alles schwindet hin im Flug:

10 Rosse, Reiter, in der Mitten
Mutig die besonnten Schlitten,
Die, in Samt und Pelz gehüllt,
Nieblich Feeenvolk erfüllt.

Kaum begonnen hat die Wonne;

15 Ist schon wieder alles aus?
Weg aus Duft und Schnee und Sonne
Sollen wir ins dumpfe Haus?
Doch es öffnen sich die Thüren
Unter lust'gem Musiziren;

20 Freundlich steht zu Tanz und Mahl
Aufgeschmückt der kleine Saal.

Eilig streift die Winterhülle
Jedes schöne Kind von sich,
Schmuck und hell, in süßer Fülle,

25 Leuchten alle sommerlich;
Wissen mit den stillen Blicken
Ach! so lieblich zu beglücken,
Holde Rede klingt darein —
Kann es wohl noch Winter sein?

Wie sich's tanzt so freudig heute,
Sich's noch besser schmaust und singt
Wenn, die Freundlichen zur Seite,
Glas mit Glas zusammenklingt;

Wenn, was keiner wagt zu sagen,
Jeder darf zu singen wagen;
Rauscht das Lied, und glüht der Wein —
Kann es wohl noch Winter sein?

Draußen spielet licht und leise
Mit dem Schnee der Mondenschein;   10
Fromm beschickt man sich zur Reise,
Fliegt im hellen Traum herein,
Wirft sich träumend hin aufs Bette,
Und um jede Schlummerstätte
Wogt im Schlafe Tanz und Sang   15
Noch die ganze Nacht entlang.

Wer, zur Hand die treue Leier,
Dieses kleine Lied erdacht,
Preist zum letzten Mal die Feier
Solcher schönen Winternacht: 20
Wann die Flocken wieder flüstern,
Wohnt er unter den Philistern;
Fahrt kehrt wieder, Sang und Klang, —
Doch vergessen ist er lang!

An den Gesang.

Wir kommen, uns in dir zu baden,   25
Gesang, vor dein krystallnes Haus;
Dein Rauschen hat uns eingeladen,
Geuß nur die klaren Wellen aus;
Denn deine reiche Fülle beut,
Was starke Männerseelen freut.   30

Die Liebe wogt auf deinen Wellen,
Und strömt in dir durch jedes Herz;
Du lehrest ihre Seufzer schwellen,
Und lösest heilend ihren Schmerz.
5 Aus deinem Spiegel wallt ihr Glück
In tausendfachem Strahl zurück.

Der feste Glaube, will er wanken,
In deinem Quelle stärkt er sich;
Da wachsen Flügel dem Gedanken,
10 Dem Auge tagt es wonniglich;
Es schaut in deiner blauen Flut
Den Himmel und das ew'ge Gut.

Die Freiheit kommt auf dir geschwommen,
Hat deiner Arche sich vertraut;
15 Wird ihr das kühne Wort genommen,
So tauchet sie sich in den Laut;
Sie schifft aus Griechenland und Rom,
Ein sei'ger Schwan, auf deinem Strom.

Wenn deine Wogen uns umschlingen,
20 So wissen wir, was Freundschaft heißt:
So stark und einig, wie wir singen,
So stark und einig ist ihr Geist.
Viel Kehlen und ein einz'ger Sang,
Viel Seelen in verbundnem Drang.

Auch dieses glüh'nde Blut der Reben
25 Wird erst in deiner Mischung mild;
Du machst, daß mit ihm rein'res Leben
In allen unsern Adern quillt;
Du stimmest unsern Gläserklang:
30 Gedeihe, festlicher Gesang!

Ja, deinen Segen zu verbreiten
Hast du uns Brüder ausgesandt;
Wir wollen deine Ströme leiten
Hinaus ins liebe Vaterland;
Und wo sie fließen, wo sie glühn,
Soll Glaube, Freiheit, Liebe blühn!

W. Müller.

Vineta.

Aus des Meeres tiefem, tiefem Grunde
Klingen Abendglocken dumpf und matt,
Uns zu geben wunderbare Kunde
Von der schönen alten Wunderstadt.　　　　　10

In der Fluten Schoß hinabgesunken
Blieben unten ihre Trümmer stehn;
Ihre Zinnen lassen goldne Funken
Widerscheinend auf dem Spiegel sehn.

Und der Schiffer, der den Zauberschimmer　　　15
Einmal sah im hellen Abendrot,
Nach derselben Stelle schifft er immer,
Ob auch ringsumher die Klippe droht.

Aus des Herzens tiefem, tiefem Grunde
Klingt es mir wie Glocken, dumpf und matt;　　20
Ach, sie geben wunderbare Kunde
Von der Liebe, die geliebt es hat.

Eine schöne Welt ist da versunken,
Ihre Trümmer blieben unten stehn,
Lassen sich als goldne Himmelsfunken　　　　25
Oft im Spiegel meiner Träume sehn.

Und dann möcht' ich tauchen in die Tiefen
Mich versenken in den Widerschein,
Und mir ist, als ob mich Engel riefen
In die alte Wunderstadt herein.　　　　　　　30

Frühlingseinzug.

Die Fenster auf! die Herzen auf!
  Geschwinde, geschwinde!
Der alte Winter will heraus,
Er trippelt ängstlich durch das Haus,
Er windet bang sich in der Brust
Und kramt zusammen seinen Wust.
  Geschwinde, geschwinde!

Die Fenster auf! die Herzen auf!
  Geschwinde, geschwinde!
10 Er spürt den Frühling vor dem Thor,
Der will ihn zupfen bei dem Ohr,
Ihn zausen an dem weißen Bart
Nach solcher wilden Buben Art.
  Geschwinde, geschwinde!

15 Die Fenster auf! die Herzen auf!
  Geschwinde, geschwinde!
Der Frühling pocht und klopft ja schon —
Horcht, horcht, es ist sein lieber Ton!
Er pocht und klopfet was er kann
20 Mit kleinen Blumenknospen an.
  Geschwinde, geschwinde!

Die Fenster auf! die Herzen auf!
  Geschwinde, geschwinde!
Und wenn ihr noch nichi öffnen wollt,
25 Er hat viel Dienerschaft im Sold,
Die ruft er sich zur Hülfe her
Und pocht und klopfet immer mehr.
  Geschwinde, geschwinde!

Die Fenster auf! die Herzen auf!
  Geschwinde, geschwinde!
30 Es kommt der Junker Morgenwind,

Ein baufebackig rotes Kind,
Und bläst, daß alles klingt und klirrt,
Bis seinem Herrn geöffnet wird.
　Geschwinde, geschwinde!

Die Fenster auf! die Herzen auf!
　Geschwinde, geschwinde!
Es kommt der Ritter Sonnenschein,
Der bricht mit goldnen Lanzen ein,
Der sanfte Schmeichler Blütenhauch
Schleicht durch die engsten Ritzen auch.　　10
·　Geschwinde, geschwinde!

Die Fenster auf! die Herzen auf!
　Geschwinde, geschwinde!
Zum Angriff schlägt die Nachtigall,
Und horch', und horch', ein Widerhall,　　15
Ein Widerhall aus meiner Brust!
Herein, herein, du Frühlingsluft,
　Geschwinde, geschwinde!

Hellas und die Welt.

Ohne die Freiheit, was wärest du, Hellas?
Ohne dich, Hellas, was wäre die Welt?　　20

　Kommt, ihr Völker aller Zonen,
Seht die Brüste,
Die euch säugten
Mit der reinen Milch der Weisheit —
Sollen Barbaren sie zerfleischen?　　25
Seht die Augen,
Die euch erleuchteten
Mit dem himmlischen Strahle der Schönheit —
Sollen sie Barbaren blenden?
Seht die Flamme,　　30
Die euch wärmte

Durch und durch im tiefen Busen,
Daß ihr fühltet,
Wer ihr seid,
Was ihr wollt,
5 Was ihr sollt,
Eurer Menschheit hohen Adel,
Eure Freiheit —
Sollen Barbaren sie ersticken?
Kommt, ihr Völker aller Zonen,
10 Kommt und helfet frei sie machen,
Die euch alle frei gemacht!

Ohne die Freiheit, was wärest du, Hellas?
Ohne dich, Hellas, was wäre die Welt?

Lenau.

Bitte.

Weil' auf mir, du dunkles Auge,
15 Übe deine ganze Macht,
Ernste, milde, träumerische,
Unergründlich süße Nacht!

Nimm mit deinem Zauberdunkel
Diese Welt von hinnen mir,
20 Daß du über meinem Leben
Einsam schwebest für und für

Schilflieder.

Drüben geht die Sonne scheiden,
Und der müde Tag entschlief;
Niederhangen hier die Weiden
25 In den Teich, so still, so tief.

Und ich muß mein Liebstes meiden:
Quill, o Thräne, quill hervor!
Traurig säuseln hier die Weiden,
Und im Winde bebt das Rohr.

In mein stilles, tiefes Leiden
Strahlst du, Ferne! hell und mild,
Wie durch Binsen hier und Weiden
Strahlt des Abendsternes Bild.

*   *   *

Auf dem Teich, dem regungslosen,
Weilt des Mondes holder Glanz,
Flechtend seine bleichen Rosen
In des Schilfes grünen Kranz.

Hirsche wandeln dort am Hügel,
Blicken in die Nacht empor;   10
Manchmal regt sich das Geflügel
Träumerisch im tiefen Rohr.

Weinend muß mein Blick sich senken;
Durch die tiefste Seele geht
Mir ein süßes Deingedenken,   15
Wie ein stilles Nachtgebet!

Der Polenflüchtling.

Im quellenarmen Wüstensand
Arabischer Nomaden
Irrt, ohne Ziel und Vaterland,
Auf windverwehten Pfaden,   20
Ein Polenheld, und grollet still,
Daß noch sein Herz nicht brechen will.

Die Sonn' auf ihn heruntersprüht
Die heißen Mittagsbrände;
Von ihrem Flammenkusse glüht   25
Das Schwert an seiner Lende.
Will wecken ihm den tapfern Stahl
Zur Racheglut der Sonnenstrahl?

Sein Leib neigt sich dem Boden zu
Mit dürstendem Ermatten.
Der sänke gern zu kühler Ruh'
In seinen eig'nen Schatten;
Der tränke gern vor dürrer Glut
Schier seine eig'ne Thränenflut.

Doch solche Qual sein Herz nicht merkt,
Weil's irägi ein tief'res Kränken.
Er schreitet fort, vom Schmerz gestärkt,
10   Vom Schlachtenangedenken.
Manchmal sein Mund „Kosziusko!" ruft,
Und träumend haut er in die Luft.

Als nun der Abend Kühlung bringt,
Steht er an grüner Stelle;
Ein süßes Lied des Mitleids singt
15   Entgegen ihm die Quelle,
Und säuselnd weht das Gras ihn an:
O schlummre hier, du armer Mann!

Er sinkt, er schläft.   Der fremde Baum
Einflüstert ihn gelinde
20   In einen schönen Heldentraum;
Die Wellen und die Winde
Umrauschen ihn wie Schlachtengang,
Umrauschen ihn wie Siegsgesang.

Schon kommt im Osten voll und klar
25   Herauf des Mondes Schimmern;
Von einer Beduinenschar
Die blanken Säbel flimmern
Weithin im öden Mondrevier,
Der Wildnis nächtlich helle Zier.
30

Stets lauter tönt der Hufentanz
Von windverwandten Fliehern,
Die, heißgejagt, im Mondenglanz
Dem Quell entgegenwiehern.
Die Reiter rufen in die Nacht;
Doch nicht der Polenheld erwacht.

Sie lassen, frisch und froh gelaunt,
Die Roß' im Quelle trinken,
Und plötzlich schauen sie erstaunt,
Ein Schwert im Grase blinken,   10
Und zitternd spielt das kühle Licht
Auf einem bleichen Angesicht.

Sie lagern um den Fremden stumm,
Ihn aufzuwecken bange;
Sie sehn der Narben Heiligtum   15
Auf blasser Stirn und Wange:
Dem Wüstensohn zu Herzen geht
Des Unglücks stille Majestät.

Dem schlafversunknen Helden naht,
Mit Schritten gastlich leise,   20
Ein alter, finsterer Nomad,
Und Labetrunk und Speise,
Das beste, das er ihm erlas,
Stellt er ihm heimlich vor ins Gras.

Nimmt wieder seine Stelle dann.   25
Noch starrt die stumme Runde
Den Bleichen an, ob auch verrann
Der Nachi schon manche Stunde;
Bis aus dem Schlummer fährt empor
Der Mann, der's Vaterland verlor.   30

Da grüßen sie den Fremden mild,
Und singen ihm zu Ehre
Gesänge tief und schlachtenwild
Heraus zur Wüstenleere.
Blutrache, nach der Väter Brauch,
Ist ihres Liedes heißer Hauch.

Wie faßt und schwingt sein Schwert der Held,
Der noch vom Traum Berückte!
— Er steht auf Ostrolenka's Feld; —
10 Wie lauschet der Entzückte,
Vom stürmischen Gesang umweht,
Wie heiß sein Blick nach Feinden späht!

Doch nun der Pole schärfer lauscht,
Sind's fremde, fremde Töne;
15 Was ihn im Waffenglanz umrauscht,
Arabiens freie Söhne,
Auf die der Mond der Wüste scheint:
Da wirft er sich zur Erd' — und weint.

Einsamkeit.

Wild verwachsne, dunkle Fichten,
20 Leise klagt die Quelle fort;
Herz, das ist der rechte Ort
Für dein schmerzliches Verzichten

Grauer Vogel in den Zweigen
Einsam deine Klage singt,
25 Und auf deine Frage bringt
Antwort nicht des Waldes Schweigen.

Wenn's auch immer Schweigen bliebe,
Klage, klage fort! es weht,
Der dich höret und versteht,
30 Stille hier der Geist der Liebe.

Nicht verloren hier im Moose,
Herz, dein heimlich Weinen geht;
Deine Liebe Gott versteht,
Deine tiefe, hoffnungslose!

Heine.

Schöne Wiege meiner Leiden,
Schönes Grabmal meiner Ruh',
Schöne Stadt, wir müssen scheiden,
Lebe wohl! ruf' ich dir zu.

Lebe wohl, du heil'ge Schwelle,
Wo da wandelt Liebchen traut;
Lebe wohl, du heil'ge Stelle,
Wo ich sie zuerst geschaut.

Hätt' ich dich doch nie gesehen,
Schöne Herzenskönigin!
Nimmer wär' es dann geschehen,
Daß ich jetzt so elend bin.

Nie wollt' ich dein Herze rühren,
Liebe hab' ich nie erfleht;
Nur ein stilles Leben führen
Wollt' ich, wo dein Odem weht.

Doch du drängst mich selbst von hinne
Bittre Worte spricht dein Mund;
Wahnsinn wühlt in meinen Sinnen,
Und mein Herz ist krank und wund.

Und die Glieder matt und träge
Schlepp' ich fort am Wanderstab,
Bis mein müdes Haupt ich lege
Ferne in ein kühles Grab.

HEINRICH HEINE.
(*Reduced fac-simile of an etching*, 1824, *by* L. E. *Grimm*.)

Die Grenadiere.

Nach Frankreich zogen zwei Grenadier',
Die waren in Rußland gefangen.
Und als sie kamen ins deutsche Quartier,
Sie ließen die Köpfe hangen.

5   Da hörten sie beide die traurige Mär':
Daß Frankreich verloren gegangen,
Besiegt und zerschlagen das große Heer, —
Und der Kaiser, der Kaiser gefangen.

   Da weinten zusammen die Grenadier'
10   Wohl ob der kläglichen Kunde.
Der eine sprach: „Wie weh wird mir,
Wie brennt meine alte Wunde!"

   Der andre sprach: „Das Lied ist aus,
Auch ich möcht' mit dir sterben,
15   Doch hab' ich Weib und Kind zu Haus,
Die ohne mich verderben."

   „Was schert mich Weib, was schert mich Kind!
Ich trage weit beßres Verlangen;
Laß sie betteln gehn, wenn sie hungrig sind, —
20   Mein Kaiser, mein Kaiser gefangen!

   „Gewähr' mir, Bruder, eine Bitt':
Wenn ich jetzt sterben werde,
So nimm meine Leiche nach Frankreich mit,
Begrab' mich in Frankreichs Erde.

25   „Das Ehrenkreuz am roten Band
Sollst du aufs Herz mir legen;
Die Flinte gieb mir in die Hand,
Und gürt' mir um den Degen.

„So will ich liegen und horchen still,
Wie eine Schildwach', im Grabe,
Bis einst ich höre Kanonengebrüll,
Und wiehernder Rosse Getrabe.

„Dann reitet mein Kaiser wohl über mein Grab, 5
Viel Schwerter klirren und blitzen;
Dann steig' ich gewaffnet hervor aus dem Grab,—
Den Kaiser, den Kaiser zu schützen!“

Belsazer.

Die Mitternacht zog näher schon;
In stiller Ruh' lag Babylon. 10

Nur oben in des Königs Schloß,
Da flackert's, da lärmt des Königs Troß.

Dort oben in dem Königssaal,
Belsazer hielt sein Königsmahl.

Die Knechte saßen in schimmernden Reihn, 15
Und leerten die Becher mit funkelndem Wein.

Es klirrten die Becher, es jauchzten die Knecht';
So klang es dem störrigen Könige recht.

Des Königs Wangen leuchten Glut;
Im Wein erwuchs ihm kecker Mut. 20

Und blindlings reißt der Mut ihn fort;
Und er lästert die Gottheit mit sündigem Wort.

Und er brüstet sich frech, und lästert wild;
Die Knechtenschar ihm Beifall brüllt.

Der König rief mit stolzem Blick; 25
Der Diener eilt und kehrt zurück.

Er trug viel gülden Gerät auf dem Haupt;
Das war aus dem Tempel Jehovahs geraubt.

Und der König ergriff mit frevler Hand
Einen heiligen Becher, gefüllt bis am Rand.

Und er leert ihn hastig bis den Grund,
Und rufet laut mit schäumendem Mund:

5 „Jehovah! dir künd' ich auf ewig Hohn, —
Ich bin der König von Babylon!"

Doch kaum das grause Wort verklang,
Dem König ward's heimlich im Busen bang.

Das gellende Lachen verstummte zumal;
10 Es wurde leichenstill im Saal.

Und sieh! und sieh! an weißer Wand,
Da kam's hervor, wie Menschenhand;

Und schrieb, und schrieb an weißer Wand
Buchstaben von Feuer, und schrieb und schwand.

15 Der König stieren Blicks da saß,
Mit schlotternden Knie'n und totenblaß.

Die Knechtenschar saß kalt durchgraut,
Und saß gar still, gab keinen Laut.

Die Magier kamen, doch keiner verstand
20 Zu deuten die Flammenschrift an der Wand.

Belsazer ward aber in selbiger Nacht
Von seinen Knechten umgebracht.

An meine Mutter B. Heine.

Ich bin's gewohnt, den Kopf recht hoch zu tragen,
Mein Sinn ist auch ein bischen starr und zähe;
25 Wenn selbst der König mir ins Antlitz sähe,
Ich würde nicht die Augen niederschlagen.

Doch, liebe Mutter, offen will ich's sagen:
Wie mächtig auch mein stolzer Mut sich blähe,
In deiner selig süßen, trauten Nähe
Ergreift mich oft ein demutvolles Zagen.

Ist es dein Geist, der heimlich mich bezwinget,
Dein hoher Geist, der alles kühn durchdringet,
Und blitzend sich zum Himmelslichte schwinget?

Quält mich Erinnerung, daß ich verübet
So manche That, die dir das Herz betrübet,
Das schöne Herz, das mich so sehr geliebet?   10

Im tollen Wahn hatt' ich dich einst verlassen,
Ich wollte gehn die ganze Welt zu Ende,
Und wollte sehn, ob ich die Liebe fände,
Um liebevoll die Liebe zu umfassen.

Die Liebe suchte ich auf allen Gassen,   15
Vor jeder Thüre streckt' ich aus die Hände,
Und bettelte um g'ringe Liebespende, —
Doch lachend gab man mir nur kaltes Hassen.

Und immer irrte ich nach Liebe, immer
Nach Liebe, doch die Liebe fand ich nimmer,   20
Und kehrte um nach Hause, krank und trübe.

Doch da bist du entgegen mir gekommen,
Und ach! was da in deinem Aug' geschwommen,
Das war die süße, langgesuchte Liebe.

*   *
*

Die Rose, die Lilie, die Taube, die Sonne   25
Die liebt' ich einst alle in Liebeswonne.
Ich lieb' sie nicht mehr, ich liebe alleine
Die Kleine, die Feine, die Reine, die Eine;
Sie selber, aller Liebe Bronne,
Ist Rose und Lilie und Taube und Sonne.   30

*   *
*

Ich will meine Seele tauchen
In den Kelch der Lilie hinein;
Die Lilie soll klingend hauchen
Ein Lied von der Liebsten mein.

Das Lied soll schauern und beben
Wie der Kuß von ihrem Mund,
Den sie mir einst gegeben
In wunderbar süßer Stund'.

* * *

Es stehen unbeweglich
Die Sterne in der Höh'
10 Viel tausend Jahr', und schauen
Sich an mit Liebesweh.

Sie sprechen eine Sprache,
Die ist so reich, so schön;
Doch keiner der Philologen
15 Kann diese Sprache verstehn.

Ich aber hab' sie gelernet,
Und ich vergesse sie nicht;
Mir diente als Grammatik
Der Herzallerliebsten Gesicht.

20 * * *

Auf Flügeln des Gesanges,
Herzliebchen, trag' ich dich fort,
Fort nach den Fluren des Ganges,
Dort weiß ich den schönsten Ort.

Dort liegt ein rotblühender Garten
25 Im stillen Mondenschein;
Die Lotosblumen erwarten
Ihr trautes Schwesterlein.

Die Veilchen kichern und kosen,
Und schaun nach den Sternen empor;
Heimlich erzählen die Rosen
Sich duftende Märchen ins Ohr.

Es hüpfen herbei und lauschen
Die frommen, klugen Gazell'n;
Und in der Ferne rauschen
Des heiligen Stromes Well'n.

Dort wollen wir niedersinken
Unter dem Palmenbaum,   10
Und Liebe und Ruhe trinken
Und träumen seligen Traum.

* * *

Die Lotosblume ängstigt
Sich vor der Sonne Pracht,
Und mit gesenktem Haupte
Erwartet sie träumend die Nacht.   15

Der Mond, der ist ihr Buhle,
Er weckt sie mit seinem Licht,
Und ihm entschleiert sie freundlich
Ihr frommes Blumengesicht.   20

Sie blüht und glüht und leuchtet,
Und starret stumm in die Höh';
Sie duftet und weinet und zittert
Vor Liebe und Liebesweh.

* * *

Ich grolle nicht, und wenn das Herz auch bricht,   2
Ewig verlornes Lieb! ich grolle nicht.
Wie du auch strahlst in Diamantenpracht,
Es fällt kein Strahl in deines Herzens Nacht.

Das weiß ich längst. Ich sah dich ja im Traum,
Und sah die Nacht in deines Herzens Raum,
Und sah die Schlang', die dir am Herzen frißt,
Ich sah, mein Lieb, wie sehr du elend bist.

* * *

5 Ja, du bist elend, und ich grolle nicht; —
Mein Lieb, wir sollen beide elend sein!
Bis uns der Tod das kranke Herze bricht,
Mein Lieb, wir sollen beide elend sein.

Wohl seh' ich Spott, der deinen Mund umschwebt,
10 Und seh' dein Auge blitzen trotziglich,
Und seh' den Stolz, der deinen Busen hebt, —
Und elend bist du doch, elend wie ich.

Unsichtbar zuckt auch Schmerz um deinen Mund,
Verborgne Thräne trübt des Auges Schein,
15 Der stolze Busen hegt geheime Wund', —
Mein Lieb, wir sollen beide elend sein.

* * *

Das ist ein Flöten und Geigen,
Trompeten schmettern drein;
Da tanzt den Hochzeitreigen
20 Die Herzallerliebste mein.

Das ist ein Klingen und Dröhnen
Von Pauken und Schalmei'n;
Dazwischen schluchzen und stöhnen
Die guten Engelein.

* * *

25 Und wüßten's die Blumen, die kleinen,
Wie tief verwundet mein Herz,
Sie würden mit mir weinen,
Zu heilen meinen Schmerz.

Und wüßten's die Nachtigallen,
Wie ich so traurig und krank,
Sie ließen fröhlich erschallen
Erquickenden Gesang.

Und wüßten sie mein Wehe,
Die goldnen Sternelein,
Sie kämen aus ihrer Höhe,
Und sprächen Trost mir ein.

Die alle können's nicht wissen,
Nur Eine kennt meinen Schmerz:
Sie hat ja selbst zerrissen,
Zerrissen mir das Herz.

*   *
*

Ein Fichtenbaum steht einsam
Im Norden auf kahler Höh'.
Ihn schläfert; mit weißer Decke
Umhüllen ihn Eis und Schnee.

Er träumt von einer Palme,
Die fern im Morgenland
Einsam und schweigend trauert
Auf brennender Felsenwand.

*   *
*

Ein Jüngling liebt ein Mädchen,
Die hat einen andern erwählt;
Der andre liebt eine andre,
Und hat sich mit dieser vermählt.

Das Mädchen heiratet aus Ärger
Den ersten, besten Mann,
Der ihr in den Weg gelaufen;
Der Jüngling ist übel dran.

Es ist eine alte Geschichte,
Doch bleibt sie immer neu;
Und wem sie just passiret,
Dem bricht das Herz entzwei.

*   *   *

Aus alten Märchen winkt es
Hervor mit weißer Hand,
Da singt es und da klingt es
Von einem Zauberland:

10

Wo große Blumen schmachten
Im goldnen Abendlicht,
Und zärtlich sich betrachten
Mit bräutlichem Gesicht; —

15

Wo alle Bäume sprechen,
Und singen, wie ein Chor,
Und laute Quellen brechen
Wie Tanzmusik hervor;

20

Und Liebesweisen tönen,
Wie du sie nie gehört,
Bis wundersüßes Sehnen
Dich wundersüß bethört!

Ach könnt' ich dorthin kommen,
Und dort mein Herz erfreun,
Und aller Qual entnommen,
Und frei und selig sein!

25

Ach! jenes Land der Wonne,
Das seh' ich oft im Traum;
Doch kommt die Morgensonne,
Zerfließt's wie eitel Schaum.

*   *

Allnächtlich im Traume seh' ich dich,
Und sehe dich freundlich grüßen,
Und laut aufweinend stürz' ich mich
Zu deinen süßen Füßen.

Du siehst mich an wehmütiglich,
Und schüttelst das blonde Köpfchen;
Aus deinen Augen schleichen sich
Die Perlenthränentröpfchen.

Du sagst mir heimlich ein leises Wort,
Und giebst mir den Strauß von Cypressen.
Ich wache auf, und der Strauß ist fort,
Und das Wort hab' ich vergessen.

Lorelei.

Ich weiß nicht, was soll es bedeuten,
Daß ich so traurig bin;
Ein Märchen aus alten Zeiten,
Das kommt mir nicht aus dem Sinn.

Die Luft ist kühl und es dunkelt,
Und ruhig fließt der Rhein;
Der Gipfel des Berges funkelt
Im Abendsonnenschein.

Die schönste Jungfrau sitzet
Dort oben wunderbar,
Ihr goldnes Geschmeide blitzet,
Sie kämmt ihr goldenes Haar.

Sie kämmt es mit goldenem Kamme,
Und singt ein Lied dabei;
Das hat eine wundersame
Gewaltige Melodei.

Den Schiffer im kleinen Schiffe
Ergreift es mit wildem Weh;
Er schaut nicht die Felsenriffe,
Er schaut nur hinauf in die Höh'.

Ich glaube, die Wellen verschlingen
Am Ende Schiffer und Kahn;
Und das hat mit ihrem Singen
Die Lorelei gethan.

* * *

Du schönes Fischermädchen,
10 Treibe den Kahn ans Land;
Komm zu mir und setze dich nieder,
Wir kosen Hand in Hand.

Leg' an mein Herz dein Köpfchen,
Und fürchte dich nicht so sehr;
15 Vertraust du dich doch sorglos
Täglich dem wilden Meer.

Mein Herz gleicht ganz dem Meere,
Hat Sturm und Ebb' und Flut,
Und manche schöne Perle
20 In seiner Tiefe ruht.

*

Wenn ich an deinem Hause
Des Morgens vorüber geh',
So freut's mich, du liebe Kleine,
Wenn ich dich am Fenster seh'.

25 Mit deinen schwarzbraunen Augen
Siehst du mich forschend an:
Wer bist du, und was fehlt dir,
Du fremder, kranker Mann?

„Ich bin ein deutscher Dichter,
Bekannt im deutschen Land;
Nennt man die besten Namen,
So wird auch der meine genannt.

„Und was mir fehlt, du Kleine,
Fehlt manchem im deutschen Land;
Nennt man die schlimmsten Schmerzen,
So wird auch der meine genannt.“

* * *

Das Meer erglänzte weit hinaus
Im letzten Abendscheine;
Wir saßen am einsamen Fischerhaus,
Wir saßen stumm und alleine.

Der Nebel stieg, das Wasser schwoll,
Die Möwe flog hin und wieder;
Aus deinen Augen liebevoll
Fielen die Thränen nieder.

Ich sah sie fallen auf deine Hand,
Und bin aufs Knie gesunken;
Ich hab' von deiner weißen Hand
Die Thränen fortgetrunken.

Seit jener Stunde verzehrt sich mein Leib,
Die Seele stirbt vor Sehnen; —
Mich hat das unglücksel'ge Weib
Vergiftet mit ihren Thränen.

* * *

Du bist wie eine Blume
So hold und schön und rein;
Ich schau' dich an, und Wehmut
Schleicht mir ins Herz hinein.

Mir iſt, als ob ich die Hände
Aufs Haupt dir legen ſolli',
Betend, daß Gott dich erhalte
So rein'und ſchön und hold.

* * *

Du haſt Diamanten und Perlen,
Haſt alles, was Menſchenbegehr,
Und haſt die ſchönſten Augen —
Mein Liebchen, was willſt du mehr?

10   Auf deine ſchönen Augen
Hab' ich ein ganzes Heer
Von ewigen Liedern gedichtet —
Mein Liebchen, was willſt du mehr?

Mit deinen ſchönen Augen
15   Haſt du mich gequält ſo ſehr,
Und haſt mich zu Grunde gerichtet —
Mein Liebchen, was willſt du mehr?

✓ Der Hirtenknabe.

König iſt der Hirtenknabe,
Grüner Hügel iſt ſein Thron;
Über ſeinem Haupt die Sonne
20   Iſt die große, goldne Kron'.

Ihm zu Füßen liegen Schafe,
Weiche Schmeichler, rotbekreuzt;
Kavaliere ſind die Kälber,
Und ſie wandeln ſtolzgeſpreizt.

25   Hofſchauſpieler ſind die Böcklein;
Und die Vögel und die Küh',
Mit den Flöten, mit den Glöcklein,
Sind die Kammermuſizi.

Und das klingt und singt so lieblich,
Und so lieblich rauschen drein
Wasserfall und Tannenbäume,
Und der König schlummert ein.

Unterdessen muß regieren
Der Minister, jener Hund,
Dessen knurriges Gebelle
Wiederhallet in der Rund'.

Schläfrig lallt der junge König:
„Das Regieren ist so schwer;   10
Ach, ich wollt', daß ich zu Hause
Schon bei meiner Kön'gin wär'!

„In den Armen meiner Kön'gin
Ruht mein Königshaupt so weich,
Und in ihren schönen Augen   15
Liegt mein unermeßlich Reich!"

Sturm.

Es wütet der Sturm,
Und er peitscht die Wellen,
Und die Well'n, wutschäumend und bäumend,
Türmen sich auf, und es wogen lebendig   20
Die weißen Wasserberge,
Und das Schifflein erklimmt sie,
Hastig mühsam,
Und plötzlich stürzt es hinab
In schwarze, weitgähnende Flutabgründe.—   25

O Meer!
Mutter der Schönheit, der Schaumentstiegenen!
Großmutter der Liebe! schone meiner!
Schon flattert, leichenwitternd,
Die weiße, gespenstische Möwe,   30

Und wetzt an dem Mastbaum den Schnabel,
Und lechzt voll Fraßbegier nach dem Herzen,
Das vom Ruhm deiner Tochter ertönt,
Und das dein Enkel, der kleine Schalk,
5   Zum Spielzeug erwählt.

Vergebens mein Bitten und Flehn!
Mein Rufen verhallt im tosenden Sturm,
Im Schlachtlärm der Winde.
Es braust und pfeift und prasselt und heult,
10   Wie ein Tollhaus von Tönen!
Und zwischendurch hör' ich vernehmbar
Lockende Harfenlaute,
Sehnsuchtwilden Gesang,
Seelenschmelzend und seelenzerreißend,
15   Und ich erkenne die Stimme.

Fern an schottischer Felsenküste,
Wo das graue Schlößlein hinausragt
Über die brandende See,
Dort, am hochgewölbten Fenster,
20   Steht eine schöne, kranke Frau,
Zartdurchsichtig und marmorblaß,
Und sie spielt die Harfe und singt,
Und der Wind durchwühlt ihre langen Locken
Und trägt ihr dunkles Lied
25   Über das weite, stürmende Meer.

Meergruß.

Thalatta! Thalatta!
Sei mir gegrüßt, du ewiges Meer!
Sei mir gegrüßt zehntausendmal
Aus jauchzendem Herzen,
30   Wie einst dich begrüßten
Zehntausend Griechenherzen,

Unglückbekämpfende, heimatverlangende,
Weltberühmte Griechenherzen.

Es wogten die Fluten,
Sie wogten und brausten,
Die Sonne goß eilig herunter
Die spielenden Rosenlichter,
Die aufgescheuchten Möwenzüge
Flatterten fort, lautschreiend,
Es stampften die Rosse, es klirrten die Schilde,
Und weithin erscholl es wie Siegesruf:　　　　10
„Thalatta! Thalatta!"

Sei mir gegrüßt, du ewiges Meer!
Wie Sprache der Heimat rauscht mir dein Wasser,
Wie Träume der Kindheit seh' ich es flimmern
Auf deinem wogenden Wellengebiet,　　　　15
Und alte Erinnrung erzählt mir aufs neue
Von all dem lieben, herrlichen Spielzeug,
Von all den blinkenden Weihnachtsgaben,
Von all den roten Korallenbäumen,
Goldfischchen, Perlen und bunten Muscheln,　　　　20
Die du geheimnisvoll bewahrst,
Dort unten im klaren Kryſtallhaus.

O, wie hab' ich geschmachtet in öder Fremde!
Gleich einer welken Blume
In des Botanikers blecherner Kapsel,
Lag mir das Herz in der Brust.　　　　25
Mir ist, als saß ich winterlange,
Ein Kranker, in dunkler Krankenstube,
Und nun verlaß' ich sie plötzlich,
Und blendend strahlt mir entgegen
Der smaragdene Frühling, der sonnengeweckte,　　　　30
Und es rauschen die weißen Blütenbäume,
Und die jungen Blumen schauen mich an

Mit bunten duftenden Augen,
Und es duftet und summt und aimet und lacht,
Und im blauen Himmel singen die Vöglein —
Thalatta! Thalatta!

5 Du tapferes Rückzugherz!
Wie oft, wie bitteroft
Bedrängten dich des Nordens Barbarinnen!
Aus großen, siegenden Augen
Schossen sie brennende Pfeile;
10 Mii krummgeschliffenen Worten
Drohten sie mir die Brust zu spalten;
Mit Keilschriftbilletts zerschlugen sie mir
Das arme, betäubte Gehirn —
Vergebens hielt ich den Schild entgegen,
15 Die Pfeile zischten, die Hiebe krachten,
Und von des Nordens Barbarinnen
Ward ich gedrängt bis ans Meer —
Und frei, aufatmend begrüß' ich das Meer,
Das liebe, rettende Meer,
20 Thalatta! Thalatta!

* *
*

Unterm weißen Baume sitzend,
Hörst du fern die Winde schrillen,
Siehst, wie oben stumme Wolken
Sich in Nebeldecken hüllen;

25 Siehst, wie unten ausgestorben
Wald und Flur, wie kahl geschoren;—
Um dich Winter, in dir Winter,
Und dein Herz ist eingefroren.

Plötzlich fallen auf dich nieder
30 Weiße Flocken, und verdrossen
Meinst du schon mit Schneegestöber
Hab' der Baum dich übergossen.

Doch es ist kein Schneegestöber,
Merkst es bald mit freud'gem Schrecken;
Duft'ge Frühlingsblüten sind es,
Die dich necken und bedecken.

Welch ein schauersüßer Zauber!
Winter wandelt sich in Maie,
Schnee verwandelt sich in Blüten,
Und dein Herz es liebt aufs neue.

*   *   *

Leise zieht durch mein Gemüt
Liebliches Geläute,   10
Klinge, kleines Frühlingslied,
Kling' hinaus ins Weite.

Kling hinaus bis an das Haus,
Wo die Blumen sprießen.
Wenn du eine Rose schaust,   15
Sag' ich laß' sie grüßen.

*   *   *

Wie die Nelken duftig atmen!
Wie die Sterne, ein Gewimmel
Goldner Bienen, ängstlich schimmern
An dem veilchenblauen Himmel!   20

Aus dem Dunkel der Kastanien
Glänzt das Landhaus, weiß und lüstern,
Und ich hör' die Glasthür flirren
Und die liebe Stimme flüstern.

Holdes Zittern, süßes Beben,   25
Furchtsam zärtliches Umschlingen —
Und die jungen Rosen lauschen,
Und die Nachtigallen singen.

Es war ein alter König,
Sein Herz war schwer, sein Haupt war grau;
Der arme alte König,
Er nahm eine junge Frau.

Es war ein schöner Page,
Blond war sein Haupt, leicht war sein Sinn;
Er trug die seidne Schleppe
Der jungen Königin.

Kennst du das alte Liedchen?
10 Es klingt so süß, es klingt so trüb!
Sie mußten beide sterben,
Sie hatten sich viel zu lieb.

*   *   *

Ich wandle unter Blumen
Und blühe selber mit;
15 Ich wandle wie im Traume,
Und schwanke bei jedem Schritt.

O, halt' mich fest, Geliebte!
Vor Liebestrunkenheit
Fall' ich dir sonst zu Füßen,
20 Und der Garten ist voller Leut'.

*   *   *

Der Brief, den du geschrieben,
Er macht mich gar nicht bang;
Du willst mich nicht mehr lieben,
Aber dein Brief ist lang.

25 Zwölf Seiten, eng und zierlich!
Ein kleines Manuskript!
Man schreibt nicht so ausführlich,
Wenn man den Abschied giebt.

*   *   *

Sterne mit den goldnen Füßchen
Wandeln droben bang und sacht,
Daß sie nicht die Erde wecken,
Die da schläft im Schoß der Nacht.

Horchend stehn die stummen Wälder,
Jedes Blatt ein grünes Ohr!
Und der Berg, wie träumend streckt er
Seinen Schattenarm hervor.

Doch was rief dort?   In mein Herze
Dringt der Töne Wiederhall.   10
War es der Geliebten Stimme,
Oder nur die Nachtigall?

Der Afra.

Täglich ging die wunderschöne
Sultanstochter auf und nieder
Um die Abendzeit am Springbrunn,   15
Wo die weißen Wasser plätschern.

Täglich stand der junge Sklave
Um die Abendzeit am Springbrunn,
Wo die weißen Wasser plätschern;
Täglich ward er bleich und bleicher.   20

Eines Abends trat die Fürstin
Auf ihn zu mit raschen Worten:
„Deinen Namen will ich wissen,
Deine Heimat, deine Sippschaft!"

Und der Sklave sprach: „Ich heiße   25
Mohamed, ich bin aus Yemen,
Und mein Stamm sind jene Afra,
Welche sterben, wenn sie lieben."

Diesseits und jenseits des Rheins.

Sanftes Rasen, wildes Kosen,
Tändeln mit den glühnden Rosen,
Holde Lüge, süßer Dunst,
Die Veredlung roher Brunst,
Kurz, der Liebe heitre Kunst —
Da seid Meister ihr, Franzosen!

Aber wir verstehn uns baß,
Wir Germanen, auf den Haß.
Aus Gemütes Tiefen quillt er,
Deutscher Haß! Doch riesig schwillt er,
Und mit seinem Gifte füllt er
Schier das Heidelberger Faß.

* * *

Nachts, erfaßt vom wilden Geiste,
Streck' ich die geballten Fäuste
Drohend aus — jedoch erschlafft
Sinkt der Arm, mir fehlt die Kraft.

Leib und Seele sind gebrochen,
Und ich sterbe ungerochen.
Auch kein Blutsfreund, zornentflammt,
Übernimmt das Rächeramt.

Ach! Blutsfreunde sind es eben,
Welche mir den Tod gegeben,
Und die schnöde Meuchelthat
Ward verübet durch Verrat.

Siegfried gleich, dem hörnen Recken,
Wußten sie mich hinzustrecken —
Leicht erspäht Familienlist,
Wo der Held verwundbar ist.

Hoffmann von Fallersleben.

Aus den „Frühlingsliedern an Arlikona."

Du siehst mich an und kennst mich nicht,
Du liebes Engelangesicht!
Die Wünsche weißt du nicht, die reinen,
Die du so unbewußt erregt.
Ich muß mich freun, und möchte weinen:
So hast du mir mein Herz bewegt.

Kenn' ich dein Glück, du kennst es nicht,
Du liebes Engelangesicht!
Welch schönes Los ist dir beschieden!
Wie eine Lilie auf dem Feld,
So heiter und so still zufrieden
Lebst Du in Deiner kleinen Welt.

Mich treibt's im Leben hin und her,
Als ob ich niemals glücklich wär',
Kann keinen Frieden mir erjagen,
Und keine Heiterkeit und Ruh';
Und hab' in meinen schönsten Tagen
Nur einen Wunsch: lebi' ich wie du!

Aus den „Unpolitischen Liedern."

Das Glück der Vergeßlichkeit.

Ein Dompfaff in dem Bauer saß
Und seinen Busch und Wald vergaß,
Hub fröhlich an zu springen,
Zu pfeifen und zu singen
Gar hübsch und fein nach Kunstmanier:
„Ein freies Leben führen wir."

Ihr Menschen seid doch ebenso,
Ihr thut so frei, so frisch und froh —

FERDINAND FREILIGRATH.
(*After a photograph.*)

Ihr müßt im Käfig springen
Und hebt doch an zu singen
Wie dieses unvernünft'ge Tier:
„Ein freies Leben führen wir."

Freiligrath.

O lieb', so lang du lieben kannst!

O lieb', so lang du lieben kannst!
O lieb', so lang du lieben magst!
Die Stunde kommt, die Stunde kommt,
Wo du an Gräbern stehst und klagst!

Und sorge, daß dein Herze glüht
Und Liebe hegi und Liebe trägi,
So lang ihm noch ein ander Herz
In Liebe warm entgegenschlägt!

Und wer dir seine Brust erschließt,
O thu' ihm, was du kannst, zu lieb!
Und mach' ihm jede Stunde froh,
Und mach' ihm keine Stunde trüb!

Und hüte deine Zunge wohl,
Bald ist ein böses Wort gesagt!
O Gott, es war nicht bös gemeint, —
Der Andre aber geht und klagt.

O lieb', so lang du lieben kannst!
O lieb', so lang du lieben magst!
Die Stunde kommt, die Stunde kommt,
Wo du an Gräbern stehst und klagst!

Dann kniest du nieder an der Gruft,
Und birgst die Augen, trüb und naß,
— Sie sehn den Andern nimmermehr —
Ins lange, feuchte Kirchhofsgras.

Und sprichst: „O schau' auf mich herab,
Der hier an deinem Grabe weint!
Vergieb, daß ich gekränkt dich hab'!
O Gott, es war nicht bös gemeint!"

Er aber sieht und hört dich nicht,
Kommt nicht, daß du ihn froh umfängst;
Der Mund, der oft dich küßte, spricht
Nie wieder: „Ich vergab dir längst!"

Er that's, vergab dir lange schon,
Doch manche heiße Thräne fiel   10
Um dich und um dein herbes Wort —
Doch still — er ruht, er ist am Ziel!

O lieb', so lang du lieben kannst!
O lieb', so lang du lieben magst!
Die Stunde kommt, die Stunde kommt,   15
Wo du an Gräbern stehst und klagst!

Wär' ich im Bann von Mekka's Thoren.

Wär' ich im Bann von Mekka's Thoren,
Wär' ich auf Yemens glühndem Sand,
Wär' ich am Sinai geboren,
Dann führt' ein Schwert wohl diese Hand;   20

Dann zög' ich wohl mit flücht'gen Pferden
Durch Jethro's flammendes Gebiet!
Dann hielt' ich wohl mit meinen Herden
Rast bei dem Busche, der geglüht;

Dann abends wohl vor meinem Stamme,   25
In eines Zeltes luft'gem Haus,
Strömt' ich der Dichtung inn're Flamme
In lodernden Gesängen aus;

Dann wohl an meinen Lippen hinge
Ein ganzes Volk, ein ganzes Land;
Gleichwie mit Salomonis Ringe
Herrscht' ich, ein Zauberer, im Sand.

Nomaden sind ja meine Hörer,
Zu deren Geist die Wildnis spricht;
Die vor dem Samum, dem Zerstörer,
Sich werfen auf das Angesicht;

10 Die allzeit auf den Rossen hängen,
Absitzend nur am Wüstenbronn;
Die mit verhängten Zügeln sprengen
Von Aden bis zum Libanon;

Die nachts, als nimmermüde Späher,
15 Bei ihrem Vieh ruhn auf der Trift,
Und, wie vor Zeiten die Chaldäer,
Anschaun des Himmels goldne Schrift;

Die oft ein Murmeln noch vernehmen
Von Sina's glutgeborstnen Höhn;
Die oft des Wüstengeistes Schemen
20 In Säulen Rauches wandeln sehn;

Die durch den Riß oft des Gesteines
Erschaun das Flammen seiner Stirn —
Ha, Männer, denen glühnd wie meines
In heißen Schädeln brennt das Hirn.

25 O Land der Zelte, der Geschosse!
O Volk der Wüste, kühn und schlicht!
Beduin, du selbst auf deinem Rosse
Bist ein phantastisches Gedicht!

Ich irr' auf mitternächt'ger Küste;
30 Der Norden, ach! ist kalt und klug.
Ich wollt', ich säng' im Sand der Wüste,
Gelehnt an eines Hengstes Bug.

„Prinz Eugen, der edle Ritter."

Zeite, Posten, Werda-Rufer!
Lust'ge Nacht am Donauufer!
Pferde stehn im Kreis umher
Angebunden an den Pflöcken;
An den engen Sattelböcken
Hangen Karabiner schwer.

Um das Feuer auf der Erde,
Vor den Hufen seiner Pferde
Liegt das östreich'sche Piket.
Auf dem Mantel liegt ein jeder,   10
Von den Tschakos weht die Feder,
Leutnant würfelt und Kornet.

Neben seinem müden Schecken
Ruht auf einer wollnen Decken
Der Trompeter ganz allein: 15
„Laßt die Knöchel, laßt die Karten!
Kaiserliche Feldstandarten
Wird ein Reiterlied erfreun!

Vor acht Tagen die Affaire
Hab' ich, zu Nutz dem ganzen Heere,   20
In gehör'gen Reim gebracht;
Selber auch gesetzt die Noten;
Drum, ihr Weißen und ihr Roten!
Merket auf und gebet acht!"

Und er singt die neue Weise
Einmal, zweimal, dreimal leise   25
Denen Reitersleuten vor;
Und wie er zum letztenmale
Endet, bricht mit einemmale
Los der volle kräft'ge Chor: 30

„Prinz Eugen, der edle Ritter!"
Hei, das klang wie Ungewitter
Weit ins Türkenlager hin.
Der Trompeter thät den Schnurrbart streichen,
Und sich auf die Seite schleichen
Zu der Marketenderin.

Der Falk.

Die Fürstin zog zu Walde
Mit Jägern und Marschalk!
Da sah sie reiten balde
Ein junger Edelfalk.
10 Er sprach: „Wie klirrt dein Bügel;
Wie glänzt Agraff' und Treſſ';
Wie locker hängt dein Zügel,
Holdselige Prinzeß!

Wie sitzest du zu Pferde
15 So königlich und schlank!
Wie weht zur grünen Erde
Dein Schleier weiß und lang!
Wie nickt dein Hutgefieder
Vom flücht'gen wilden Ritt!
20 Wie zieret deine Glieder
Das knappe Jagdhabit!

O könnt' ich deinen Reizen
Allzeit ein Diener sein:
Den Reiher wollt' ich beizen,
25 Herrin, für dich allein!
Ich wollte mit ihm ringen,
Dein starkes Federspiel,
Bis er, mit blut'gen Schwingen,
30 Zu deinen Füßen fiel'!"

Bezwungen von Verlangen,
Duckt er ins Heideland;
Er läßt sich willig fangen
Von eines Pagen Hand.
Der bietet ihn der Holben
Dar, mit gebog'nem Knie;
Mit einem Ringe golden
Schmückt den Gefangnen sie.

Nun muß er sie begleiten:
Mit seiner krummen Klau'   10
Muß er für sie bestreiten
Den Reiher, silbergrau.
Er trägt eine Lederkappe,
Sie nimmt ihn mit aufs Pferd.
Burgherr und Edelknappe   15
Hält ihn des Neides wert.

Ammonium.

„Frembling, laß deine Stute grasen,
O, zieh' nicht weiter diese Nacht!
Dies ist die grünste der Oasen;
Im gelben Sandmeer glänzt ihr Rasen,   20
Gleichwie inmitten von Topasen
Ein grüner, funkelnder Smaragd!"

Er sprach: „Gern will ich mich entgürten!"
Und nahm dem Pferde das Gebiß.
Er setzte sich zu seinen Wirten;   25
Des Wüstengeiers Flügel schwirrten
An ihm vorüber nach den Syrien,
Zu ruhn in der Pentapolis.

Die Lieder und die Cymbeln klangen.
Die Mappe lag auf seinen Knien.   30
Die Rosse mit den blanken Stangen.

Die finstern Reiter mit den langen
Gewanden und den bärt'gen Wangen,
Die Zelte — fremd ergriff es ihn.

5 Mit farb'gen Stiften schuf er glühend
Ein Bildnis dieser Wüstenrast.
Die Dromedare lagen knieend
Am Quell; des Wirtes Töchter, blühend
Und schlank, bald nahend und bald fliehend,
Umtanzten singend ihren Gast:

10 „Fremdling, laß deine Stute grasen!
O, zieh' nicht weiter diese Nacht!
Dies ist die grünste der Oasen;
Im gelben Sandmeer glänzt ihr Rasen,
Gleichwie inmitten von Topasen
15 Ein grüner, funkelnder Smaragd!"

Löwenritt.

Wüstenkönig ist der Löwe; will er sein Gebiet durch-
fliegen,
Wandelt er nach der Lagune, in dem hohen Schilf zu
liegen.
Wo Gazellen und Giraffen trinken, kauert er im Rohre;
Zitternd über dem Gewalt'gen rauscht das Laub der
Sykomore.

20 Abends, wenn die hellen Feuer glühn im Hottentotten-
kraale,
Wenn des jähen Tafelberges bunte, wechselnde Signale
Nicht mehr glänzen, wenn der Kaffer einsam schweift
durch die Karroo,
Wenn im Busch die Antilope schlummert, und am Strom
das Gnu:

Sieh, dann schreitet majestätisch durch die Wüste die
    Giraffe,
Daß mit der Lagune trüben Fluten sie die heiße, schlaffe
Zunge kühle; lechzend eilt sie durch der Wüste nackte
    Strecken,
Knieend schlürft sie langen Halses aus dem schlammge-
    füllten Becken.

Plötzlich regt es sich im Rohre; mit Gebrüll auf ihren 5
    Nacken
Springt der Löwe; welch ein Reitpferd! Sah man
    reichere Schabracken
In den Marstallkammern einer königlichen Hofburg
    liegen,
Als das bunte Fell des Renners, den der Tiere Fürst
    bestiegen?

In die Muskeln des Genickes schlägt er gierig seine
    Zähne;
Um den Bug des Riesenpferdes weht des Reiters gelbe 10
    Mähne.
Mit dem dumpfen Schrei des Schmerzes springt es auf
    und flieht gepeinigt;
Sieh, wie Schnelle des Kameles es mit Pardelhaut
    vereinigt!

Sieh, die mondbestrahlte Fläche schlägt es mit den
    leichten Füßen!
Starr aus ihrer Höhlung treten seine Augen; rieselnd
    fließen
An dem braungefleckten Halse nieder schwarzen Blutes 15
    Tropfen,
Und das Herz des flücht'gen Tieres hört die stille Wüste
    klopfen.

Gleich der Wolke, deren Leuchten Israel im Lande
    Jemen
Führte, wie ein Geist der Wüste, wie ein fahler, luft'ger
    Schemen,
Eine sandgeformte Trombe in der Wüste sand'gem Meer,
Wirbelt eine gelbe Säule Sandes hinter ihnen her.

5 Ihrem Zuge folgt der Geier; krächzend schwirrt er
    durch die Lüfte;
Ihrer Spur folgt die Hyäne, die Entweiherin der Grüfte;
Folgt der Panther, der des Kaplands Hürden räuberisch
    verheerte;
Blut und Schweiß bezeichnen ihres Königs grausenvolle
    Fährte.

Zagend auf lebend'gem Throne sehn sie den Gebieter
    sitzen,
10 Und mit scharfer Klaue seines Sitzes bunte Polster ritzen.
Rastlos, bis die Kraft ihr schwindet, muß ihn die Giraffe
    tragen;
Gegen einen solchen Reiter hilft kein Bäumen und kein
    Schlagen.

Taumelnd an der Wüste Saume stürzt sie hin, und
    röchelt leise.
Tot, bedeckt mit Staub und Schaume, wird das Roß des
    Reiters Speise.
15 Über Madagaskar, fern im Osten, sieht man Frühlicht
    glänzen; —
So durchsprengt der Tiere König nächtlich seines Reiches
    Grenzen.

Du haſt genannt mich einen Vogelſteller.

Du haſt genannt mich einen Vogelſteller: —
Als ob du ſelber keine Garne zogſt!
O Gott, in deine Garne flog ich ſchneller
Und blinder ja, als du in meine flogſt!

Sprich, hab' ich dich — ſprich, haſt du mich gefangen? 5
Du weißt es ſelbſt nicht, du mein herz'ges Kind!
Wer kann denn ſagen, wie es zugegangen,
Daß wir uns haben, daß wir Eins nun ſind?

Doch wie du willſt! Laß mich dein Auge küſſen;
Du biſt nun mein, und bleibſt mir ewig nah!   10
Hat rauh mein Garn die Flügel dir zerriſſen?
O, ſei nicht bös — es fiel aus Liebe ja!

Und Liebe trägt dich, Liebe wird dich tragen,
Und wird dich ſchirmen jetzt und für und für!
Drum laß dein Flattern, laß dein Flügelſchlagen;   15
Sei du mein Vöglein, und vertraue mir!

Sei mir die Taube, die mit freud'gem Fliegen
Auf meinen Ruf um meine Stirne ſchwirrt;
Auf meiner Achſel will ſie gern ſich wiegen: —
Das iſt der Ort, wo ſie am liebſten girrt.   20

Sei mir die Lerche, die auf Glanzgefieder
Für ihren Pflüger ſich zur Sonne ſchwingt;
Die von des Himmels goldner Schwelle nieder
In meine Seele ſel'ge Lieder ſingt!

Und tief im Thale, wo die Linden rauſchen,   25
Da ſei vor Allem meine Nachtigall!
Da laß mich zitternd deiner Stimme lauſchen
Und deines Schlages wunderbarem Schall!

Das ist ein himmlisch, ist ein selig Schmettern;
Das ist die Lieb' in ihrer Qual und Lust!
O, ström' es aus, umrauscht von grünen Blättern,
Das Sehnen deiner Nachtigallenbrust!

5 Ha, schon erklingt's — herschwirrst du aus dem Laube,
Umflatterst furchtlos meine Hüttenthür!
Hörst nur auf mich, bist meine fromme Taube,
Bist Nachtigall und treue Lerche mir!

Entfliehst mir nimmer! — süßer stets und heller
10 Weht mir dein Flügel, tönt mir dein Gesang!
Die Garne ruhn: — glücksel'ger Vogelsteller,
Das war dein letzter, war dein bester Fang!

Hamlet.

Deutschland ist Hamlet! Ernst und stumm
In seinen Thoren jede Nacht
15 Geht die begrabne Freiheit um,
Und winkt den Männern auf der Wacht.
Da steht die Hohe, blank bewehrt,
Und sagt dem Zaubrer, der noch zweifelt:
„Sei mir ein Rächer, zieh' dein Schwert!
20 Man hat mir Gift ins Ohr geträufelt!"

Er horcht mit zitterndem Gebein,
Bis ihm die Wahrheit schrecklich tagt;
Von Stund' an will er Rächer sein —
Ob er es wirklich endlich wagt?
25 Er sinnt und träumt und weiß nicht Rat;
Kein Mittel, das die Brust ihm stähle!
Zu einer frischen, mut'gen That
Fehlt ihm die frische, mut'ge Seele!

Das macht, er hat zu viel gehockt;
Er lag und las zu viel im Bett.
Er wurde, weil das Blut ihm stockt,
Zu kurz von Atem und zu fett.
Er spann zu viel gelehrten Werg,
Sein bestes Thun ist eben Denken;
Er stak zu lang in Wittenberg,
Im Hörsaal oder in den Schenken.

Drum fehlt ihm die Entschlossenheit;
Kommt Zeit, kommt Rat — er stellt sich toll,   10
Hält Monologe lang und breit,
Und bringt in Verse seinen Groll;
Stutzt ihn zur Pantomime zu,
Und fällt's ihm einmal ein, zu fechten:
So muß Polonius-Kotzebue   15
Den Stich empfangen — statt des Rechten.

So trägt er träumerisch sein Weh',
Verhöhnt sich selber ins geheim,
Läßt sich verschicken über See,
Und kehrt mit Sticheleden heim;   20
Verschießt ein Arsenal von Spott,
Spricht von geflickten Lumpenkön'gen —
Doch eine That?   Behüte Gott!
Nie hatt' er Eine zu beschön'gen!

Bis endlich er die Klinge packt,   25
Ernst zu erfüllen seinen Schwur;
Doch ach — das ist im letzten Akt,
Und streckt ihn selbst zu Boden nur!
Bei den Erschlagnen, die sein Haß
Preis gab der Schmach und dem Verderben,   30
Liegt er entseelt, und Fortinbras
Rückt klirrend ein, das Reich zu erben. —

Gottlob, noch sind wir nicht so weit!
Vier Akte sahn wir spielen erst!
Hab' Acht, Held, daß die Ähnlichkeit
Nicht auch im fünften du bewährst!
5 Wir hoffen früh, wir hoffen spät:
O, raff' dich auf, und komm zu Streiche,
Und hilf entschlossen, weil es geht,
Zu ihrem Recht der flehnden Leiche!

Mach' den Moment zu Nutze dir!
10 Noch ist es Zeit — drein mit dem Schwert,
Eh mit französischem Rapier
Dich schnöd vergiftet ein Laeri!
Eh rasselnd naht ein nordisch Heer,
Daß es für sich die Erbschaft nehme!
15 O, sieh dich vor — ich zweifle sehr,
Ob diesmal es aus Norweg käme!

Nur ein Entschluß! Aufsteht die Bahn —
Tritt in die Schranken kühn und dreist!
Denk' an den Schwur, den du gethan,
20 Und räche deines Vaters Geist!
Wozu dies Grübeln für und für?
Doch — darf ich schelten, alter Träumer?
Bin ich ja selbst ein Stück von dir,
Du ew'ger Zauderer und Säumer!

Antwort.

25 „Frei, los und ledig singe der Poet,
Nicht an der Scholle bleib' er kleben!
Weib, Kinder, Haus — o jämmerlich Gerät
Einsam in Glut, wie weiland der Prophet,
Soll er empor vom Boden schweben!

„Die kühn des Gottes herrlich Feuer schürt
Auf Bergen hoch und auf Altären,
Die, aufgehoben, an die Sterne rührt,
Wie mag die Hand denn nur, vom Ring umschnürt,
Zugleich des Herdes Flämmchen nähren?   5

„Wie mag die Lippe nur, der fort und fort
Wohllaut und Geist vereint enttönen,
Wie mag die Lippe nur zu Schaffnerwort,
Zu Wiegenreim und anderm Mißakkord
Des Alltagslebens sich gewöhnen?   10

„Wie mag die Stirn, die Epheu grün umlaubt,
Die Stirn, die junge Lorbeern schmücken,
Lorbeeren, trotzig vom Olymp geraubt,
Wie mag, das Welten trägt, das Dichterhaupt
Ins Joch sich des Philisters bücken?   15

„Das Flügelroß gehört in keinen Stall;
Es soll nur fliegen, jagen, schlagen!" —
Ich könnte viel auf diesen Redeschwall
Erwidern, traun! doch soll die Nachtigall
Euch heute nur die Antwort sagen.   20

Der in des Waldes dunkelgrünem Schoß
Von Liedern trieft, die lechzend flammen:
Derselbe Schnabel singt nicht Lieder bloß,
Derselbe Schnabel trägt aus Laub und Moos
Doch auch ein Nestchen sich zusammen!   25

Herwegh.

Strophen aus der Fremde.

Ich möchte hingehn wie das Abendrot
Und wie der Tag mit seinen letzten Gluten —
O leichter, sanfter, ungefühlter Tod! —
Mich in den Schoß des Ewigen verbluten.   29

Ich möchte hingehn wie der heitre Stern,
Im vollsten Glanz, in ungeschwächtem Blinken;
So stille und so schmerzlos möchte gern
Ich in des Himmels blaue Tiefen sinken.

5 Ich möchte hingehn wie der Blume Duft,
Der freudig sich dem schönen Kelch entringet
Und auf dem Fittig blütenschwangrer Luft
Als Weihrauch auf des Herren Altar schwinget.

Ich möchte hingehn wie der Tau im Thal,
10 Wenn durstig ihm des Morgens Feuer winken;
O wollte Gott, wie ihn der Sonnenstrahl,
Auch meine lebensmüde Seele trinken!

Ich möchte hingehn wie der bange Ton,
Der aus den Saiten einer Harfe dringet,
15 Und, kaum dem irdischen Metall entflohn,
Ein Wohllaut in des Schöpfers Brust erklinget.

Du wirst nicht hingehn wie das Abendrot,
Du wirst nicht stille wie der Stern versinken,
Du stirbst nicht einer Blume leichten Tod,
20 Kein Morgenstrahl wird deine Seele trinken.

Wohl wirst du hingehn, hingehn ohne Spur,
Doch wird das Elend deine Kraft erst schwächen,
Sanft stirbt es einzig sich in der Natur,
Das arme Menschenherz muß stückweis brechen.

Der Gefangene.

25 Zehn Jahre! seit den letzten Vogel ich
Im Blütenwald sein Liebchen schlagen hörte;
Zehn Jahre! seit der blaue Himmel sich
Zum letztenmale meinem Blick bescherte:

Zehn Jahre! was ist weiter dein Begehr?
30 Kann meine Wange sich noch blässer färben?
Sieh, diese Hand bricht keine Kronen mehr;
Laß, König, laß mich in der Freiheit sterben!

Zehn Jahre! meine Sehnen sind erschlafft,
Mein Auge kann die Kette nicht mehr sehen;
O zittre nicht! Kaum hab' ich noch die Kraft,
Zwei Schritte bis zum Grabe hinzugehen.
Ein Herr der Welt, und dein ein zahllos Heer! —　　5
Und ich ein kranker Mann, ein Bau in Scherben —
Nein! diese Hand bricht keine Kronen mehr;
Laß, König, laß mich in der Freiheit sterben!

Zehn Jahre hat in dieser Kerkergruft
Mein Herz so treu dem Tode zugeschlagen;　　　　10
Zehn Jahre! jetzt, o jetzt nur soviel Luft,
Gen Himmel eine Seele hinzutragen!
Ein wenig Luft! ei, fällt dir das so schwer?
Willst du schon wieder neue Söldner werben?
Sieh, diese Hand bricht keine Kronen mehr;　　　15
Laß, König, laß mich in der Freiheit sterben!

Zehn Jahre haben meinen Mut geknickt
Und meines Lebens Blüte mir genommen,
Man hat das Lied mir in der Brust erstickt,
Der letzte Funken ist schon längst verglommen.　20
Und noch nicht? Sprich, was weiter dein Begehr?
Kann meine Wange sich noch blässer färben?
Sieh, diese Hand bricht keine Kronen mehr;
Laß, König, laß mich in der Freiheit sterben.

Shelley.

Um seinen Gott sich doppelt schmerzlich mühend,　25
War er ihm, selbsterrungen, doppelt teuer,
Dem Ewigen war keine Seele treuer,
Kein Glaube je so ungeschwächt und blühend.

Mit allen Pulsen für die Menschheit glühend,
Saß immer mit der Hoffnung er am Steuer,　　　30
Wenn er auch zürnte, seines Zornes Feuer
Nur gegen Sklaven und Tyrannen sprühend.

Ein Elfengeist in einem Menschenleibe,
Von der Natur Altar ein reiner Funken,
Und drum für Englands Pöbelsinn die Scheibe;

Ein Herz, vom süßen Duft des Himmels trunken,
5 Verflucht vom Vater und geliebt vom Weibe,
Zuletzt ein Stern im wilden Meer versunken.

Das Lied vom Hasse.

Wohlauf, wohlauf, über Berg und Fluß
Dem Morgenrot entgegen,
Dem treuen Weib den letzten Kuß,
10 Und dann zum treuen Degen!

Bis unsre Hand in Asche stiebt,
Soll sie vom Schwert nicht lassen;
Wir haben lang genug geliebt,
Und wollen endlich hassen!

15 Die Liebe kann uns helfen nicht,
Die Liebe nicht erretten;
Halt' du, o Haß, dein jüngst Gericht,
Brich du, o Haß, die Ketten!
Und wo es noch Tyrannen giebt,
20 Die laßt uns keck erfassen;
Wir haben lang genug geliebt,
Und wollen endlich hassen!

Wer noch ein Herz besitzt, dem soll's
Im Hasse nur sich rühren;
25 Allüberall ist dürres Holz,
Um unsre Glut zu schüren.
Die ihr der Freiheit noch verbliebt,
Singt durch die deutschen Straßen:
„Ihr habet lang genug geliebt,
30 O lernet endlich hassen!"

Bekämpfet sie ohn' Unterlaß,
Die Tyrannei auf Erden,
Und heiliger wird unser Haß,
Als unsre Liebe, werden.
Bis unsre Hand in Asche stiebt,
Soll sie vom Schwert nicht lassen;
Wir haben lang genug geliebt,
Und wollen endlich hassen!

Grün.

Der letzte Dichter.

„Wann werdet ihr, Poeten,
Des Dichtens einmal müd?   10
Wann wird einst ausgesungen
Das alte, ew'ge Lied?

„Ist nicht schon längst zur Neige
Des Überflusses Horn?
Gepflückt nicht jede Blume,   15
Erschöpft nicht jeder Born?"

So lang der Sonnenwagen
Im Azurgleis noch zieht
Und nur ein Menschenantlitz
Zu ihm empor noch sieht;   20

So lang der Himmel Stürme
Und Donnerkeile hegt
Und bang vor ihrem Grimme
Ein Herz noch zitternd schlägt;

So lang nach Ungewittern   25
Ein Regenbogen sprüht,
Ein Busen noch dem Frieden
Und der Versöhnung glüht;

So lang die Nacht den Äther
Mit Sternensaat besät
Und noch ein Mensch die Züge
Der goldnen Schrift versteht;

So lang der Mond noch leuchtet,
Ein Herz noch sehnt und fühlt;
So lang der Wald noch rauschet
Und einen Müden kühlt;

10

So lang noch Lenze grünen
Und Rosenlauben blühn,
So lang noch Wangen lächeln
Und Augen Freude sprühn;

15

So lang noch Gräber trauern
Mit den Cypressen dran,
So lang ein Aug' noch weinen,
Ein Herz noch brechen kann:

20

So lange wallt auf Erden
Die Göttin Poesie,
Und mit ihr wandelt jubelnd
Wem sie die Weihe lieh.

Und singend einst und jubelnd
Durchs alte Erdenhaus
Zieht als der letzte Dichter
Der letzte Mensch hinaus. — —

25

Noch hält der Herr die Schöpfung
In seiner Hand fortan
Wie eine frische Blume
Und blickt sie lächelnd an.

30

Wenn diese Riesenblume
Dereinstens abgeblüht
Und Erden, Sonnenbälle
Als Blütenstaub versprüht;

Erst dann fragt, wenn zu fragen
Die Lust euch noch nicht mied,
Ob endlich ausgesungen
Das alte ew'ge Lied?

Begrüßung des Meeres.

Unermeßlich und unendlich,
Glänzend, ruhig, ahnungsschwer,
Liegst du vor mir ausgebreitet,
Altes, heil'ges, ew'ges Meer!

Soll ich dich mit Thränen grüßen,
Wie die Wehmut sie vergießt,
Wenn sie trauernd auf dem Friedhof
Manch ein teures Grab begrüßt?

Denn ein großer, stiller Friedhof,
Eine weite Gruft bist du,
Manches Leben, manche Hoffnung
Deckst du kalt und fühllos zu;

Keinen Grabstein wahrst du ihnen,
Nicht ein Kreuzlein, schlicht und schmal,
Nur am Strande wandelt weinend
Manch ein lebend Trauermal. —

Soll ich dich mit Jubel grüßen,
Jubel, wie ihn Freude zollt,
Wenn ein weiter, reicher Garten
Ihrem Blick sich aufgerollt?

Denn ein unermeßner Garten
Eine reiche Flur bist du,
Edle Keime deckt und Schätze
Dein krystallner Busen zu.

EMANUEL GEIBEL.
(*In 1843.   Drawn by Otto Speckter.*)

Wie des Gartens üpp'ge Wiesen
Ist dein Plan auch glatt und grün,
Perlen und Korallenhaine
Sind die Blumen, die dir blühn.

Wie im Garten stille Wandler
Ziehn die Schiffe durch das Meer,
Schätze fordernd, Schätze bringend,
Grüßend, hoffend, hin und her. —

Sollen Thränen, soll mein Jubel
10 Dich begrüßen, Ocean?
Nicht'ger Zweifel, eitle Frage,
Da ich doch nicht wählen kann!

Da doch auch der höchste Jubel
Mir vom Aug' als Thräne rollt,
15 So wie Abendschein und Frührot
Stets nur Tau den Bäumen zollt.

Zu dem Herrn empor mit Thränen
War mein Aug' im Dom gewandt;
Und mit Thränen grüßt' ich wieder
20 Jüngst mein schönes Vaterland;

Weinend öffnet' ich die Arme,
Als ich der Geliebten nah;
Weinend kniet' ich auf den Höhen,
Wo ich dich zuerst ersah.

Geibel.

Der Hidalgo.

25 Es ist so süß, zu scherzen
Mit Liedern und mit Herzen
Und mit dem ernsten Streit.
Erglänzt des Mondes Schimmer,

Da treibt's mich fort vom Zimmer
Durch Platz und Gaſſen weit;
Da bin zur Lieb' ich immer
Wie zum Gefecht bereit.

Die Schönen von Sevilla
Mit Fächer und Mantilla
Blicken den Strom entlang;
Sie lauſchen mit Gefallen,
Wenn meine Lieder ſchallen
Zum Mandolinenklang,   10
Und dunkle Roſen fallen
Mir vom Balkon zum Dank.

Ich trage, wenn ich ſinge,
Die Zither und die Klinge
Von toledaniſchem Stahl.   15
Ich ſing' an manchem Gitter,
Und höhne manchen Ritter
Mit keckem Lied zumal.
Der Dame gilt die Zither,
Die Klinge dem Rival.   20

Auf denn zum Abenteuer!
Schon loſch der Sonne Feuer
Hinter den Bergen aus;
Der Mondnacht Dämmerſtunden,
Sie bringen Liebeskunden,   25
Sie bringen blut'gen Strauß;
Und Blumen oder Wunden
Trag' morgen ich nach Haus.

Der Zigeunerbube im Norden.

Fern im Süd das ſchöne Spanien,
Spanien iſt mein Heimatland,   30
Wo die ſchattigen Kaſtanien
Rauſchen an des Ebro Strand,

Wo die Mandeln rötlich blühen,
Wo die heiße Traube winkt,
Und die Rosen schöner glühen
Und das Mondlicht goldner blinkt.

Und nun wandr' ich mit der Laute
Traurig hier von Haus zu Haus,
Doch kein helles Auge schaute
Freundlich noch nach mir heraus.
Spärlich reicht man mir die Gaben,
10   Mürrisch heißet man mich gehn;
Ach, den armen braunen Knaben
Will kein Einziger verstehn.

Dieser Nebel drückt mich nieder,
Der die Sonne mir entfernt,
15   Und die alten lust'gen Lieder
Hab' ich alle fast verlernt.
Immer in die Melodieen
Schleicht der Eine Klang sich ein:
In die Heimat möcht' ich ziehen,
20   In das Land voll Sonnenschein!

Als beim letzten Erntefeste
Man den großen Reigen hielt,
Hab' ich jüngst das allerbeste
Meiner Lieder aufgespielt.
25   Doch wie sich die Paare schwangen
In der Abendsonne Gold,
Sind auf meine dunkeln Wangen
Heiße Thränen hingerollt.

Ach, ich dachte bei dem Tanze
30   An des Vaterlandes Lust,
Wo im duft'gen Mondenglanze
Freier atmet jede Brust,

Wo sich bei der Zither Tönen
Jeder Fuß beflügelt schwingt,
Und der Knabe mit der Schönen
Glühend den Fandango schlingt.

Nein! Des Herzens sehnend Schlagen
Länger halt' ich's nicht zurück;
Will ja jeder Lust entsagen,
Laßt mir nur der Heimat Glück!
Fort zum Süden! Fort nach Spanien   10
In das Land voll Sonnenschein!
Unter'm Schatten der Kastanien
Muß ich einst begraben sein.

Ich bin die Rose auf der Au,
Die still in Düften leuchtet;
Doch du, o Liebe, bist der Tau,   15
Der nährend sie befeuchtet.

Ich bin der dunkle Edelstein,
Aus tiefem Schacht gewühlet:
Du aber bist der Sonnenschein,
Darin er Farben spielet.   20

Ich bin der Becher von Krystall,
Aus dem der König trinket;
Du bist des Weines süßer Schwall,
Der purpurn ihn durchblinket.

Ich bin die trübe Wolkenwand,   25
Am Himmel aufgezogen;
Doch du bist klar auf mich gespannt
Als bunter Regenbogen.

Ich bin der Memnon stumm und tot
Von Wüstennacht bedecket;
Du hast den Klang als Morgenrot
In meiner Brust erwecket.

Ich bin der Mensch, der vielbewegt
Durchirrt das Thal der Mängel;
Du aber bist's, die stark mich trägt,
Ein lichter Gottesengel.

Siehst du das Meer.

Siehst du das Meer? Es glänzt auf seiner Flut
    Der Sonne Pracht;
10
Doch in der Tiefe, wo die Perle ruht,
    Ist finstre Nacht.

Das Meer bin ich. In stolzen Wogen rollt
    Mein wilder Sinn,
Und meine Lieder ziehn wie Sonnengold
15
    Darüber hin.

Sie flimmern oft von zauberhafter Lust,
    Von Lieb' und Scherz;
Doch schweigend blutet in verborgner Brust
    Mein dunkles Herz.
20

Dichterleben.

Wen einst die Muse mit dem Blick der Weihe
Mild angelächelt, da er ward geboren,
Der ist und bleibt zum Dichter auserkoren,
Ob auch erst spät der Kern zur Frucht gedeihe.

Des Lebens Pfade zeigt in bunter Reihe
25
Ihr ihm umsonst; er wandelt wie verloren,
Es klingt ein ferner Klang in seinen Ohren,
Er sinnt und sinnt, daß er Gestalt ihm leihe.

Der Lenz erscheint mit seinen Blütenzweigen:
Er fühlt so seltsam sich vom Hauch durchdrungen;
Die Liebe kommt: er weiß nicht mehr zu schweigen.

Und wie ein Quell, der lang ans Licht gerungen,
Bricht's nun hervor gewaltig, tonreich, eigen,
Und sieh, er hat sein erstes Lied gesungen.

Tannhäuser.

Wie wird die Nacht so lüstern!
Wie blüht so reich der Wald!
In allen Wipfeln flüstern
Viel Stimmen mannigfalt.
Die Bächlein blinken und rauschen,　　　　　　10
Die Blumen duften und glühn,
Die Marmorbilder lauschen
Hervor aus dunklem Grün.

　　Die Nachtigall ruft: Zurück! zurück!　　15
　　Der Knab' schickt nur voraus den Blick;
　　Sein Herz ist wild, sein Sinn getrübt,
　　Vergessen alles, was er liebt.

Er kommt zum Schloß im Garten,
Die Fenster sind voll Glanz,　　　　　　20
Am Thor die Pagen warten
Und droben klingt der Tanz.
Er schreitet hinauf die Treppen,
Er tritt hinein in den Saal,
Da rauschen die Sammetschleppen,　　　　　25
Da blinkt der Goldpokal.

　　Die Nachtigall ruft: Zurück! zurück!
　　Der Knab' schickt nur voraus den Blick;
　　Sein Herz ist wild, sein Sinn getrübt,
　　Vergessen alles, was er liebt.　　　　　30

Die ſchönſte von den Frauen
Reicht ihm den Becher hin,
Ihm rinnt ein ſüßes Grauen
Seltſam durch Herz und Sinn.
5   Er leert ihn bis zum Grunde,
Da ſpricht am Thor der Zwerg:
Der Unſre biſt zur Stunde,
Dies iſt der Venusberg.

     Die Nachtigall ruft nur noch von fern,
10   Den Knaben treibt ſein böſer Stern;
     Sein Herz iſt wild, ſein Sinn getrübt,
     Vergeſſen alles, was er liebt.

Und endlich fort vom Reigen
Führt ihn das ſchöne Weib;
15   Ihr Auge blickt ſo eigen,
Verlockend glüht ihr Leib.
Fern von des Feſts Gewimmel
Da blühen die Lauben ſo dicht
In Wolken birgt am Himmel
20   Der Mond ſein Angeſicht.

     Der Nachtigall Ruf iſt lang verhallt,
     Den Knaben treibt der Luſt Gewalt;
     Sein Herz iſt wild, ſein Sinn getrübt,
     Vergeſſen alles, was er liebt. — —

25   Und als es wieder taget,
Da liegt er ganz allein;
Im Walde um ihn raget
Verwildertes Geſtein.
Kühl geht die Luft von Norden
30   Und ſtreut das Laub umher;
Er ſelbſt iſt grau geworden,
Und bang ſein Herz und leer.

Er sitzt und starret vor sich hin,
Und schüttelt das Haupt in irrem Sinn.
Die Nachtigall ruft: Zu spät! zu spät!
Der Wind die Stimme von dannen weht.

Einer jungen Freundin.

Das Meer ist oben glatt und spiegeleben,
Doch bunte Gärten trägt's auf seinem Grunde;
Goldwälder, Purpurstauden stehn im Sunde,
Darinnen Perlen statt des Taues beben.

Das ist ein heimlich Glühn, ein farbig Leben,   10
Doch selten wird dem Schiffenden die Kunde;
Ein Sonntagskind nur sieht in guter Stunde
Die Wipfel dämmernd aus der Tiefe streben.

So blüht auch dir ein Garten im Gemüte;
Allein die Welt, getäuscht von deinen Scherzen,
Ist blind für seine wundersame Blüte.   15

Der Dichter nur, vertraut mit Lust und Schmerzen,
Las was im Dunkel deines Auges glühte
Und ahnt die Zauberwelt in deinem Herzen.

Wenn sich zwei Herzen scheiden.

Wenn sich zwei Herzen scheiden,
Die sich dereinst geliebt,
Das ist ein großes Leiden,   20
Wie's größres nimmer giebt.
Es klingt das Wort so traurig gar:
Fahrwohl, fahrwohl auf immerdar!
Wenn sich zwei Herzen scheiden,
Die sich dereinst geliebt.   25

Als ich zuerst empfunden,
Daß Liebe brechen mag,
Mir war's, als sei verschwunden
Die Sonn' am hellen Tag.
Mir klang's im Ohre wunderbar:
Fahrwohl, fahrwohl auf immerdar,
Da ich zuerst empfunden,
Daß Liebe brechen mag.

Mein Frühling ging zur Rüste,
10 Ich weiß es wohl warum;
Die Lippe, die mich küßte,
Ist worden kühl und stumm.
Das Eine Wort nur sprach sie klar:
Fahrwohl, fahrwohl auf immerdar!
15 Mein Frühling ging zur Rüste,
Ich weiß es wohl warum.

Rühret nicht daran.

Wo still ein Herz voll Liebe glüht,
O rühret, rühret nicht daran!
Den Gottesfunken löscht nicht aus!
20 Fürwahr, es ist nicht wohlgethan.

Wenn's irgend auf dem Erdenrund
Ein unentweihtes Plätzchen giebt,
So ist's ein junges Menschenherz,
Das fromm zum erstenmale liebt.

25 O gönnet ihm den Frühlingstraum,
In dem's voll ros'ger Blüten steht!
Ihr wißt nicht, welch ein Paradies
Mit diesem Traum verloren geht.

Es brach schon manch ein starkes Herz,
30 Da man sein Lieben ihm entriß,

Und manches duldend wandte sich,
Und ward voll Haß und Finsternis;

Und manches, das sich blutend schloß,
Schrie laut nach Lust in seiner Not,
Und warf sich in den Staub der Welt;
Der schöne Gott in ihm war tot.

Dann weint ihr wohl und klagt euch an;
Doch keine Thräne heißer Reu'
Macht eine welke Rose blühn,
Erweckt ein totes Herz aufs neu'. 10

Neue Liebe.

Hinaus ins Weite
Frühling kommt bald.
Durch Schneegebreite
Zum Fichtenwald!
An stürzenden Bächen 15
Schwindelnde Bahn,
Durch saufende Wipfel
Zum Fels, zum Gipfel
Hinauf, hinan!

Sauge durstiger Wind nur, sauge 20
Mir die stürzende Thräne vom Auge,
Leg'an die brennende Stirne dich an!

Ach, nach dem Trauern,
Dem dumpfen Schmerz,
Wie löst dies Schauern 25
Selig mein Herz!
O rastlos Drängen,
Willst du gewaltsam
Die Brust zersprengen?
Ich kenn' dich — 30

Liebe, Liebe, du kommst unaufhaltsam
Noch einmal, Herrliche, über mich!

Gnome.

Vieles erlernest du wohl, doch nimmer erlernst du das
Große,
Und das Gewaltige giebt einzig der Strahl der Geburt.
5 Wem an die Wiege der Gott nicht trat mit segnender
Lippe,
Nach der Krone des Glücks streckt er vergebens die
Hand.
Männliche Tugend erringst du dir selbst, unendliches
Wissen
Kaufst du mit Schweiß, es gehorcht deiner Bemühung
der Stoff;
Aber die Blüte des Seins — nenn's Schönheit, Genius,
Liebe,
10 Nenn' es Begnadung — umsonst wie der ambrosische
Tau,
Unerbeten fällt es herab auf die Stirn des Erwählten,
Daß sie in seliger Scham unter dem Lorbeer erglüht.

Scheffel.

Alt Heidelberg, du feine,
Du Stadt an Ehren reich,
15 Am Neckar und am Rheine
Kein' andre kommt dir gleich.

Stadt fröhlicher Gesellen,
An Weisheit schwer und Wein,
Klar ziehn des Stromes Wellen,
20 Blauäuglein blitzen drein.

Und kommt aus lindem Süden
Der Frühling übers Land,
So webt er dir aus Blüten
Ein schimmernd Brautgewand.

Auch mir stehst du geschrieben
Ins Herz gleich einer Braut,
Es klingt wie junges Lieben
Dein Name mir so traut.

Und stechen mich die Dornen,
Und wird mir's drauß zu kahl,   10
Geb' ich dem Roß die Spornen
Und reit' ins Neckarthal.

Das ist im Leben häßlich eingerichtet,
Daß bei den Rosen gleich die Dornen stehn,
Und was das arme Herz auch sehnt und dichtet,   15
Zum Schlusse kommt das Voneinandergehn.
In deinen Augen hab' ich einst gelesen,
Es blitzte drin von Lieb und Glück ein Schein:
    Behüet dich Gott! es wär' zu schön gewesen,
    Behüet dich Gott, es hat nicht sollen sein! —   20

Leid, Neid und Haß, auch ich hab' sie empfunden,
Ein sturmgeprüfter müder Wandersmann.
Ich träumt' von Frieden dann und stillen Stunden,
Da führte mich der Weg zu dir hinan.
In deinen Armen wollt' ich ganz genesen,
Zum Danke dir mein junges Leben weihn: 25
    Behüet dich Gott! es wär' zu schön gewesen,
    Behüet dich Gott, es hat nicht sollen sein! —

Die Wolken fliehn, der Wind ſauſt durch die Blätter,
Ein Regenſchauer zieht durch Wald und Feld,
Zum Abſchiednehmen juſt das rechte Wetter,
Grau wie der Himmel ſteht vor mir die Welt.
5 Doch wend' es ſich zum Guten oder Böſen,
Du ſchlanke Maid, in Treuen denk' ich dein.
Behüet dich Gott! es wär' zu ſchön geweſen,
Behüet dich Gott, es hat nicht ſollen ſein!

Bodenstedt.

Jasmin und Flieder.

Jasmin und Flieder duften durch die Nacht,
10 Kein Lüftchen regt das Laub an Buſch und Baum;
Die Sterne ſchwimmen in demantner Pracht
Auf ſtiller Flut; die Welt liegt wie im Traum:
Nur aus der Nachtigall geweihter Kehle
Haucht die Natur den Wohllaut ihrer Seele.

15 Wer denkt der Stürme nun, die ausgetobt,
Wer auch der Stürme, die uns noch bedräun?
Das tapfre Herz, in manchem Sturm erprobt,
Mag doppelt ſich der heiligen Ruhe freun.
Wem ſolche Nacht nicht Ruhe bringt und Frieden,
20 Dem blüht kein Glück und Segen mehr hienieden.

Wiſſen und Weisheit.

Willſt du wiſſen, Freund, warum
Bücherweisheit oft macht dumm?

Weil von Weisheit und von Wiſſen
Längſt der ſchöne Bund zerriſſen,

25 Und im Schlafrock hinterm Ofen
Wachſen keine Philoſophen.

Wer die Welt will recht verstehn,
Muß ihr klar ins Auge sehn.

Wer der Weisheit Leib und Seele
Nicht vermählt, gleicht dem Kameele,

Das von einem Land zum andern
Schätze trägt auf ödem Wandern,

Doch sich selber nicht kann schmücken
Mit dem Gut auf hohem Rücken.

Heyse.

Seit du nun schweigst.

Seit du nun schweigst, sind mir die Dinge stumm.
Mit seelenlosen Augen sehn mich an
Die liebsten Menschen. Jedes Heiligtum   10
Find' ich verschlossen, poch' ich je daran.

Gab deine Stimme doch die Melodie
Zu meines Lebens Lied. Du warst das Maß,
Das Wert und Unwert meiner Welt verlieh;   15
In dir genoß ich erst, was ich besaß.

Nun du mir fehlst, bin ich mir selbst entrückt,
Mißklang mein Denken, mein Empfinden Streit.
Das Schöne spielt mit mir, das Wahre drückt
Dies Herz zusammen, das es sonst befreit.   20

Des Lebens Krone fiel aus meinem Haar,
Jedwede Herrschgewalt ist mir entrungen,
Und selbst das Lied, das noch mein eigen war,
Hat mir der Schmerz tyrannisch abgezwungen.

Keller.

Stiller Augenblick.

Fließendes Jahr, in duftigen Schleiern
Streifend an abendrötlichen Weiern
Walleſt du deine Bahn;
Siehſt mich am kühlen Waldſee ſtehen,
Wo an herbſtlichen Uferhöhen
Zieht entlang ein ſtummer Schwan.

Still und einſam ſchwingt er die Flügel,
Tauchet in den Waſſerſpiegel,
Hebt den Hals empor und lauſcht;
10 Taucht zum andern Male nieder,
Richtet ſich auf und lauſchet wieder,
Wie's im flüſternden Schilfe rauſcht.

Und in ſeinem Thun und Laſſen
Will's mich wie ein Traum erfaſſen,
15 Als ob's meine Seele wär',
Die verwundert über das Leben,
Über das Hin- und Wiederſchweben,
Lugt' und lauſchte hin und her.

Atme nur in vollen Zügen
20 Dieſes friedliche Genügen
Einſam auf der ſtillen Flur!
Und haſt du dich klar empfunden,
Mögen enden deine Stunden,
Wie zerfließt die Schwanenſpur!

Schack.

Die Athener in Syrakus.

Frühmorgens auf seinem Söller saß
Klearch mit dem Sohne Gorgias,
Vor ihm, gedehnt an des Hügels Fuß,
Das unermeßliche Syrakus
Mit Tempeln und Hallen und Thermen,
Und drüber hinweg des Ätna Schnee
Und das hochgezinnte Epipolä
Und der Häfen tobendes Lärmen.

„Du weißt, Sohn, was ich dem Ares versprach,
Als er die Macht der Athener zerbrach!   10
Eh' Boreas noch, der eisige, tobt,
Muß ich, so wie ich im Kampfe gelobt,
Im Tempel das Opfer ihm zünden.
Geh', ruf' mir den Meister des Baus herbei!
Ob nun vollendet das Prachtthor sei   15
Und der Giebel, soll er mir künden.

„Doch sieh! dort naht er. — Du hörtest, ich will
Vor Winter den Tempel noch weihen, Thrasyll.
Schon werden die Blätter herbstlich welk,
Sag' an denn: ruht bereits das Gebälk   20
Auf den marmornen Architraven?
Wo nicht, so brauche die Geißel zum Schlag
Und zwinge zur Arbeit Nacht wie Tag
Die weichlichen Attischen Sklaven!"

Thrasyll darauf: „Wenn, wie du verlangt,   25
Noch in Vollendung der Bau nicht prangt,
Bezähme, Gebieter, die Ungeduld!
Ein Chor des Euripides trägt die Schuld;

Sobald die Athener ihn singen,
Wird jeder der anderen Sklaven verlockt,
Dem Klange zu lauschen, die Arbeit stockt,
Nicht kann ich sie ferner erzwingen."

5   Klearch vernimmt's und erblaßt vor Wut.
„Mir, Vater, vertraue der Sklaven Hut,
Ruft Gorgias da, ich sei ihr Vogt!
Eh winterlich stürmend die See noch wogt,
Den Tempel sie laß' ich vollenden!
10 Fand doch durch dieser Athener Speer
Mein Bruder den Tod, das büßen sie schwer,
Wenn die Geißel mir zuckt in den Händen!"

    Den Jüngling, der hoch von Zornglut flammt,
Entsendet Klearch zu dem neuen Amt.
15 Und Tage verstreichen; im langen Zug
Geht schon nach Süden der Kraniche Flug,
Der Herbst hat die Haine gelichtet;
Da folgt der Vater dem Sohn, und bald
Ragt vor ihm der Hügel voll Pinienwald,
20 Auf dem er den Tempel errichtet.

    Fast glaubt er, daß ihn das Auge trügt;
Kaum sind bis zum Dache die Quadern gefügt!
Er sieht, und im Herzen schwillt ihm der Groll,
Die Attischen Sklaven trauervoll
25 In Reihen am Boden sitzend,
Und neben ihnen, o Spott und Hohn,
Verhüllten Gesichtes den eigenen Sohn,
Das Haupt mit dem Arme stützend.

    Die Geißel erhob Klearch zum Schlag,
30 Die hingesunken am Boden lag:
„Was? Mitleid mit der verruchten Brut?
Auf, Hunde! Träg nicht länger geruht!

Sonst fort in die Steinbruchgruben!"
Da rafften die Sklaven sich mühsam empor,
Begannen die Arbeit und sangen im Chor,
Indes sie die Quadern huben:

   „Ihr, die uns erzogen, heimische Aun,
Die mild des Ilyssus Wellen betaun,
Wo im säuselnden Hauch lind atmender Luft
Die Pinie rauscht an der Felsenkluft
Und Bienen um Blüten summen!
Ihr Haine, wo stets lau fächelnd der West   10
 Die Purpurgranate reifen läßt
Und nie in dem grünenden dunklen Geäst
Die Nachtigallen verstummen!

   „Glückselige Flur des geliebten Athen,
So sollen wir nie dich wiedersehn?   15
Nie sehn, wie die hehre Akropolis
Und Tempel und Hallen am schönen Kephiß
Im Morgenglanze sich röten,
Indessen, die Stirnen grün umzweigt,
Der Zug der Opfernden aufwärts steigt   20
Und Luft und Himmel und Erde schweigt
Beim Klange der heiligen Flöten?"

   Schon war dem Klearch, der horchend stand,
Die Geißel mälig entglitten der Hand,
Da sangen sie weiter: „So sollen wir nie   25
Bei den Götterbildern der Akademie
Den Lehren der Weisen lauschen,
Und nie, gestreckt auf die Marmorbank,
Mehr schlürfen der Dichtung göttlichen Trank,
Wo sprudelnde Quellen durch Epheugerank   30
Aus der Grotte der Nymphen rauschen?

   „Hier schmachten wir fern von Weib und Kind,
Ach! ferne von allen, die teuer uns sind!

Die Geißel tönt und die Kette klirrt,
Und wenn uns Jammer den Geist verwirrt,
Uns zu trösten haben wir keinen!
Verwehn wird unseren Staub die Luft,
5   Und keine geliebte Hand auf die Gruft
Uns Kränze legen von süßem Duft,
Kein Auge über ihr weinen."

Das Lied verhallte; sein Antlitz barg
Lang in des Gewandes Falten Klearch;
10   Dann trat er hin in der Sklaven Kreis,
Vom Auge quollen ihm Thränen heiß,
Haß war ihm und Grimm geschwunden.
Er rief: „Kehrt heim in eu'r schönes Athen,
Und grüßt mir den Dichter beim Wiedersehn!
15   In seinem Liede hab' ich ein Wehn
Vom Hauche der Götter empfunden!"

Heb', o hebe.

Heb', o hebe die Hülle nie
Von den modernden Särgen,
Die in der Seele begraben sind!
20   Ruhen, bis dein Leben verrinnt,
Mögen die Toten alle, die sie
Drunten dem Tagslicht bergen.

Weh dir, wenn du den Deckel hubst!
Hin durch dein Inneres schleichen
25   Wird bis tief in sein Mark ein Graun,
Wenn sie dir starr in das Antlitz schaun,
Alle die Freuden, die du begrubst,
Aller der Hoffnungen Leichen.

Wagner.

Ballade.

1.

Johohoe! Johohoe! Hojohe!
Traft ihr das Schiff im Meere an,
Blutrot die Segel, schwarz der Maſt?
Auf hohem Bord der bleiche Mann,
Des Schiffes Herr, wacht ohne Raſt.
Hui! — Wie ſauſt der Wind! — Johohe!
Hui! — Wie pfeift's im Tau! — Johohe!
Hui! — Wie ein Pfeil fliegt er hin,
Ohne Ziel, ohne Raſt, ohne Ruh'! — —
Doch kann dem bleichen Manne Erlöſung einſtens noch 10
    werden,
Fänd' er ein Weib, das bis in den Tod getreu ihm auf
    Erden! —
Ach! Wann wirſt du, bleicher Seemann, ſie finden?
      Betet zum Himmel, daß bald
      Ein Weib Treue ihm halt'!

2.

Bei böſem Wind und Sturmes Wut   15
Umſegeln wollt' er einſt ein Kap;
Er ſchwur und flucht' mit tollem Mut:
„In Ewigkeit laſſ' ich nicht ab!"
Hui! — Und Satan hört's, — Johohe!
Hui! — nahm ihn beim Wort! — Johohe!   20
Hui! — Und verdammt zieht er nun
Durch das Meer ohne Raſt, ohne Ruh'! — —

Doch, daß der arme Mann noch Erlösung fände auf
    Erden,
Zeigt Gottes Engel an, wie sein Heil ihm einst könne
    werden:
Ach! Könntest du, bleicher Seemann, es finden!
    Betet zum Himmel, daß bald
    Ein Weib Treue ihm halt'!

3.

    Vor Anker alle sieben Jahr',
Ein Weib zu frein, geht er ans Land:—
Er freite alle sieben Jahr',
Noch nie ein treues Weib er fand, —
₁₀ Hui! — „Die Segel auf!" — Johohe!
Hui! — „Den Anker los!" — Johohe!
Hui! — Falsche Lieb', falsche Treu'!
Auf, in See, ohne Rast, ohne Ruh'!" — —

NOTES.

☞ *The numbers in heavy-faced type refer to the pages of the text; the ordinary figures, to the lines.*

Johann Christian Günther.

Born 1695 in Striegau in Silesia, died in 1723. He led an unsettled life, and owing to his dissolute habits died in misery and poverty. His verses show remarkable poetical talent. It is to be regretted that the glamor of the classical period caused him to be almost forgotten, for some of his lyrics must be ranked among the most passionate and poetical outbursts of the German muse. Goethe has magnificently characterized Günther in the seventh book of his autobiography (Hempel edition, vol. xxI. p. 49).

1. **Als er feine Liebe nicht fagen durfte.** Addressed to a young girl whom Günther calls *Leonore*, and who appears like a loadstar in his sad life. She inspired him to write the deepest and tenderest lyrics in German literature before Goethe. Günther forgot her in the turmoil of a wild life, but ultimately returned to her after years, during which Leonore had remained faithful to him. These lines were written when his old love for her reawakened. 11. **erklären,** *make evident, confess.*

2. **An Leonoren.** Günther, poor, ill, disowned by his father, was noble enough by this poem to release Leonore from her promise to marry him. He never overcame the effects of this self-inflicted blow. [For much new light on Leonore, see *Zeitschrift f. deut. Phil.*, XXVI. p. 81 and pp. 225 seq.] 2. **fo** = **fo wie fo,** *in any case.* 9. **bor diefem** = früher.

269

ba mir Fleiß, etc., *when my diligence and my talent were an earnest of future happiness.* 28. **Friede:** the weak form is now universal. Supply **mich** after **laß.**

3. 18. **bor** = für. 23. **jeßo,** obsolete for jeßt. 27. **Lorchen,** term of endearment for Leonore. 32. **fodern,** obsolete, poetical, and provincial for forbern.

4. 10. **Philimen,** Günther himself, of course. [Cf. *Les livres à clef. Étude de Bibliographie critique et analytique pour servir à l'Histoire littéraire,* par F. Drujon, Paris, 1888, p. 122. The name seems to have been used in French novels and plays in the seventeenth century. In one of them, *La Balance d'Éstat* (Paris, 1652), Philimène is the name of a female character and signifies "She who loves her husband."]

Friedrich von Hagedorn.
1708–1754.

One of the most prominent poets before Klopstock. His verses reveal sense of form, but are shallow.

Christian Fürchtegott Gellert.
1715–1769.

One of the favorite writers of his time. Although he lacked great poetical talent, the good-natured humor of his fables and the simple piety of his church-hymns have made his name a household word in Germany to this day.

7. **Der Bauer und sein Sohn.** 2. **Junker,** *young nobleman, squire.* 17. **nimmt mich wunder,** *surprises me.* 19. **ißunder** = jeßt.

Johann Wilhelm Ludwig Gleim.
1719–1803.

Conspicuous in German literature for introducing "Anacreontic" poetry, i.e., poetry modelled on the verses of the Greek poet Anacreon. His work is graceful but superficial. He was famous for nobly helping poor but talented young men. See Goethe's

remarks on that subject in the 10th book of his autobiography (Hempel, xxi. p. 171).

9. **Schlachtgesang.** The full title is " Schlachtgesang vor
der Schlacht bey Prag, den 6ien May 1757," and is
one of the famous " Preußische Kriegslieder von einem
Grenabier." These poems are an interesting proof
of the enthusiasm which Frederick's victories
aroused, and of his indirect influence on German
literature. 13. **Talpatsch,** lit. *Flatfoot*, a Hungarian
word used as a term of ridicule to denote a Hungarian foot-soldier. **Pandur,** a Hungarian foot-soldier. 22. **Schwerin,** a famous general under Frederick.
He died at Prague. The battle of Prague was the
first battle of the Seven Years' War.

Friedrich Gottlieb Klopstock.

Born in Quedlinburg in 1724, and after living many
years in Copenhagen died in Hamburg in 1803. The
appearance of the first three cantos of his religious
epic *Der Messias* made him at once the first poet in
Germany. His odes, written almost exclusively in
rhymeless meters, were the first attempt in Germany
at expressing serious thought in the form of lyrical
poems. His verses are apt to sound harsh to our
ears, but it must not be forgotten that he did far
more than any one before Goethe to make the neglected German language a powerful and subtle in-
strument of poetical expression.

10. **Ihr Schlummer.** Addressed to Meta Moller,
whom Klopstock married in 1754, and whom
he calls " Cidli " in his poems. 22. Supply Ruhe after
bessere, i.e., better than the rest which sleep gives.

11. 5, 6. **Die frühen Gräber.** *The awakening of
May is like a summer night, only fairer.*
7. **ihm,** i.e., dem Mai. 9. **Ihr Edleren,** i.e., his dead
friends. He thinks of the time when he enjoyed the
beauties of nature in the company of his friends.
The comparative conveys no idea of comparison;
ihr Edleren amounts to ihr sehr Edlen. This comparative
is not infrequent in Klopstock ; cf. was schöner ist in

the following poem, **Sie.** [See *Würst: Ein Beitrag zur Kenntnis des Sprachgebrauchs Klopstocks*, Brünn, 1883, p. 108]. 14. **Sie. was schöner ist**, *all that is essentially fine.* Cf. **ihr Edleren** above.

12. 6. **Sie**, i.e., the beloved. The title of the poem refers to this line. **ihr drei**, i.e., **Freude, Wehmut, Tröstung.**

Johann Heinrich Voss.
1751–1826.

The author of the idyl *Luise* and the famous translator of Homer's *Iliad* and *Odyssey*.

Ludwig Heinrich Christoph Hölty.
1748–1776.

A prominent member of that combination of young poets, formed in Göttingen in 1772, known as the "Hain." Men like Voss, the Stolbergs, Claudius, belonged to this literary club. All the members shared an abject admiration for Klopstock and a strong hatred of French literature and of Wieland. Hölty's verses are melodious, but morbidly melancholy.

14. **Elegie auf ein Landmädchen.** 7, 8. **so — so = weiche — welche.** Obsolete or poetical use of **so.** 11. **Nasses Blickes**, adverbial gen.

15. 8. **Ringelreihn,** a dance in which the dancers join hands and move in a circle. 28. **die hellen Thränen,** *big tears;* **hell** is used with different meanings in different combinations; cf. **heller Neid**, p. 142, l. 15, and note.

Friedrich Leopold Graf von Stolberg.
1750–1819.

One of Goethe's early friends and a member of the "Hain." His poetry shows the influence of Klopstock.

16. **An die Natur.** A poem characteristic of the age in which the worship of nature, under the influence of Rousseau's teaching, became one of the leading principles of life.

Mattbias Claudius.

1740–1815.

The simplicity and sincerity of his character are mirrored in his poems, and have saved many of them from oblivion. He was an intimate friend of many of the "Hain" men.

Gottfried August Bürger.

1747–1794.

After a wild youth, he became Amtmann (i.e., district magistrate) in Altengleichen near Göttingen. Later he gave up this position and went to Göttingen, where he led a literary life of considerable hardship. His criminal love for his wife's sister, Molly Leonhart, cast a profound gloom over his life. Few poets of his time were more thorough representatives of the people than he.

18. **Lenore.** Written in 1773, published in 1774. No one single poem has had greater influence on the course of German literature. Before it was written, all literary ballads in German were of a low burlesque order. The appearance of Percy's *Reliques of Ancient English Poetry* (1765) and of Herder's treatises on popular poetry drew the attention of the German public to the ballads of the people. Bürger himself claims to have got the subject of *Lenore* from one of these ballads. He wrote (April 19th, 1773): "Ich habe eine herrliche Romanzen-Geschichte aus einer uralten Ballade aufgestört. Schade nur, daß ich an den Text der Ballade selbst nicht gelangen kann." He was also indebted to the ballad *Sweet William's Ghost* in Percy [Wheatley's ed., London, 1891, vol. III. p. 130]. The effect of *Lenore* was tremendous. It introduced a new species of literature into Germany, the serious literary ballad, modelled on popular poetry, and became the first of a long series of ballads among which are some of Goethe's and Uhland's masterpieces. The story of *Lenore* is widely spread in the popular poetry of many nations. In England, in different parts of Germany, in the Slavic countries, and elsewhere it appears in one

form or another. Bürger makes his heroine perish
by way of punishment for doubting God's justice.
The dramatic force of the poem is exceptional, and
its slightly savage character delighted a generation
that had just been lashed into mad enthusiasm by
Goethe's *Götz von Berlichingen*. *Lenore* has left its
traces on English literature. Wordsworth, Scott,
Coleridge, and Shelley were deeply impressed by it.
[See E. Schmidt's essay on *Lenore* in his *Charakter-
istiken*, Berlin, 1886, p. 199, and the notes ; also Hehn's
suggestive but over-severe criticism in his *Gedanken
über Goethe*, Berlin, 1888, vol. I. p. 69, and the editor's
essay, *The Literary Burlesque Ballad of Germany in the
Eighteenth Century*. *Proceedings of the Mod. Lang.
Assoc. of America*, New Series, vol. I. No. 4, p. xxiv.
See, too, Child's *English and Scottish Popular Ballads*,
p. 226. The text of the ballad which hostile English
critics absurdly claimed to be Bürger's model may
now be found *Zeitschr. für deut. Phil.*, XXVI. p.
513.] Scott's adaptation of this ballad, *William and
Helen*, is well known to English readers. We agree
with Hehn in saying that it was not a felicitous
intuition on Bürger's part to choose so recent an
event as the Seven Years' War for the background of
this poem. The atmosphere of lurid mystery which
hovers about it ill agrees with the glaring light in
which very recent events present themselves to us.
Raff wrote a symphony on this subject.   10. **die Prager Schlacht,** the first battle of the war.

19.   4. fo = welche.

20.   6. **es,** an old gen., still found in phrases like
        ich bin es milde.

22.   31. **schnoben,** pret. of schnauben.

23.   6-8. This dialogue occurs in many Lenore
        stories, or poems, or fragments of these,
found in different parts of Europe.   16. **Unkenruf.**
Notice the force of the repeated u.

24.   9. **Hochgericht,** *place of execution.*   10. **Spindel,**
        axle.

25. 24. **Sippe,** *scythe.*

26. **An die Menschengesichter.** A pathetic confession of uncontrollable weakness. The poem refers to the poet's passion for his sister-in-law.

27. 16. **Hunger, Durst,** are personified. 17. **Nahrung** here includes both solids and liquids. (Cf. Minna von Barnhelm, IV, 1: "**Hier kömmt eine Nahrung** ... **Der liebe** ... **Kaffee**," quoted by Grimm.) **Auf die Morgenröte.** After his wife's death, Bürger married his sister-in-law, Molly Leonhart, but lost her soon after, in 1786. Her death was a terrible blow to him. 25. **Aurora** was the goddess of the dawn and announced day to gods and men. She was married to Tithonus, who through her prayers obtained from Zeus immortality, but not eternal youth (hence **grauer**). She travelled with the sun all day and returned to Tithonus in the evening.

Christian Daniel Friedrich Schubart.

1739–1791.

Led a dissolute life in different parts of Germany until Karl Eugen, Duke of Würtemberg (of Schiller-fame) kept him many years imprisoned without trial in the fortress of Hohenasperg for having publicly ridiculed him. His writings show the "**Sturm und Drang**" spirit and exercised much influence on Schiller in his youth.

29. **Freiheitslied eines Kolonisten.** The "**Kolonist**" is, of course, an American. 22. **vor** = "**für.**"

Jakob Michael Reinhold Lenz.

1751–1792.

One of Goethe's early friends, and one of the most talented, but most extreme and immature, of the "**Sturm und Drang**" men.

30. 16. **Ach, du, um die die Blumen sich.** 26. **ohne Beispiel,** i.e., as no one has ever done before. 28. **Truckenheit,** obsolete for **Trockenheit.**

31. 5. **Wo bist Du itzt.** This poem has often been claimed for Goethe.

Friedrich (Maler) Müller.

1749–1825.

Lived many years in Italy as a painter (hence known as "Maler" M.), and in his youth was prominent in the "Sturm und Drang" movement.

Johann Wolfgang von Goethe.

Born on the 28th of August, 1749, in Frankfort-on-the-Main. His father was well informed and taught his son at home, until the young man went to the University of Leipzig, 1765, and in 1770 to the University of Strassburg to study law. In Strassburg Goethe met, among other young Germans of promise, Herder, who made him acquainted with the spirit which was stirring the rising generation, namely, admiration for Shakespeare and for popular poetry. This teaching bore fruit; soon after he had finished his studies at Strassburg in 1771, he wrote in Frankfort his first drama, *Götz von Berlichingen* (published 1773). During his stay in Strassburg, his love for Friederike Brion, the daughter of a pastor in Sesenheim near Strassburg, inspired him to write some of his most perfect lyrical pieces in which the influence of popular poetry is noticeable. In 1774 he published his novel *Werther*, which at once made him famous all over Europe. With few interruptions Goethe lived in Frankfort (nominally practising law, actually more engaged in literary pursuits) from 1771 to 1775. Besides plays, he wrote during this period of his life many masterpieces of lyrical poetry under the influence of a prominent society belle in Frankfort, "Lili" Schönemann. In 1775, Karl August, the young Duke of Weimar, called Goethe to his capital. He remained in Weimar, barring many short journeys and a two years' stay in Italy, until his death. In Weimar, Goethe rose "like a star." He received one of the most important positions in the duchy, and by his affability and brilliancy of mind became the leader of the social and the official world. With all its glamor his position soon grew very unsatisfactory. Arduous routine business kept him from literary work; only his love for Frau von Stein, a woman of rare culture, prompted him to write some fine lyrics. With the exception of these and a few ballads, nothing of importance was finished during the first ten years at Weimar. An uncontrollable longing for Italy came over him, and in 1786 he suddenly left Weimar and went to Rome and Southern Italy, to return only in June, 1788. This journey proved immensely important: most of his work henceforth showed strong classic coloring—notably his plays *Tasso* and *Iphigenie*. Soon after his return from Italy, he made the acquaintance of Christiane Vulpius, who later became his wife. Goethe now gave up much of his official work and devoted himself almost entirely to literature, art, and science. In 1794 he became intimate with Schiller. This friendship lasted until the latter's death (1805) and was inspiring in the extreme. The ballads and elegies written during this time are an admirable combination of depth of meaning and beauty of form. After Schiller's death, Goethe became very lonely for a time; for though the most prominent man in Germany and the pride of his nation, he cared little for what moved that generation. The defeat of Germany at the hands of Napoleon (1806), and the efforts of the nation to throw off the French yoke, moved him but little. In 1808 the first part of his Faust appeared. In 1819 he published a collection of poems, imitating Oriental poetry (he called the collection *Der West-Östliche Divan*)—so airy and graceful that they seem the work of a youth rather than that of a man of nearly seventy. With undiminished vigor he worked to the last. His death occurred in March, 1832

33. **Willkommen und Abschied.** Goethe's love for Friederike Brion inspired these lines. In point of force, simplicity, and movement, they must be ranked among his best work. He has idyllically described his acquaintance with Friederike Brion in the tenth and eleventh books of his autobiography. See what Scherer says on this poem in his *Geschichte der deutschen Litteratur*, p. 481, and especially A. Biese, *Die Entwickelung des Naturgefühls im Mittelalter und in der Neuzeit*, Leipzig, 1892, pp. 376 and 378. [The 12th chapter of this work is a valuable treatise on the modern, especially on Goethe's, nature-sense.]

34. $\mathfrak{H}$**eibenrööfein.** This poem is modelled on a Volkslied which Herder picked up among the people at the time when he kindled powerful interest for popular poetry and taught Goethe its value and beauty. [Cf. the *Fabelliedchen*, Suphan's edition of Herder, vol. v. p. 194, and *Die Blüte*, vol. xxv. p. 438]. The trochaic meter causes many proclitic words to be suppressed; e.g. (l. 5) faß for eß faß, (l. 7) war for eß war, (l. 12) Knabe for ber Knabe. The fact that popular poetry admits very freely of such omissions Herder considered a great advantage. "Daß $\mathfrak{H}$auptwort befommt auf folche Weife immer weit mehr Subftantialität unb Perfönlichfeit," he says in the essay on Ossian [Suphan, vol. iv. p. 194]. 23. **eben,** it *simply* had to bear it. **Der König in Thule.** Written at the same time as some of the oldest parts of *Faust*, i.e., before Goethe went to Weimar. Thule was fabled to be a land at the extreme end of the world (Ultima Thule). 28. **Buhle,** *sweetheart.* In modern German the word has acquired an unpleasant flavor.

35. 2. **jeben Schmauß** = bei jebem Schmauß. 13. **Zecher,** *carouser* (Taylor). This poem has been set to music by Gounod and by Liszt. **Prometheuß.** This monologue, written in 1774, is generally printed as the third act of an unfinished drama, called *Prometheus.* The drama was written in 1773, i.e., in the same year as *Götz von Berlichingen* and Bürger's *Lenore*, when the waves of the "Sturm und Drang" were surging highest. The monologue, which may be called an epitome of the dramatic fragment, is consequently very interesting as an exponent of that great movement. Prometheus is familiar from Greek literature. He is a friend of man against hostile powers, a culture-hero who labors in the service of man. His titanic individuality brooks no rule, and we find him in rebellion against the supreme god himself. His indomitable strength and patient suffering are wonderfully portrayed in Æschylus' *Prome-*

theus Bound. The unruliness of his temper was precisely what appealed to the "Sturm und Drang" men, who professed great hatred of tyranny or restraint (cf. Schiller's *Räuber*). Especially Goethe was fascinated with him. The story, current in antiquity., according to which Prometheus made men of clay, who then assumed life, delighted him. He tells in his autobiography (III. 15) that he soon saw he would have to rely on himself in all difficult positions, and his creative literary talent would have to become the mainstay of his life. The recognition of this fact suggested the figure of Prometheus, "ber abgefonbert von ben Göttern, von feiner Werfftatte aus eine Welt bevölferte." The whole spirit of the "Sturm und Drang" breathes in Goethe's powerful verses. The irregularity of the meter suits the idea of the poem. Cf. Shelley's *Prometheus Unbound.* 29–31. Prometheus stole fire from heaven, which Zeus withheld from men.

36. 11. i.e., stunned with bewilderment. 34. Fate was regarded as ruling even the gods.

37. 4, 5. "*Because not all my youthful dreams came true.*" Der untreue Knabe. This ballad imitates the tone of popular poetry with consummate skill; the supernatural is introduced with great effect, as so often in the Volkslied (cf. Bürger's *Lenore*). The story of the ballad was perhaps suggested to Goethe by a Volkslied which he found in Alsace, entitled *Das Lied vom Herren und der Magd* [cf. *Aus herder's Nachlass*, by Düntzer and F. G. Herder, vol. 1. Frankfurt a. M., 1856, p. 157]. 20. Als is understood. The poem has no ending, because the person who recites it in the play, *Klaudine von Villa Bella* (written in 1775), from which the ballad is taken, is interrupted before finishing it. The fact that it is a fragment adds to the general atmosphere of mystery and intensifies the dramatic force of the poem. The last line, Die wenb'i fich, makes it evident that the penitent and haunted culprit cannot even in death obtain forgiveness from her he wronged. See Hehn's suggestive remarks on this ballad and his rather remarkable interpretation of the last line in his *Gedanken über Goethe*, vol. I. p. 71. The theory according to which this poem is a parody on popular ballads seems to us absurd.

38. **Gretchen's Lied aus "Faust."** This poem constitutes a scene of the first part of *Faust*, called "Gretchen's Stube." It was probably written before Goethe went to Weimar [cf. Schröer's *Faust-commentary*, p. lviii), and is unsurpassed for simple power and as the expression of a passion which has grown ungovernable. It has been set to music by Graben-Hoffmann.

40. 3, 4. i.e., an feinen Küffen follte ich vergehen. **Neue Liebe, neues Leben.** The person referred to in the second stanza is Lili Schönemann. The poem was published in 1775. 5. **Was foll das geben,** *what will become of this.* 10. **warum** is relative. 28. **Liebe,** *love,* not *beloved one.*

41. **An Belinden.** Written in 1775 and addressed to Lili Schönemann. Her fine eyes would hold him captive at brilliant parties, as he himself wrote. **Jägers Abendlied.** The exact date of composition of these lines is unknown, but they were published in 1776. Perhaps the person addressed is Lili Schönemann; at least we know that during the first years of his stay in Weimar, Goethe tried in vain to forget her.

42. **Rastlose Liebe.** These lines were inspired by Goethe's awakening love for Frau von Stein, the wife of one of the court dignitaries in Weimar. The poet's correspondence with her, which extends over many years, shows that he made her the confidante of all his thoughts and plans. The poem was written in 1776. 21. **eigen,** *curiously, peculiarly.*

43. **Wanderers Nachtlied 1.** These lines, written in 1776, like *Rastlose Liebe* owe their origin to

Goethe's love for Frau von Stein, which from the nature of the case could never be satisfactory. At the time he wrote the poem, he began to realize, too, that court life with all its brilliant bustle would never mature what was best in him. The lines have been set to music by Schubert and by Liszt. **Der Fischer.** The meter of this ballad (written not later than 1779) imitates the motion of lapping waves. The mermaid personifies the fascination of water. The same idea is expressed in the song of the fisherboy at the beginning of Schiller's *William Tell* (page 127). 21. **wie's Fischlein** = wie es dem Fischlein. 23. **wie du bist,** *as you are,* i.e., without delay. 24. **Und würdest erst gesund,** *and for the first time you would know what health is.*

44. 4. **Tau,** a felicitous word, as we associate coolness with dew. It contrasts with Todesglut above. The poem has been set to music by Schubert. **Gesang der Geister über den Wassern.** Suggested by the cascade near Lauterbrunnen in Switzerland, known as the Staubbach, which Goethe visited in October, 1779. In every stanza of this poem water is used as a symbol of the soul, of its joys and trials. Conflicting forces, noble and base, divine and earthly, cause it to rise into the empyrean of greatness and of joy, or to sink into crime and despair (stanza 1). If no impediments stand in the way of a man's normal development, his life is like a strong stream tripping in hazy beauty down a rock (st. 2). Hardships and trials cause the stream of his life to surge and foam (st. 3). When all difficulties are overcome, it flows on in calm serenity and mirrors a beautiful world (st. 4); and as the wind may caress the waves or lash them into fury, so man's fate deals gently or fiercely with his life (st. 5). See *Aus V. Hehn's Vorlesungen über Goethe, Goethe-Jahrbuch*, XV. p. 125. The poem was set to music by Schubert.

45. 𝔚𝔞𝔫𝔡𝔢𝔯𝔢𝔯𝔰 𝔑𝔞𝔠𝔥𝔱𝔩𝔦𝔢𝔡 2. These lines were written in 1780 (in 1783 according to others) with pencil on the wall of a little wooden house on a hill near Ilmenau. The house burned down within recent years. 17. 𝔊𝔦𝔭𝔣𝔢𝔩𝔫, tops of hills. 19. 𝔚𝔦𝔭𝔣𝔢𝔩𝔫, tree-tops. Schubert and Schumann have set this poem to music. 𝔈𝔯𝔩𝔨𝔬̈𝔫𝔦𝔤. Written not later than 1782. The poem shows the influence of popular poetry. It was probably suggested by a poem which Herder translated from the Danish and published in his *Volkslieder* [cf. Suphan's edition of Herder, vol. xxv. p. 443], entitled *Erlkönigs Tochter*, in which the love of Erlkönig's daughter for Lord Oluf causes the latter's death just before his wedding. Bryant has used the idea of 'Erlkönig' in his *The Presentiment*. 𝔈𝔯𝔩𝔨𝔬̈𝔫𝔦𝔤 is a mistake for 𝔈𝔩𝔟𝔨𝔬̈𝔫𝔦𝔤, *king of the elves*. Rarely have the superstitious fears caused by the weirdness of nature at night been expressed in language with such power. Schubert's and Löwe's music to these words are universally known.

47. 𝔄𝔫 𝔡𝔢𝔫 𝔐𝔬𝔫𝔡. Exactly when this poem was written is hard to determine, but certainly in Weimar before Goethe started for Italy. It suggests the peace which a moonlight night inspires. The disappointment caused by the faithlessness of the beloved is soothed by the interest of a sympathetic friend. The meaning of the last two stanzas is: Blessed is he who has a friend with whom he can share those feelings which the stillness of the night calls up in us, and which are unheeded by the crowd or unknown to it.

48. 𝔇𝔢𝔯 𝔖𝔞̈𝔫𝔤𝔢𝔯. Printed in the eleventh chapter of the second book of Goethe's great novel *Wilhelm Meister*, and written not later than 1783. 13, 14. 𝔇𝔢𝔯 𝔓𝔞𝔤𝔢 and 𝔡𝔢𝔯 𝔎𝔫𝔞𝔟𝔢 are the same person ; he runs out, then comes back and reports. The old minstrel typifies the artist to whom his art is the all-in-all of his life.

49. 3ueignung. This poem is always printed as an introduction to Goethe's lyrics and ballads, in accordance with his own arrangement. We preferred to put it here as a striking proof of a change in him, away from the violence of the " Sturm und Drang " mood towards a classical serenity. The poem was written in 1784, i.e., two years before he went to Italy, and shows how much of the antique spirit he had absorbed before he crossed the Alps. It has that Parian sheen which characterizes *Iphigenie* and *Tasso.*

50. 5. Des schönen Blicks = acc. in prose. 22. The apparition is Truth.

51. 13. In his youth, Goethe was the head of a great movement; as his work grew deeper, he found few who thoroughly understood him. 21. Uebermensch, one superior to his fellows. Cf. " Welch erbärmlich Grauen faßt Uebermenschen dich," *Faust,* I. 137 (Schreyer). 17. Contrast the vigorous and healthy sentiments expressed in stanzas VIII and IX with the ideas of art and life underlying much of Byron's, Shelley's, and Alfred de Musset's work, where we often find with great brilliancy of diction a morbid hostility to life and men. The same spirit as in this poem prevails in Tennyson's *Palace of Art.*

52. 19. hör', present with a future idea. 22. stiller, *modest, humble.*

53. 1-4. Wenn — drückt, wenn — schmückt, i.e., both in joy and trouble. 8. unsere Liebe, i.e., our love for each other reflected in our works (Goethe's and his friends') shall delight succeeding generations in addition to the pleasure they will derive from our poetry. See Hehn, *Einiges über Goethe's Vers, Goethe-Jahrbuch,* VI. p. 215: " So ist uns beim Lesen oder Hören (i.e., of *Zueignung*) als hätte das weiche italienische Metrum selbst sowohl die Stimmung als den Inhalt eingegeben und erschaffen; Wort und Sinn erscheinen unauflöslich verbunden, in reinem organischem Wechselverhältnis." Mignon. In these

lines, Mignon, a fascinating and mysterious characte.
in *Wilhelm Meister's Lehrjahre*, expresses her longing
for Italy, her native country. Goethe wrote this
poem not later than 1784, i.e., some time before he
started for Italy. Mignon's song (found at the beginning of the third book of *Wilhelm Meister*) voices
Goethe's own irresistible desire to see Italy. The
first line of each stanza indicates in a masterly way
the atmosphere of the whole stanza. In the first,
Mignon characterizes Italy; in the second, she de-
scribes that spot in her native land which is dearest
to her, a country-house to which she often went.
Her return to Italy has now become almost a reality
to her, and in the third stanza she pictures the way
to Italy across the Alps. In writing this stanza
Goethe had in mind the St. Gotthard, which he
visited in July, 1775, and which made a deep im-
pression on him. (Cf. his description of it at the
close of the eighteenth book of his autobiography.)
The person referred to at the end of each stanza is
Wilhelm Meister, the hero of the novel. 26. Vischer,
in his novel *Auch Einer* (vol. I. p. 79) makes one of
his characters say: "Wiſſen Sie, wo die Schönheit liegt in
dem Vers ‚Es stürzt der Fels und über ihn die Flut‘? Gar nicht
blos im Klang der Vokale und Konsonanten, und nicht blos im
Kraftſtoß der einſylbigen Wörter; nein, hauptsächlich in der Cäſur,
die Mitten in das Wort ‚über‘ fällt. Wie die Woge über den
glatt geſpülten Felsblock rinnt, ſo das Wort über den Vers-Ein-
ſchnitt." Notice, too, that all words are monosyllables
in this line except über; a powerful staccato movement is thus produced. Beethoven's, Thomas's, and
Liszt's music for this poem has, if possible, added
to its fame.

54. „Freudvoll und leidvoll." Klärchen sings this
song in the third act of *Egmont*. In 1787 the
drama was finished in the form in which we now
know it, so that these lines must have been written
before that time. Beethoven has set them to music,

4. **langen** = *verlangen*. **Erinnerung.** Written not later than 1788. **Harfenspieler 1.** Sung by the Harfner in the thirteenth chapter of the second book of *Wilhelm Meister*. It is uncertain when the poem was written, but at any rate not later than 1794. Notice the remarkable similarity between this poem and the following passage in Racine's *Thébaïde :* " Voilà de ces grands dieux la suprême justice. Jusques au bord du crime ils conduisent nos pas. Ils nous le font commettre et ne l'excusent pas" (III. 2). See *Goethe-Jahrbuch*, XII. p. 258. Over twenty composers have set these lines to music, among them Liszt, Schubert, and Schumann. **Harfenspieler 2.** Found in the fourteenth chapter of the fifth book of *Wilhelm Meister* and sung there by the Harfner, an old Italian nobleman, half crazed by sad experiences, who turns out to be Mignon's father. It is difficult to determine when the poem was written, perhaps in 1795. More than a dozen composers have written music for these verses, among them Schubert, Schumann, and Rubinstein.

55. **Nähe des Geliebten.** Written in 1795 and suggested by a poem, similar in contents and in form, by a lady called Friederike Brun. **Alexis und Dora.** Among the poems which show the influence of classical ideals, this is perhaps the most perfect. The lines are alternately hexameters and pentameters. The poem was written in 1796.

56. 18. Alexis knew Dora many years without paying much attention to her. As he now thinks of the time when he used to see her daily, he wonders how he could so long have left her unnoticed. 20. **Der Dichter,** a minstrel.

57. 4. He now thinks of the time, shortly before his departure from home, when he confessed his love to her. 7. **die Stunde,** *that hour.* 10. The figures of the mother and daughter going to the temple strike one as German rather than Greek.

58. 3. He is again speaking of the time when he was getting ready to go on board ship.

59. 22. As a good omen from Zeus.

60. 21. I.e., the chain she asked him to bring her.

61. 19. While he is picturing to himself the joys of a happy home with Dora, the fear lest she should forget him during his absence suddenly seizes him.

63. **Der Zauberlehrling.** Written in 1797. In many stories and fairy-tales we find that a magic formula is forgotten by the person who used it, and that this person is destroyed by the powers he can no longer control. Goethe used Lucian's "Φιλοψευδής," chapters 33–36.

66. **Das Blümlein Wunderschön.** Written in 1798. This ballad breathes the spirit of popular poetry, and was probably suggested to Goethe by a story in Tschudi's *Chronicon Helveticum*, according to which Count Johann von Habsburg-Rapperswyl, while imprisoned in a dungeon near Zurich in 1350, sang a song beginning Ich weiß ein blaues Blümelein. The song itself was unknown to Goethe [cf. Uhland's *Alte hoch- und niederdeutsche Volkslieder*, Stuttgart und Tübingen, 1844–5, vol. I. p. 108]. Flowers play a great part in popular poetry. They are used as emblems of different virtues ; e.g., the lily is the emblem of purity, etc. Cf. Uhland's remarks on the flowers in the Volkslied [vol. III. p. 416 of his *Schriften zur Geschichte der Dichtung und Sage*, Stuttgart, 1866.] In the Volkslied, many symbolical names for flowers, like Vergißmeinnicht, are found. Cf. Uhland, p. 437, on the Vergissmeinnicht ; its blue is symbolical of fidelity, and its name reminds the lover of his beloved.

69. **Sonette.** Goethe's love-sonnets were written in 1807 and 1808. He never wrote sonnets in large numbers. The sonnet is an importation from the Romance literatures, but, as in English literature,

It found great masters in German literature, e.g., Bürger, A. W. Schlegel, Rückert, Platen. The sonnets given here were inspired by Goethe's love for Wilhelmine Herzlieb, a young girl whose influence on him is felt particularly in his novel *Die Wahlverwandtschaften.* **Die Liebende ſchreibt.** 18. **er liebt her in dieſe Stille,** *his love reaches me in my seclusion.* This sonnet has been set to music by Mendelssohn, by Schubert, and by Brahms.

70. **Gefunden.** Written in 1813. In 1788, soon after his return from Italy, a young girl, Christiane Vulpius, came to Goethe with a petition; he was so fascinated with her that he took her and her relatives into his house and later married her. 22. **für mich hin** = **vor mich hin.**

71. **Aus dem „Weſt-Öſtlichen Divan.‟** Goethe's studies in Oriental literatures and his *West-Östliche Divan* (a large collection of poems, German in spirit, though Oriental in tone) opened a new field to German literature. Platen, Rückert, and Bodenstedt are Goethe's imitators in this type of poetry. How catholic Goethe's interests were is shown by the fact that, after studying the different phases of European civilization, he plunged into the culture of the East. Significantly enough, most of these rosy poems were composed in the years 1814 and 1815 when politics were absorbing public interest. Their airiness and serenity contrast remarkably with the gloom of those years. These poems were published in 1819, but some were added later. The sunny calmness of the Persian poet Hafis (flourished in the fourteenth century), a translation of whose works by Hammer he read in 1813, was irresistibly fascinating to Goethe in those days of intense public excitement, and he determined to reproduce the tenor of his poetry in German. [Bodenstedt has translated Hafis, and in the *Cosmopolitan* for February, 1894, a few of Hafis' verses done into English by Edwin

Arnold may be found.]   Goethe had been acquainted
with Oriental, especially with Hebrew, poetry all his
life, but never before had made a profound study of
it.   The *Divan* owes its peculiar character largely
to Oriental influences, but love added an important element of inspiration.   This time it was
Marianne von Willemer who inflamed the heart of
the poet.   She was herself possessed of exceptional
poetical talent.   Investigation has shown that she
wrote some of the finest poems of the *Divan*—notably
the verses beginning Ach, um beine feuchten Schwingen
(*Buch Suleika*, No. 42).   She is the Suleika of the
Divan.   Divan means a collection of writings, especially poems.   Lesebuch. 13. Wunderlichstes, *most remarkable* (not *most curious*); we should expect wunder-
batstes. 23. Nisami flourished in the sixteenth century.
27. Mich nachzubilden, mißzubilden, a splendid review
of his development since the feverish days of the
"Sturm und Drang."

72.   Frühling übers Jahr. Written in 1816. The
title is utterly inappropriate ; it has been
explained as meaning Frühling über das ganze Jahr, *spring
all the year round*, but that is violating language for
the sake of a theory.

73.   2. stolzieren does not go with Veilchen (l. 4).
Some words like sind auch da must be understood with Veilchen. 7. regt, supply sich. Weite Welt
und breites Leben. Written in 1817. Always printed
as the motto for a group of poems entitled *Gott und
Welt*.

74.   Begeisterung. Printed for the first time in the
Ausgabe letzter Hand, 1827.

Johann Christoph Friedrich von Schiller.

Born November 10, 1759, in Marbach, Würtemberg,
was the son of an officer in the Würtemberg army.
His father was of humble descent and had worked
his way up in the world by his own hard efforts.   In

1773 young Schiller entered an academy founded by Charles Eugene, Duke of Würtemberg, to which the latter forced his officers to send their sons. In 1780 Schiller entered the army as surgeon. By that time he had already finished his first drama *Die Räuber.* Unfortunately he made himself offensive to the duke by his tragedy and was forbidden to write any more plays. In his
Mannheim in 1782. Now followed years of a roaming and unsatisfactory life. For some time he lived near Leipzig, then with his friend Körner near Dresden. At last Goethe, who met him in 1788, procured for him in 1789 a position as Professor of History in the University of Jena. Although Goethe and Schiller were now neighbors, their ideas differed so much that for several years they saw very little of each other. At last, in 1794, the two men were brought more closely together by the many interests they had in common, and there sprang up between them a close friendship, lasting until Schiller's sudden death in 1805. This friendship is one of the most important in the history of literature, as it stimulated both men to do some of their best work. Schiller lacks that supreme sense of beauty which characterizes Goethe, but the harshness of his life developed his native strength and energy without crushing his idealism. Hence, while Goethe's works are soothing, Schiller's are stirring. Schiller was essentially a dramatist, but he also must be ranked among the greatest masters of the ballad. His plays are: *Die Räuber* (1781), *Fiesco* (1783), *Kabale und Liebe* (1784), *Don Karlos* (1787), *Wallensteins Lager* (1798), *Die Piccolomini* (1799), *Wallensteins Tod* (1799), *Maria Stuart* (1800), *Die Jungfrau von Orleans* (1801), *Die Braut von Messina* (1803), *Wilhelm Tell* (1804).

74. **Die Schlacht.** Written in 1781. 6. **Eine Wetter-wolke,** in apposition with **der Marsch** in the next line. 27. **Gott befohlen,** *farewell.*

75. 1. **fleugt,** obsolete for **fliegt. Wetterleucht,** *lightning.* 7. **wogt sich,** generally without the reflexive. 11. **Peloton,** small body of soldiers, a *platoon.* 15. **Auf Vormanns Rumpfe. Rumpfe** may be taken as acc. pl. (and **Vormann** in a collective sense), or as dat. sing., loosely used, as elsewhere in Schiller, for the accusative after **auf.**

76. 5. **ſtrampft,** lit. *stamps*, refers to the noise of the galloping horses. 16. **gebliebenen,** *killed.* **Die Ideale.** Written in 1795. This poem is important as an expression of Schiller's "**Weltanſchauung.**" The disappointments of life do not make him despair; friendship and work save him. In a letter to W. von Humboldt (September 7, 1795) Schiller points out that the absence of force and fire which Humboldt had objected to in these verses is precisely what makes them what they are meant to be, viz. a deep-felt plaint. 18. **Du** refers to "**O meines Lebens goldne Zeit**" in l. 6.

77. 3. **Der rauhen Wirklichkeit zum Raube,** *victims of harsh reality.* 20. Supply some word like **erfüllt** before **von.** *Even inanimate objects began to feel, roused by the expression of my rapture* (lit., *the echo of my life*). 21, 22. **kreiſend.** There is a word **kreißen,** meaning *to give birth to*, which from its resemblance to **kreiſen,** *to circle about*, is sometimes confused with the latter. So here Schiller thinks of both in using **kreiſend.** Furthermore, in this passage, the original meaning of **kreiſen,** *to bear*, changes over into that of *to desire to be born* (Grimm). In translating, repetition may be avoided and the idea of *wishing to be born* contained in **kreiſend** may be indicated by rendering **Streben** by *throes* and leaving **herauszutreten** in line 23 untranslated, thus : *A sphering universe shook my poor frame with mighty throes, to burst forth into life,* etc.

78. 8. **Begleitung,** *company*, made up of **Liebe, Glück, Ruhm, Wahrheit.**

79. 11. **Schuld,** here *debt.*

80. **Würde der Frauen.** Written in 1795. 31. **der Scythe.** The Scythians, noted for their fierceness, are here taken as types of brute force ; the Persians stand for nations which from lack of warlike qualities are mercilessly subjected by hardier tribes.

81. 3. **Eris,** *Discord.* 4. **Charis,** *Grace.* Notice the skill displayed in the use of different meters.

The lines in which woman is characterized are
composed of the more graceful dactyls; those in
which the fierceness of men is described, of ponderous
trochees. **Die Teilung der Erde.** Written in 1795.
18. **Junker,** *young nobleman.* 20. **Firnewein,** *old wine.*
Goethe thought the part of the poet "ganz allerliebst,
wahr, treffend und tröstlich." **Die zwei Tugendwege.** Written in 1795. **Das Mädchen aus der Fremde.** Written
1796, published the next year. The strange young
girl personifies poetry. **Votiv-Tafeln.** The following
selections are taken from a set of poems of a didactic
or reflective nature written in 1796. **Der Handschuh.**
Written in 1797. The subject is taken from S. Foix's
Essay sur Paris (4th edit., 1766). The incident is told
there as having happened in the presence of King
Francis I. of France. See Browning's *The Glove.*

85. 24. **Leun** = Löwen. 32. **Zwinger,** *arena.* **Die
Kraniche des Ibykus.** Written in 1797. One
of the most dramatic of Schiller's ballads. The subject also attracted Goethe and he at one time thought
of using it for a ballad. The lexicographer Suidas
mentions a story according to which the cithern-
player Ibykus from Rhegium was murdered in a
lonely spot, just as some cranes flew by. The dying
man called on them to avenge his death. Later,
when the murderers were in the city and some cranes
happened to fly past, the men whispered to each
other, "The avengers of Ibykus." These words were
caught up by a by-stander and the men were pun-
ished. Other ancient writers, e.g. Plutarch, mention the same story with different details. See
Goethe's letters to Schiller written August 22 and
23, 1797, in which he sets forth his ideas as to how
the subject should be treated. Schiller followed
many of these suggestions.

87. 21. **Buben,** *villains.*

88. 11. **Prytanen,** the highest magistrate in certain
ancient Greek republics.

89. 9. **Theſeus' Stadt,** Athens. 19. The spectatoɪ spell-bound by the magic of what they see and hear, think they behold an apparition. 31. Many words in this and the following stanɀas were suggested to Schiller by W. von Humboldt's translation of Æschylus' *Eumenides.* Some passages are almost identical in both.

91. 24. **Und ahnend,** etc., *flash-like a suspicion crosses the minds of all.* **Der Taucher.** Written in 1797. Perhaps Goethe drew Schiller's attention to the story of the famous diver Nicholas the Fish who during the reign of Frederick (II. 1218–50 ?) performed feats of swimming in Sicily, and ultimately was drowned in the whirlpool of Charybdis. Schiller changed the story and gave it a chivalric cast by making the youth die in order to win the king's daughter ; according to Schiller's source (Anathasius Kircher's *Mundus Subterraneus,* 1678) the diver perished exhibiting his skill for gold.

93. 7. This remarkable description, much admired by Goethe, was suggested (as Schiller himself wrote to Goethe on the 6th of October, 1797) by Homer's description of Charybdis (*Odyssey,* XII. 237 seq.), and by —a mill! 30. **Es,** the water sucked down by Charybdis.

94. 4. **gelüſtet mich,** supply es, *I desire, long for.* 22. **es** here conveys an indefiniteness which exactly suits the idea.

95. 15. **Quell,** *current.* 26. **purpurner Finſerniß.** In a letter to his friend Körner (July 21, 1797) Schiller justified the adjective purpurn on the ground that "der Taucher ſieht wirflich unter der Glasglocke die Lichter grün und die Schatten purpurfarben."

96. 9. **Larven,** *monsters.* 13. **Kroch's,** the es may be rendered by *something.* 19. **ſchier,** *almost.* A very weak word in this connection. 28. **Euch,** ethical dat.

97. 15. **ſich's,** here the es means *somebody.* The story of the diver occurs in different forms in the popular poetry of many nations. A French poem dealing with the story was translated by Uhland as *Die Königstochter.* For valuable information on the subject see Ullrich, *Die Taucher-Sage in ihrer litterarischen und volksthümlichen Entwickelung. Archiv für Litteraturgesch.*, XIV. p. 69. Cf. Crane, *Chansons populaires de la France*, p. 24. It should be noticed that in the popular ballads, as in Schiller, the youth undertakes the feat from love. **Breite und Tiefe.** Written in 1797. **Hoffnung.** Written in 1797 or '98. Like *Die Ideale* these lines strike the keynote of Schiller's temperament. **Der Kampf mit dem Drachen.** Written in 1798. Schiller found the story of this ballad in Vertot d'Aubœuf's *Histoire des chevaliers de l'ordre de Malte.* In that work the hero is called Dieudonné de Gozon, a Provençal knight who lived during the rule of the grand-master Helion de Villeneuve (1323–1346). Schiller got all important details from that book.

99. 19. **Die Ritter des Spitals,** in apposition with **Orben** in the preceding line.

100. 2. **gethan,** *acted.*

104. 12. **begaben,** *bring offerings to.*

105. 10. **schlagen — an,** *begin to bark.* 32. **jeßo,** obsolete for **jeßt. war's um mich geschehen,** *I was undone* (cf. Goethe's *Fischer*, "ba war's um ihn geschehn").

106. 15. **Gekröse,** *entrails.* In this ballad and in the *Diver,* Schiller has portrayed the spirit of chivalry which lends an indescribable charm to certain periods of the Middle Ages—that spirit which Scott, among English writers, has best known how to interpret. **Das Lied von der Glocke.** Finished in 1799, but conceived some time before that. In 1797 Schiller wrote several times to Goethe about "mein Glockengießerlied," and said it was no small task to finish it. And, indeed, it is the most comprehensive and the profoundest of Schiller's poems. Each stage of the process of founding suggests remarks on life and

men. Particular attention should be paid to the
meter throughout.   The technical details dealing
with the founding of bells Schiller got from Krünitz's
Encyclopedia published in 1780. Motto : *I call the
living. I mourn the dead. I break the lightning.* Bells,
being consecrated, were believed to disperse storms
and pestilence, drive away devils, and extinguish
fire.   In France it is said to be no unusual thing even
at the present day to ring church-bells, in order to
ward off the effects of lightning (cf. Brewer, *Diction-
ary of Phrase and Fable*, p. 80, and especially Ersch
und Gruber, *Encyklopaedie*, 70ster *Theil*, p. 80).

108.   9, 10. Near the furnace, a pit is made which
contains the mould.   15. **Meister,** the work-
man who has finished his term of apprenticeship.
32. **Schwalch,** opening in the partition-wall of a bell-
founder's furnace, by which the flame goes in upon
the melting metal.   (Flügel.)

109.   5. **des Dammes tiefer Grube,** the pit in which
the mould stands.   7. **Glockenstube,** *belfry.*
15. **Krone,** *the bell.*   16. **klingt** = klingen läßt.   This use
is rare.   19. **Aschensalz,** *potash, soda.*

110.   12. **Reihn** = Reigen, *dance.*   Here, however,
wilden Reihn might be rendered by *roistering
company.*   23. **Pfeifen.** According to Schiller's author-
ity, Krünitz, there are openings in the vault of the
oven, to admit the air.   These Krünitz calls "**Wind-
pfeifen,**" and he says that when they become yellow
(not brown, as Schiller has it on account of the
rhyme) the workmen know that the metal has grown
sufficiently fluid.   Thereupon they must find out
whether it contains the right proportion of tin and
copper.   For that purpose they pour some of the
mixture into a hollow stone and allow it to grow
cold.   If, on being fractured, the sample shows inden-
tations of moderate size (cf. p. 112, l. 24, "**schön gezacket ist
der Bruch**"), the proportion is satisfactory. That is
the "**gute Zeichen**" spoken of in l. 29.

111. 22. **wetten,** not *bet*, but *risk*.

112. 12. **der Pfosten ragende Bäume,** the poles which stand in the middle of haystacks. 24. Cf. p. 110, l. 30 and note. **Bruch,** the pieces of the fractured sample. 29. **des Henkels Bogen,** *the arches of the handles.* Bells are no longer cast with such handles. 31. Note the alliterations all through this stanza.

113. 27. **Zeile,** used to designate any straight line, such as a line of written or printed words, and often, too, a long row of houses.

115. 22. **Tönt,** transitive, like **klingt,** p. 109, l. 16.

116. 12. **Mag sich jeder gütlich thun,** *let every one take his ease.* 15. **Bursch,** *apprentice.* **die Vesper,** *the bell for vespers, the evening bell.* 17–24. Cf. Gray's *Elegy:*

"The curfew tolls the knell of parting day,
The lowing herd winds slowly o'er the lea,
The plowman homeward plods his weary way
And leaves the world to darkness and to me."

117. 19. **regen,** supply **sich.**

118. 10. **das Gebäude,** *the mould.* 18. This and the two following stanzas were inspired by the horrors of the French Revolution. Many prominent Germans, among them Schiller and Klopstock, at first hailed the Revolution with delight, but later turned from it in disgust.

119. 17. **Leu,** poetical for **Löwe.** 21. **dem Ewigblinden,** i.e. the mob (the word is neuter here). 29. **Helm,** the upper part of the bell. **Kranz,** the lower ridge. 31. **Schilder,** the quarters of the coat of arms on the bell. 32. **Bilder,** rare for **Bildner.**

120. 2. **Reihen,** here *circle.* 16. **das bekränzte Jahr.** Schiller speaks of the year as *wreathed,* like the Hours and the Seasons. (We are indebted for some valuable details to Otis's careful edition of this poem.) **Die Erwartung.** This poem (published in 1800, conceived several years before) is Schiller's lyrical

masterpiece. The scene is laid in some southern
country. The choice of meters is very felicitous ;
notice the difference in the metrical movement of the
first two and the last two lines in each of the shorter
stanzas (expressive of expectation and subsequent
disappointment), and again contrast the long stanzas
(contemplative or descriptive) with those shorter ones.

121. 13. Sᚈmeiᚈellüfte, *caressing zephyrs.* 24. Um=
ſpinn unß, etc., *wrap us in a weft of mystic
boughs.* 26. unbeſᚈeibnen, *intrusive.* 27. Ḥeſper, the
evening star. ber berſᚈwiegene, *the discreet one.*

122. 5. Mein Ḍhr, etc., *a sea of harmonies floods my
ear.* 9. winft. The verb is taken with each
of the subjects separately and hence is used in the
singular. Pfirſᚈe = Pfirſiᚈe. *The grape and the peach
lure to enjoyment, peering in luxurious plumpness from
behind the leaves.* 28. Ḳarußwanb. Der Ḳaruß baum is
the yew.

123. 1. Notice the change in meter. Der Ḍraf bon
Ḥabßburg. Written in 1803. Tschudi's
Chronicon Helveticum (used by Schiller for *Wilhelm
Tell* and by Goethe for *Das Blümlein Wunderschön*)
furnished Schiller the story of this ballad. In
Tschudi, however, the priest became the chaplain of
the Archbishop of Mentz and drew his master's attention to Rudolf. Furthermore, according to Tschudi,
not the priest, but a "ſelige geiſtliᚈe Cloſter=Frow [Frau]"
prophesied great prosperity to Rudolf and his de-
scendants in return for his generosity. After many
years of chaos (the "faiſerloſe, bie ſᚈreᚈliᚈe Zeit," p. 123,
l. 24), Rudolf von Habsburg was elected King of Germany in 1273. 14. beß perlenben Weinß, partitive
genitive. In prose the acc. is used. 15. bie Wähler.
The German kings were chosen by seven prince-
electors.

126. 24. bie ſpätſten Geſᚈleᚈter, i.e. the descend-
ants of those daughters. Supply Euᚈ before
glänzen. Eß läᚈelt ber See. Sung by a young fisher-

man at the beginning of *Wilhelm Tell* (cf. Goethe's *Der Fischer*). The play was written in 1803 and 1804.

Friedrich von Matthisson.

1761–1831.

His poems are characterized by grace and sadness, but lack every kind of force. He shows rather unusual powers of description.

127. 24. **Elysium. Psyche,** the Soul, drinks oblivion from Lethe before entering the blessed realms of Elysium.

128. 19. **Das Nachtstück** = die Nachtseite, the *sad part* of her life as contrasted with the life of bliss which she is henceforth to lead. 32. **Anadyomene,** a surname given to Aphrodite in allusion to her being born of the foam of the sea.

129. 10. **Cynthia.** Artemis (or Cynthia), the goddess of hunting and of the moon, fell in love with the handsome youth Endymion while he was slumbering in a cave of Mount Latmos.

Johann Gaudenz von Salis=Seewis.

1762–1834.

A descriptive poet like Matthisson.

130. 4. **Abendbilder. Festgeleier,** *festal music.* 5. **Heuer,** *mowers.* 18. **der Kiebitz,** *the plover.*

Moritz Arndt.

1769–1860.

His bold utterances against the French rule in Germany at the beginning of the century forced him for several years to make his home in foreign countries. Later his stirring writings in prose and verse did much to rouse the German nation against Napoleonic supremacy.

131. 21. **Vaterlandslied. Bube,** *knave.* 23. **Hermannsschlacht.** Hermann, a German chief, defeated the Roman troops under Varus in 9 A.D. in the Teutoburg Forest. This poem is a popular student-song (*Commersbuch*, No. 12).

132. 25. **Warum ruf' ich? Ladung,** *summons.* 26. **Scheitel,** generally masc.

133. 15. **Geistergau,** *the demesne of spirits.*

Karl Theodor Körner.
1791–1813.

His unmistakable talent, especially for the drama, and his early death as a volunteer in the cause of national freedom have made him a favorite with the German people.

Lützows wilde Jagd was a corps of volunteers organized in 1813 against Napoleon under the leadership of Adolph von Lützow. The uniform of these volunteers was black as a sign of mourning for the national disasters. Körner became Lützow's adjutant. The poem has been set to music by Weber. **Gebet während der Schlacht.** Set to music by Schubert and by Weber.

Maximilian Gottfried von Schenkendorf.
1783–1819.

Conspicuous for his spirited verses inspired by the struggle against Napoleon.

Das Lied vom Rhein. The left bank of the Rhine was made a part of the French territory in 1795 and was not restored until 1814.

137. 19. **Blut = Mann.** The hero referred to is Siegfried, the principal figure of the Nibelungenlied, who was treacherously murdered by Hagen in the neighborhood of the Rhine. Siegfried, famous for his valor and gentleness, is made the embodiment of German virtues. 26. Siegfried was killed, partly because his murderers coveted an immense treasure, the "**Nibelungen=Hort,**" which was in his possession. This treasure was later sunk in the Rhine. The poem has become a student-song (see *Commersbuch*, No. 29).

Friedrich Rückert.

1788-1866.

Was for a long time professor of Oriental languages, first at the University of Erlangen, and afterwards in Berlin. Rückert was one of the greatest masters of the German language. He followed the path pointed out by Goethe in his *West-Östliche Divan* and imitated Oriental poetry with marked success. The tenderness, unmarred by morbidness, of some of his lyrics is profound; about them hovers an exquisite and indescribable perfume.

Aus den „Geharnischten Sonetten." Rückert wrote sixty-seven sonnets, called *Geharnischte Sonette*, as a proof of his interest in the struggle of the German people against Napoleon, sickness preventing him from joining the volunteers. Most of these sonnets were written in 1813. They are full of spirit and originality, and sketch the whole course of the war.

140. 2. **Walhalla,** the hall to which the ancient Germans believed brave warriors went after death. 7. **ausgefrischen,** obsolescent for **ausgefreischt.** **Aus „Agnes' Totenfeier."** The sonnets entitled *Agnes Totenfeier* are a part of a series of poems the subject of which is a young girl (Agnes Müller) with whom Rückert was in love and who died. **Aus den „Sicilianen."** Rückert wrote one hundred poems entitled *Sizilianen* (a part of a larger collection called *Italienische Gedichte*) which are the result of his studies in Italian literature.

142. 15. **heller Neid,** *pure envy* (cf. "helle Thränen" in Hölty's "Elegie," p. 15, l. 28.) **Aus den „Östlichen Rosen."** The *Östliche Rosen*, a series of poems with oriental coloring, are the product of Rückert's studies in Eastern literatures, and owe their existence to the stimulus he derived from Goethe's *West-Östliche Divan*. They illustrate Rückert's exceptional power over language. Robert Schumann set several of them to music.

143. **Ein Gruß an die Entfernte,** l. 15 and l. 16. Similarly Petrarch speaks of Laura's eyes as "those twin lights, which made the storm and blackness of my days one beautiful serene" ("que' duo lumi, che quasi un bel sereno a mezzo 'l die Fêr le tenebre mie." Canzone III. l. 43, ed. Scartazzini).

17. **Du Duft, der meine Seele speiset.** This poem is a *Ghasele* (or *Gasele*, or *Ghasel*, or *Gasel*), i.e. an oriental form of verse in which all even lines rhyme with the first. Platen first introduced Ghaselen into German literature, and was almost immediately followed by Rückert. The constant recurrence of certain words is meant to emphasize the main idea of the poem. **Aus dem „Liebesfrühling."** The "Liebesfrühling" is a series of poems (grouped in six "Sträuße") in which Rückert tells the story of his love for Louise Wiethaus-Fischer from their first meeting to their marriage. Mastery over poetical forms and delicacy characterize these poems. **Lüfteleben.** Set to music by Schumann.

147. 23. **Freimund,** the poet himself. **Aus „Schi-King."** The *Schi-King* (or *Ancient Poems*) is a collection of Chinese popular poems, consisting of 305 pieces, the oldest of which date back to perhaps the eighteenth century B.C., and the latest to the sixth century B.C. Confucius (550–478 B.C.) is said by some to have made the collection.

August Wilhelm Schlegel.

Born in Hanover in 1767 and died as Professor in Bonn in 1845. He and his brother Friedrich were the founders of the Romantic school. His admirable translation of Shakespeare has made the English poet a German classic. Schlegel was also a great critic.

Das Schwanenlied. From the "Toten-Opfer für Augusta Böhmer," Schlegel's stepdaughter (died in 1800).

148. 8. The song referred to is, of course, Goethe's poem *Der König in Thule,*

Friedrich Schlegel.

1772–1829.

Brother of August Wilhelm. Is famous for his lectures on the history of literature and as a Sanscrit scholar.

Calderon. Calderon, the famous Spanish dramatist, lived from 1600 to 1681.

Ludwig Tieck.

1773–1853.

Together with the Schlegels was the most prominent of the Romanticists, and one of the most prolific and important of German writers; he was greater, however, as a novelist than as a lyrical poet.

150. 8. **Die Musik. schlägt ... auf,** *breaks out into.*
9. **spiel'nden,** *glittering.*

151. 2. **Die Blumen. Saitenspiele,** *harps.*

Novalis.

Friedrich von Hardenberg (known as Novalis) was born 1772, died 1801. He was one of the most characteristic and the deepest of the Romanticists.

Ludwig Achim von Arnim.

1781–1831.

A true Romanticist, full of poetical intuitions, but with an imperfect sense of artistic proportion. He and Brentano made themselves immortal by publishing a collection of *Volkslieder*, which they called *Des Knaben Wunderhorn* (1806–8).

Liebesglück. From Arnim's novel *Armut, Reichtum, Schuld und Busse der Gräfin Dolores* (section I. chapter 7, ed. of 1840).

153. 4. **Wie ist mir so geschehen,** *how blissful has my life become.*

Clemens Brentano.

1778–1842.

A passionate admirer and disciple of the Romantic-school men. His writings show poetical sense, but, lack maturity and proportion.

14. **Der Spinnerin Lied.** The nightingale plays an important part in popular poetry, of which Brentano was so devoted an admirer; it is regarded as taking great interest in human affairs: lovers make it their confidant, and it is supposed by its song profoundly to influence people for good or evil. See Uhland's admirable treatise, vol. III. of his *Schriften*, p. 89. But it is a favorite in the popular poetry not only of Germany, but also of Holland, Denmark, France, Italy, Spain, and even of Persia. (Cf. Böckel, *Deutsche Volkslieder aus Ober-Hessen.* Marburg, 1885, Einleitung, p. lxxxvii).

154. 20. **Der Abend. Überm Lauschen,** *while listening.*
21. **auf,** *to.* Depends on Lauschen.

Friedrich Hölderlin.

1770–1843.   ·

A romantic admiration for classical Greece made him discontented with his surroundings, and his unhappy love for Susette Gontard (whom he calls Diotima in his poems) cast a deep gloom over his ill-starred life. In 1802 he became insane and remained so until he died. His poetry is remarkable for purity of diction and profound melancholy. Vischer has aptly called Hölderlin "ein griechischer Werther."

Joseph Freiherr von Eichendorff.

1788–1857.

A prominent member of the Romantic school. His lyrics are famous for melody and fascinating weirdness. In him the school found its healthiest exponent; he belonged to the small number of his

contemporaries who were not only poets, but also
men, and who filled important positions. Among
his prose works, the charming story "Aus dem Leben
eines Taugenichts" (1826) is best known.

156. **Rückkehr.** 17. **ſicht,** old form for **ſieht.** **Das
zerbrochene Ringlein.** A popular German
song. Some lines similar to these are found in the
popular poetry of the sixteenth century (Uhland,
Volkslieder, No. 33):

> Dört hoch auf ienem Berge
> Da get ein Mülenrad,
> Das malet nichts denn Liebe
> Die Nacht biß an den Tag;
> Die Müle iſt zerbrochen,
> Die Liebe hat ein End,
> So gſegen dich Goi, mein feines Lieb!
> Jez far ich ins Eliend.
>   (i.e. *I am going to parts unknown*).

Sehnſucht. Set to music by ten composers, among
them Fr. Abt.

Adalbert von Chamisso.

Born in 1781 in the castle of Boncourt in France,
and died in Germany in 1838. When he was nine
years old, his family was driven from France by the
French Revolution and settled in Germany. Though
Chamisso was a native Frenchman, his poetry is typi-
cally German.

Frauen-Liebe und Leben. Set to music by Schumann.

August Graf von Platen-Hallermünde.

Born in 1796, lived most of his life in Italy, and
died in Syracuse in 1835. His poetical works are
conspicuous for great beauty and purity of language,
and for an aristocratic calmness which has been mis-
taken for coldness and has chilled the majority of
readers. For a good characteristic of Platen see
Geibel, Werke, vol. III. p. 69, Spruch No. 33.

Das Grab im Busento. Alaric, king of the Visigoths, invaded Italy, and in 410 A.D. conquered Rome, but soon after died in the bloom of manhood while laying siege to the town of Cosentia (Cosenza) in Southern Italy. He was buried with his treasures in the bed of the river Busentinus (Busento). **Gasele.** For the meaning of Gasele, see note on Rückert's *Ghasele*, p. 143.

170. 12. **Phaläne,** a night-moth.

172. **Venedig.** 17. **Äonen,** *æons, ages.* 20. **Riva der Sklavonen,** a quay in Venice. 23. **Paolo Veronese,** a great Venetian painter of the sixteenth century. 25. **Riesentreppe,** a famous staircase in the doge's palace.

Justinus Kerner.

1786–1862.

A prominent member of the "Suabian school." The popular element is strong in his poems. Many of them have become favorite songs, and some of them student-songs.

173. **Wanderlied.** A student-song; see *Commersbuch*, No. 244. 1. **noch getrunken,** *once more let us drink.* 21. **Bursche,** *student.*

Ludwig Uhland.

1787–1862.

The head of the "Suabian school." Was for a time a professor of German literature in the University of Tübingen, but also became prominent in politics about the middle of this century. He is the author of several invaluable treatises on German literature. In his poetical works (consisting of poems and dramas) he conjured up the picturesque and robust life of the middle ages. A glorious atmosphere of breeze and sunshine characterizes most of his works, yet in some he strikes a note of simple pathos such as is found in the ballads of the people. A fine characterization of Uhland the patriot and

. Uhland the poet may be found in Vischer's essay on Uhland (*Kritische Gange, Neue Folge*, 4tes Heft, p. 99).

178. 𝕬𝖇𝖋𝖈𝖍𝖎𝖊𝖉. 8. 𝕯𝖊𝖗 𝖉𝖆, etc., i.e. his grief. An obscure passage. Why his grief should disappear with the 𝕬𝖇𝖋𝖈𝖍𝖎𝖊𝖉𝖘𝖜𝖊𝖎𝖓 is not clear. 12. 𝕲𝖊𝖑𝖇𝖛𝖊𝖎𝖌𝖑𝖊𝖎𝖓 = 𝕲𝖊𝖑𝖇-𝕭𝖊𝖎𝖑𝖈𝖍𝖊𝖓. 𝕯𝖊𝖘 𝕲𝖔𝖑𝖉𝖋𝖈𝖍𝖒𝖎𝖊𝖉𝖘 𝕿𝖔𝖈𝖍𝖙𝖊𝖗𝖑𝖊𝖎𝖓. Set to music by Loewe. 𝕯𝖊𝖗 𝖂𝖎𝖗𝖙𝖎𝖓 𝕿𝖔𝖈𝖍𝖙𝖊𝖗𝖑𝖊𝖎𝖓. Very successfully imitates the tone of popular poetry.

182. 𝕯𝖊𝖗 𝖌𝖚𝖙𝖊 𝕶𝖆𝖒𝖊𝖗𝖆𝖉. 2 𝖓𝖎𝖙, dialectical for nid,. 12. 𝖉𝖊𝖗𝖜𝖊𝖎𝖑, *while.* (Cf. *Commersbuch*, No. 276.) 𝕯𝖎𝖊 𝕽𝖆𝖈𝖍𝖊. The word means "retribution" here rather than "revenge." This use of the word is found especially in the older language. 𝕳𝖆𝖗𝖆𝖑𝖉. Was originally intended as a part of a fairy-drama to be called *Tamlan.* The story, as found here, was invented by Uhland, but was suggested to him by several old myths. Notice the contrast between Harald and his followers. He resists the blandishments of the fairies, to which his men yield, and is overcome only by the mystic power of the magic well. Like Charlemagne, Frederick Barbarossa, and Frederick II. of Hohenstaufen, he remains for centuries in a death-slumber, from which he half awakens from time to time.

183. 27, 28. The fairies could not rob him of his armor, as they did his retainers. 𝕷𝖎𝖊𝖉 𝖊𝖎𝖓𝖊𝖘 𝖉𝖊𝖚𝖙𝖋𝖈𝖍𝖊𝖓 𝕾𝖆𝖓𝖌𝖊𝖗𝖘. This charming expression of Uhland's patriotism was written in 1814.

187. 11. 𝕳𝖊𝖊𝖗𝖋𝖈𝖍𝖎𝖑𝖉, *military shield.* 13. 𝕶𝖆𝖙𝖙𝖊𝖓, an old German tribe settled in what is now Hessia. 𝕯𝖊𝖘 𝕾𝖆𝖓𝖌𝖊𝖗𝖘 𝕱𝖑𝖚𝖈𝖍. Uhland got the idea for this poem from the ballad entitled *Young Waters* in Percy's *Reliques* (*Wheatley's edition*, II. 228), translated by Herder as *Der eifersüchtige König* (Suphan's *Herder*, vol. xxv. p. 379). All attempts at interpreting the king as Napoleon (the poem was written in 1814), the young man as liberty, trampled under foot by the French emperor, and the old minstrel as

the outraged people, are futile and meaningless.
Contrast this minstrel and this king with the minstrel
and the king in Goethe's *Der Sänger*.

188. 18. Ｄａ𝔰 𝔊𝔢𝔪𝔞𝔥𝔩 is used of both man and wife.
Here it stands for the more common word
𝔡𝔦𝔢 𝔊𝔢𝔪𝔞𝔥𝔩𝔦𝔫. The meter is the same as that of the
Nibelungenlied; the second half of the last line,
however, has in this poem only three accented syl-
lables instead of four. Set to music by Schubert.
Ｄａ𝔰 𝔊𝔩ü𝔠𝔨 𝔟𝔬𝔫 𝔈𝔡𝔢𝔫𝔥𝔞𝔩𝔩. Suggested by a story in
Ritson's *Fairy Tales* (1831), according to which in
Edenhall castle in Cumberland a glass given by
fairies was kept which bore the inscription :

> If this glass do break or fall,
> Farewell, the luck of Edenhall.

In the English story the glass was, however, prevented from breaking, whereas Uhland lets the
young lord wantonly destroy it himself.
191. 30. 𝔉𝔢𝔦, *fairy*.

Gustav Schwab.

Born in 1792 in Stuttgart and died there in 1850.
His verses show Uhland's influence without, however,
coming up to their model.

194. 𝔖𝔠𝔥𝔩𝔦𝔱𝔱𝔢𝔫𝔩𝔦𝔢𝔡. 22. 𝔓𝔥𝔦𝔩𝔦𝔰𝔱𝔢𝔯 may mean a narrow-
minded fellow, or, in student-slang, any one
who is not a student. It means the latter here.
Ａ𝔫 𝔡𝔢𝔫 𝔊𝔢𝔰𝔞𝔫𝔤. 28. 𝔊𝔢𝔲ß, obsolete for 𝔤𝔦𝔢ß𝔢. 29. 𝔟𝔢𝔲𝔱,
obsolete for 𝔟𝔦𝔢𝔱𝔢𝔱.

Wilhelm Müller.

1794–1827.

Known for his pretty but shallow *Müller-*, *Jäger-*
and *Postillonslieder*, and for his poems inspired by
the Greek struggle for independence from the Turkish
yoke (1821–o).
𝔙𝔦𝔫𝔢𝔱𝔞. According to tradition, Vineta was a famous

trading place on the island of Wollin, off the coast of Prussia, and in the twelfth century disappeared in the ocean after an earthquake.

Nikolaus Lenau.

Nikolaus Niembsch, Edler von Strehlenau (known in literature as N. Lenau), was born in 1802 in Hungary. He studied philosophy, law, and medicine without finding satisfaction in any of them. In 1832 he went to America, but soon returned disappointed. Several years before his death he became insane and died in 1850 in an asylum. His writings reflect a profoundly melancholy but intensely poetical temperament.

201. Der Polenflüchtling. 11. Koszjusko (1746–1817) was a Polish patriot who skilfully but unsuccessfully fought for Polish independence against overwhelming Russian armies.

203. 9. Ostrolenka's Feld. In 1830 the Poles, whose country had been put under the guardianship of Russia by the Congress of Vienna (1815), rose in rebellion, but were defeated at Ostrolenka (1831). Poland became a Russian province, and many Poles (like the hero of this poem) went into exile. Schilflieder. Lenau wrote five "Schilflieder," of which the ones selected here are the first and the last.

Heinrich Heine.

Born of Jewish parents in Düsseldorf in 1797 and died in 1856. After studying law at several universities and living in different parts of Germany, he moved to Paris in 1831 and remained there until his death. The last years of his life were darkened by disease. His lyrical poems differ widely in value; the best belong, for exquisite delicacy and poetic fragrance, to the masterpieces of European literature; the worst are little better than worthless. Through all his writings runs, as does through Byron's, a mercilessly cynical vein. The note of insincerity, too, which lurks sometimes in his most perfect lines mars much of his work. His aescriptions of nature are often exquisitely beautiful. With him, however, nature is like a mirage of fairyland forlorn, and to prefer nature as described by him to nature as described by Goethe, Wordsworth, or the poets of the *Volkslieder* is to prefer tuberoses to violets, and tranced moonlight nights to the dewy health of morn. Yet many of his poems have become a part of the stock-in-trade of every cultured German. His collection of poems called *Buch der Lieder* appeared in 1827. Among his prose works should be mentioned *Reisebilder* (from 1826 on). Heine was the most important of a group of writers who are known as "𝖉𝖆𝖘 𝖏𝖚𝖓𝖌𝖊 𝕯𝖊𝖚𝖙𝖘𝖈𝖍𝖑𝖆𝖓𝖉"; a curious misnomer, as their views of life were senile, and as the men were fiercely hostile to German institutions. All English-speaking students of Heine are familiar with Mr. Matthew Arnold's essay. In Corvinus' essay 'Herbstgefühl, Gedicht von Goethe" (Programm des Gymnasiums zu Braunschweig, 1878), p. 8, may be found some striking remarks on the difference between Goethe's and Heine's nature-sense. Goethe "entbeckt gleichsam die in der Natur von Ewigkeit her schlummernde Lyrik," Heine often "octroyiert den leblosen Stoffen Empfindungen auf, die in ihrer Natur nicht angedeutet sind." Heine makes, e.g., the violets "sichern und kosen," Goethe speaks of a violet as "gebückt in sich und unbekannt." [For 1797 as the most probable date of Heine's birth, see E. Elster, *Vierteljahrschrift f. Litteraturgesch.*, IV. 465.]

Schöne Wiege meiner Leiden. Set to music by Schumann. **Die Grenadiere.** This famous ballad is an expression of Heine's admiration for Napoleon. The fatal campaign against Russia took place in 1812, and Napoleon was sent to Elba in 1814. Schumann's masterly music to this poem is well known. **Belsazer.** Cf. Book of Daniel, ch. v. Set to music by Schumann. **Ich will meine Seele tauchen.** Set to music by Schumann. **Auf Flügeln des Gesanges.** Set to music by Mendelssohn. **Die Lotosblume ängstigt.** Set to music by Schumann. **Ich grolle nicht, und wenn das Herz auch bricht.** Set to music by Schumann. **Ein Fichtenbaum steht einsam.** Set to music by innumerable composers,

among them Liszt. **Allnächtlich im Traume seh' ich dich.**
Set to music by Schumann. **Lorelei.** Clemens Brentano invented the story of the siren of the Rhine (in
his poem *Die Lore Lay*), and Heine made it immortal
by this poem. It has been set to music by several
composers, among them Liszt. **Du schönes Fischermädchen.** Set to music by Schubert. **Das Meer erglänzte weit hinaus.** Set to music by Schubert. **Du
bist wie eine Blume.** Set to music by Schumann,
Schubert, Rubinstein, and many others. **Der Hirtenknabe.** From *Die Harzreise.*

217. 24. **stolzgespreizt**, *strutting proudly.* 28. **Kam-
mermusizi,** "*court-musicians."* **Kammer** sometimes is used to designate the people in waiting on
the person of a sovereign. **Aus „Die Nordsee."**
Heine's group of poems entitled *Die Nordsee* con-
sists of two cycles. *Sturm* belongs to the first, *Meer-
gruss* to the second. Heine is the first German poet
"welcher (says his biographer, Strodtmann) das geheimnisvoll großartige Leben des Meeres als einen neuen Stoff für die
deutsche Poesie eroberte." See Heine's own remarks on
the subject, quoted by Strodtmann (Heine's *Leben und
Werke,* vol. I. Hamburg, 1884, p. 415). **Meergruß.**
Thoroughly Heinesque in spirit.

219. 31. **zehntausend Griechenherzen,** the ten thou-
sand Greeks who made the famous retreat
recorded by Xenophon. When they saw the sea for
the first time again after months, they were overcome
with joy and shouted "*Thalatta! Thalatta!"* (*The
sea! the sea!*). **Es war ein alter König.** This little
ballad, as exquisite as an old miniature, reminds one
of Mr. William Watson's *The Lute-Player.*

225. **Diesseits und jenseits des Rheins.** 7. **baß** = beffer.
12. **schier** = fast, beinahe. **Heidelberger Faß,** a
huge barrel in the castle at Heideiberg. **Nachts, erfaßt vom wilden Geiste.** In 1844 Heine's uncle Salomo
died, and his son Charles refused to pay the poet a
pension which he used to get during the old gentle-

man's lifetime. Heine felt the outrage so deeply that he soon after got a stroke, from which he did not recover. 25. Siegfried, the hero of the Nibelungenlied, bathed in the blood of a dragon and thus became invulnerable, his skin turning to horn except in one spot between the shoulders.

August Heinrich Hoffmann.
1798–1874.

Called von Fallersleben. His simple and melodious lyrics and his political poems (*Unpolitische Lieder*) exercised much influence about 1848 through their interesting mixture of venom and good nature, and won for their author an honorable position among the German poets of the century.

226. Das Glück der Vergeßlichkeit. 19. Dompfaff, *bullfinch.*

Hermann Ferdinand Freiligrath.
1810–1876.

His early verses are remarkable for picturesqueness, intensity of color, and that longing for far-off countries which is found in so much of the poetry of his day. Up to 1844 he sided with the royalists in the democratic movement in Germany. After that time his works begin to reflect a violently republican spirit, and he became the most powerful among the revolutionary poets. He had to leave Germany and resided many years in England. Intensity is the chief characteristic of his poetry, an intensity which at times leads to exaggeration.

O lieb' so lang du lieben kannst. One of the earliest of Freiligrath's lyrics; written at his father's death. Set to music by Liszt and many others. Wär' ich im Bann von Mekka's Thoren. A characteristic specimen of Freiligrath's earlier poetry. The scene is laid in the East, the verses fairly glow with color, and the poet gives expression to his longing for a distant country of picturesqueness and romance.

228. 18. Yemen, Southwestern Arabia.

229. 10. Wüftenbronn = Wüftenbrunnen. 32. Bug, *shoulder.* Prinz Eugen, der edle Ritter. Prince Eugene of Savoy (1663–1736) was one of the greatest generals of his age and distinguished himself in the Austrian wars against France and against Turkey. One of his feats was the capture of Belgrade in 1717. A popular song beginning "Prinz Eugen, der edle Ritter" deals with this exploit. Freiligrath's delightful ballad undertakes to account for the origin of that song.

230. 1. Poften, Werda=Rufer, both mean *sentinels.* 9. Piket, a troop of soldiers. 11. Tfchako, a cap worn by soldiers. 12. Kornet, *ensign* in a cavalry regiment. 13. Schecken, *dappled horse.* 16. Knöchel, here *dice.* 17. Feldftandarten, lit. *cavalry flags;* here, the soldiers about such flags. In the same way Fähnlein means a small body of troops. Denen = den. Löwe has composed charming music to these verses.

231. Der Falt. 8. Marschalt, obsolete for Marschall; originally the one who had the supervision over all the horses at a royal court, later more loosely used for a high court-dignitary. 9. balde, used in the old sense of *swiftly* or *boldly.* 12. Agraffe, *clasp.* 25. beizen, *to hunt with falcons.* 28. Federfpiel, *falcon.*

232. 11. beftreiten, *to attack.* Ammonium. The classical name for an oasis in the Libyan desert. 28. Pentapolis, the district subject to Cyrene, when that city was most flourishing. The name is derived from the five chief cities in that territory. Löwenritt. The best known of Freiligrath's poems, because of the mastery of language and the power of description displayed in it.

233. 20. Hottentottenkraal. Kraal is a village. 22. Karroo, steppe in Southern Africa.

234. 6. Schabraden, gorgeous *saddle-cloth.* 7. Marftallkammern, store-houses in which harness, saddles, etc., are kept for a royal stable. 12. Pardelhaut, *panther-skin.*

235. 3. **Trombe,** *water-spout.*

236. **Du haſt genannt mich.** 14. **für und für,** *for ever and ever.* 28. **Schlag,** used of the song of certain birds, especially the nightingale. **Hamlet.** One of the most remarkable of Freiligrath's revolutionary poems.

238. 7. **Wittenberg** was formerly the seat of a university. Hamlet studied there (cf. Shakespeare's *Hamlet*, I. 2). 15. **Kotzebue,** a famous and notorious German playwright. As he lived for a time in Russia and on his return to Germany posed as indifferent to the growing democratic movement, he was taken for a Russian spy and a supporter of absolutism, and was murdered by a student called Sand, in 1819.

Georg Herwegh.
1817–1875.

A passionate spokesman of republican principles, he exercised considerable influence during the excited times before and after 1848.

243. 1. **Shelley.** Cf. the lines from the *Tempest* (I. 2) on Shelley's grave in Rome :

" Nothing of him that doth fade,
But doth suffer a sea-change
Into something rich and strange."

244. ### Anastasius Grün.
1806–1876.

Anton Alexander, Graf von Auersperg, more generally known by his *nom de plume* Anastasius Grün. He made himself conspicuous in his public life and in some of his literary works by strong liberal tendencies.

247. ### Emanuel Geibel.
1815–1884.

The most important German lyrical poet since Uhland and Heine. He has endeared himself to the

German people by the tenderness and delicacy of his works, and by his patriotism.

248. **Der Hidalgo.** The word means a Spanish nobleman. 18. **zumal,** *at the same time.* The poem has been set to music by Schumann. **Der Zigeunerbube im Norden.** Set to music by Reissiger.

251. **Ich bin die Rose auf der Au.** 1. **Memnon.** There was a colossal statue in the neighborhood of Thebes in Egypt, supposed to represent Memnon, the son of Eos, which, when reached by the rays of the rising sun, gave forth a sound. **Siehst du das Meer.** Set to music by Schubert. **Dichterleben.** Set to music by Schubert. **Tannhäuser.** The myth of the youth who cannot resist the allurements of an elf of surpassing beauty is very old, and is found in many Germanic countries. In the German Volkslied of the *Tanhauser* (cf. Uhland, *Volkslieder*, No. 297 a), the youth is confounded with a minstrel and poet, named Tanhauser, who flourished about 1250, and the fairy is called Venus. (Cf. Liliencron, *Deutsches Leben im Volkslied um* 1530, Kürschner's Deutsche National-Litteratur, vol. 13, p. xliv, and White, *Deutsche Volkslieder*, p. 301.) These names have been preserved in all later forms of the myth. In modern times the story (unskilfully revived by Tieck in *Der getreue Eckart und der Tannenhäuser*, 1799, a part of his *Phantasus* and characteristically treated by Heine in his *Die Götter im Exil*) has been made more fascinating than ever by Wagner in his musical drama *Tannhäuser*, by Mr. Swinburne in his *Laus Veneris*, and by Mr. W. Morris in his *Hill of Venus*, a part of his *Earthly Paradise.* In Julius Wolff's *Tannhäuser* the minstrel of that name is the central figure.

252. 15. The nightingale is the bird of lovers, in popular poetry. Here it is made to warn the youth. (Cf. the note on Brentano's *Der Spinnerin Lied.*)

254. **Einer jungen Freundin.** 11. **Sonntagskind,** a child born on Sunday and hence supposed to

be more fortunate in all its enterprises than other
people.

255. 𝔚enn fid̂ zwei 𝔥erzen fd̂eiden.   9. 𝔑üfte, *rest.*
The word is now lost, except in a few
phrases, like bie 𝔖onne geȟt zur 𝔑üfte, and the like.

256. 𝔑eue 𝔏iebe.   13. 𝔖d̂neegebreite, *snow-fields.*
15, 16. Some words like ift bie must be sup-
plied before fd̂winbelnbe. One would expect an ftürzenber
𝔅äd̂e, and supply fommt ber 𝔉rüȟling. 𝔊nome. Cf.
Schiller's fine elegy *Das Glück* in which the same
idea is expressed.

257.   Joseph Viktor Scheffel.
1826-1886.

Made himself a great favorite with the Germans by
his *Trompeter von Sakkingen*, his poems bubbling
over with life and wit, published under the title of
Gaudeamus, and especially by his novel *Ekkehard.*
Our selections are taken from the *Trompeter von
Säkkingen.* The first is one of the most beautiful
student-songs (*Commersbuch*, No. 111); the second has
become famous particularly through Nessler's music.

259.   Friedrich Bodenstedt.
1819-1892.

Especially famous for his *Lieder des Mirza Schaffy*
(1850), in which is reflected oriental life and thought.
Our selections are taken from *Mirza Schaffy.*

260.   Paul Heyse.

Born in 1830, now living in Munich. **He is** the
prince of German short-story writers.

261.   Gottfried Keller.
1819-1890.

A famous Swiss novelist, the author of *Der grüne
Heinrich, Die Leute von Seldwyla*, etc.

Adolf Friedrich Graf von Schack. 262.

Born in 1815, resided most of the time in Munich. Died in 1894. His epics, dramas, and poems show an exceptionally keen sense of form.

Die Athener in Syrakus. The figures of Clearchus and Gorgias, and the words of the chorus, seem to be the invention of the author; but Plutarch tells in his life of Nikias that Athenian captives were re-leased by the Sicilians for reciting passages from Euripides, "whose poetry, it appears, was in request among the Sicilians more than among any of the settlers out of Greece." This anecdote was used by Browning in *Balaustion's Adventure*.

Wilhelm Richard Wagner. 266.

1813-1883.

The reformer of the modern opera. His texts, all of which he wrote himself, show him to be a dramatic writer of great power, in point of originality perhaps he greatest German dramatist. We mention him here among lyrical and ballad poets only because in some of his dramas pieces of a lyrical nature are found. In his early pieces *Rienzi* (performed for the first time in 1842), *Der fliegende Holländer* (1843), *Tann-häuser* (1845), *Lohengrin* (1850), he only imperfectly carried out his great principle that the words and the music of a musical drama should be complements of each other, and that therefore the text is fully as im-portant as the music. This principle was carried to its consummation in his later works, *Tristan und Isolde* (1865), *Die Meistersinger von Nürnberg* (1868), *Der Ring des Nibelungen* (1876), and *Parsifal* (1882). Al-though no one has so strongly insisted as Wagner did on the value and importance of music as an inter-preter of poetry, many before him combined the two with great success. Composers of the first order, like Beethoven, have revealed many hidden beauties and have vastly increased the popularity of a large number of lyrics and ballads by the exquisite music they wrote for them

𝕭𝖆𝖑𝖑𝖆𝖉𝖊. This ballad appears in Act II. Scene 1. of
Der fliegende Holländer, and is sung by a young girl,
named Senta, while spinning with some of her friends.
The picture of the Flying Dutchman, the captain of
the famous phantom ship, is hanging on the wall, and
Senta addresses a part of her song to it. The story
of his fate has an irresistible fascination for her.
The weird music of this scene indicates with admirable skill her growing love for the doomed man. As
Senta sings in her ballad, the Flying Dutchman is
fated forever to roam over the sea unless he can find
a woman who will remain faithful to him to her
dying day. In the course of the drama, Senta sacri-
fices herself for him and frees him from his curse.
The story of the phantom ship and its captain, "the
Wandering Jew of the Ocean," is wide-spread. Wagner
tells in his Eine Mitteilung an meine Freunde how on his
voyage from Riga to Paris, the reefs of Norway,
wrapped in fog, vividly recalled to his mind the
legend of the Flying Dutchman which he remembered
reading somewhere in Heine. (See *Aus den Memoiren
des Herrn von Schnabelewopski*, chapter vii, where the
story is told with truly Heinesque frivolity, wit, and
cynicism). In another part of the *Mitteilung*, Wagner
makes some very suggestive remarks on the story
and its meaning (cf. *Werke*, second edition, vol. IV.
p. 265).

INDEX I.

AUTHORS AND POEMS.

PAGE

Arndt (Moritz) (1769–1860).
Vaterlandslied...................................... 131
Warum ruf' ich?..................................... 132
Arnim (Achim von) (1781–1831).
Liebesglück.. 152
Bodenstedt (Fried.) (1819–92).
Jasmin und Flieder.................................. 259
Wissen und Weisheit................................. 259
Brentano (Clemens) (1778–1842).
Der Spinnerin Lied................................. 153
Der Abend.. 154
Bürger (Gottfr. Aug.) (1747–94).
Lenore.. 18
An die Menschengesichter........................... 26
Auf die Morgenröte.................................. 27
Chamisso (Adalbert von) (1781–1838).
Das Schloß Boncourt................................ 161
Frauen-Liebe und Leben............................. 162
Claudius (Matthias) (1740–1815).
Abendlied... 16
Eichendorff (Jos. Freiherr von) (1788–1857).
Rückkehr... 156
Das zerbrochene Ringlein........................... 157
Wehmut... 158
Die zwei Gesellen.................................. 158

317

PAGE

Eichendorff—*Continued.*
Lockung...................................... 159
Sehnsucht 160

Freiligrath (Herm. Ferd.) (1810–76).
O lieb', so lang du lieben kannst!............... 227
Wär' ich im Bann von Mekka's Thoren............ 228
„Prinz Eugen, der edle Ritter".................. 230
Der Fall...................................... 231
Ammonium.................................... 232
Löwenritt..................................... 233
Du hast genannt mich einen Vogelsteller........... 236
Hamlet....................................... 237
Antwort...................................... 239

Geibel (Emanuel) (1815–84).
Der Hidalgo.................................. 247
Der Zigeunerbube im Norden... 248
Ich bin die Rose auf der Au.................... 250
Siehst du das Meer............................ 251
Dichterleben.................................. 251
Tannhäuser 252
Einer jungen Freundin......................... 254
Wenn sich zwei Herzen scheiden................. 254
Rühret nicht daran............................ 255
Neue Liebe................................... 256
Gnome 257

Gellert (Christ. Fürchtegott) (1715–69).
Die Güte Gottes............................... 5
Der Bauer und sein Sohn....................... 7

Gleim (Joh. Wilh. Lud.) (1719–1803).
Der Bach..................................... 8
Schlachtgesang vor der Schlacht bei Prag den 6ten Mai
1757 9

Goethe (Joh. Wolfgang von) (1749–1832).
Willkommen und Abschied....................... 33
Heidenröslein.................................. 34
Der König in Thule 34

PAGE

Goethe—*Continued.*

Prometheus.................................... 35
Der untreue Knabe............................ 37
Gretchens Lied aus „Faust"................... 38
Neue Liebe, neues Leben...................... 40
An Belinden.................................. 41
Jägers Abendlied............................. 41
Rastlose Liebe............................... 42
Wandrers Nachtlied I......................... 43
Der Fischer.................................. 43
Gesang der Geister über den Wassern.......... 44
Wandrers Nachtlied II........................ 45
Erlkönig..................................... 45
An den Mond.................................. 47
Der Sänger................................... 48
Zueignung.................................... 49
Mignon....................................... 53
Aus „Egmont"................................. 54
Erinnerung................................... 54
Harfenspieler I.............................. 54
Harfenspieler II............................. 54
Nähe des Geliebten........................... 55
Alexis und Dora.............................. 55
Der Zauberlehrling........................... 63
Das Blümlein Wunderschön..................... 66
Die Liebende schreibt........................ 69
Die Liebende abermals........................ 69
Sie kann nicht enden......................... 70
Gefunden..................................... 70
Aus dem „West=Östlichen Divan"............... 71
Frühling übers Jahr.......................... 72
Spruch....................................... 73
Begeisterung................................. 74

Grün (Anton Alex. Graf von Auersperg, known as **Anastasius Grün)** (1806–76).
Der letzte Dichter........................... 244
Begrüßung des Meeres......................... 246

PAGE

Günther (Joh. Chrift.) (1695–1723).

Als er feine Liebe nicht fagen durfte................ 1

An Leonoren................................ 2

Hagedorn (Friedr. von) (1708–54).

An die Freude.............................. 4

Heine (Heinrich) (1797–1856).

Schöne Wiege meiner Leiden.................... 204

Die Grenadiere............................. 205

Belfazer.................................. 206

An meine Mutter B. Heine.................... 207

Die Rofe, die Lilie, die Taube, die Sonne.......... 208

Ich will meine Seele tauchen.................. 209

Es stehen unbeweglich....................... 209

Auf Flügeln des Gefanges.................... 209

Die Lotosblume ängftigt....................... 210

Ich grolle nicht, und wenn das Herz auch bricht....... 210

Ja, du bift elend, und ich grolle nicht.............. 211

Das ift ein Flöten und Geigen................. 211

Und wüßten's die Blumen, die kleinen............. 211

Ein Fichtenbaum fteht einfam................... 212

Ein Jüngling liebt ein Mädchen.................. 212

Aus alten Märchen winkt es.................. 213

Allnächtlich im Traume feh' ich dich.............. 214

Lorelei.................................. 214

Du fchönes Fifchermädchen..................... 215

Wenn ich an deinem Haufe.................... 215

Das Meer erglänzte weit hinaus................. 216

Du bift wie eine Blume.................... 216

Du haft Diamanten und Perlen................. 217

Der Hirtenknabe........................... 217

Sturm................................... 218

Meergruß................................ 219

Unterm weißen Baume fitend.................. 221

Leife zieht durch mein Gemüt................... 222

Wie die Nelken duftig atmen.................. 222

Es war ein alter König.................... 223

Ich wandle unter Blumen.................. 223

PAGE

Heine—*Continued.*
Der Brief, ben bu geschrieben........................ 223
Sierne mit ben golbnen Füßchen...................... 224
Der Asra.. 224
Diesseits unb jenseits bes Rheins.................... 225
Nachts, erfaßt vom wilben Geiste..................... 225

Herwegh (Georg) (1817–75).
Strophen aus ber Frembe.............................. 240
Der Gefangene.. 241
Schelley... 242
Das Lieb vom Hasse................................... 243

Heyse (Paul) (1830–).
Seit bu nun schweigst................................ 260

Hoffmann (Aug. Heinr., called von Fallersleben) (1798–1874).
Aus ben „Frühlingsliebern an Arlikona“............... 226
Aus ben „Unpolitischen Liebern“...................... 226

Hölderlin (Friedrich) (1770–1843).
Hyperions Schicksalslieb............................. 155

Hölty (Ludwig Heinr. Christ.) (1748–76).
Elegie auf ein Lanbmäbchen........................... 14

Keller (Gottfried) (1819–90).
Stiller Augenblick................................... 261

Kerner (Justinus) (1786–1862).
Wanberlieb... 173
Sehnsucht.. 174
Poesie... 175

Klopstock (Fried. Gottlieb) (1724–1803).
Ihr Schlummer.. 10
Die frühen Gräber.................................... 11
Sie.. 11

Körner (Karl Theodor) (1791–1813).
Lützow's wilbe Jagb.................................. 133
Gebet währenb ber Schlacht........................... 135

PAGE

Lenau (Nikolaus Niembſch, Edler von Strehlenau) (1802–50).
Bitte... 199
Schilflieder... 199
Der Polenflüchtling................................... 200
Einſamkeit... 203

Lenz (Jak. Mich. Reinhold) (1751–92).
Ach, du, um die die Blumen ſich.................... 30
Wo biſt du itzt, mein unvergeßlich Mädchen.......... 31

Matthiſſon (Fried. von) (1761–1831).
Elyſtum.. 127

Müller (Friedrich, Maler) (1749–1825).
Soldatenabſchied................................... 31

Müller (Wilhelm) (1794–1827).
Vineta.. 196
Frühlingseinzug..................................... 197
Hellas und die Welt................................. 198

Novalis (Fried. von Hardenberg) (1772–1801).
Der Bergmann...................................... 151

Platen (Aug. Graf von) (1796–1835).
Das Grab im Buſento............................... 169
Gaſele.. 170
Verzagen.. 171
Antwort... 171
Venedig... 172

Rückert (Friedrich) (1788–1866).
Aus den „Geharniſchten Sonetten"................... 139
Aus „Agnes Totenfeier"............................. 141
Aus „Den Sicilianen"............................... 142
Aus „Den Öſtlichen Roſen":
(a) Kehr' ein bei mir.............................. 142
(b) Ein Gruß an die Entfernte..................... 143
Ghaſele... 143
Aus dem „Liebesfrühling":
(a) Du meine Seele, du mein Herz................. 144
(b) Roſe, Meer und Sonne........................ 144

PAGE

Rückert.—*Continued.*

(c) Liebſte! Nein, nicht luſtberauſcht............. 146

Lüſteleben.. 146

Aus „Schi=King"............................... 147

Salis=Sewis (Joh. Gaudenz vo:)) (1762–1834).

Abendbilder..................................... 129

Schack (Ad. Fr. Graf von) (1815–94).

Die Athener in Syrakus...................... 262

Heb', o hebe.................................... 265

Scheffel (Joſ. Victor) (1826–86).

Alt Heidelberg, du feine...................... 257

Das iſt im Leben häßlich eingerichtet.............. 258

Schenkendorf (Max. Gottfr. von) (1783–1819).

Das Lied vom Rhein...................... 136

Mutterſprache.................... 138

Schiller (Joh. Chriſtoph Friedrich von) (1759–1805).

Die Schlacht................................. 74

Die Ideale.................................... 76

Würde der Frauen........................... 79

Die Teilung der Erde........................ 81

Die zwei Tugendwege........................ 82

Das Mädchen aus der Fremde.............. 82

Votivtafeln................................... 83

Der Handschuh............................... 84

Die Kraniche des Ibikus..................... 86

Der Taucher.................................. 92

Breite und Tiefe............................. 97

Hoffnung..................................... 98

Der Kampf mit dem Drachen................ 98

Das Lied von der Glocke.................... 108

Die Erwartung............................... 121

Der Graf von Habsburg..................... 123

Lied des Fiſcherknaben..................... 127

Schlegel (Auguſt Wilh.) (1767–1845).

Das Schwanenlied........................... 148

In der Fremde............................... 148

PAGE

Schlegel (Friedrich) (1772–1829).
Calderon.................................. 149

Schubart (Christ. Dan. Fried.) (1739–91).
Die gefangenen Sänger...................... 28
Freiheitslied eines Kolonisten.............. 29

Schwab (Gustav) (1792–1850).
Schlittenlied............................. 193
An den Gesang............................ 194

Stolberg (Fried. Leopold Graf von) (1750–1819).
An die Natur.............................. 16

Tieck (Ludwig) (1773–1853).
Die Musik................................ 149
Die Blumen............................... 150

Uhland (Ludwig) (1787–1862.)
Das Schloß am Meere...................... 175
Des Knaben Berglied...................... 177
Abschied................................. 177
Des Goldschmieds Töchterlein............. 179
Der Wirtin Töchterlein................... 181
Der gute Kamerad......................... 182
Die Rache................................ 182
Harald................................... 183
Einkehr.................................. 184
Frühlingsglaube.......................... 185
Freie Kunst.............................. 186
Lied eines deutschen Sängers............. 187
Des Sängers Fluch........................ 188
Rechtfertigung........................... 190
Das Glück von Edenhall................... 191

Voß (Joh. Hein.) (1751–1826).
Die beiden Schwestern bei der Rose........ 12

Wagner (Wilhelm Richard) (1813–83).
Ballade.................................. 266

INDEX II.

FIRST LINES OF POEMS.

	PAGE
Ach, du, um die die Blumen sich	30
Ach! unaufhaltsam strebet das Schiff mit jedem Momente	55
Abel ist auch in der sittlichen Welt	83
Allnächtlich im Traume seh' ich dich	214
Alt Heidelberg, du feine	257
An die Thüren will ich schleichen	54
Auf dem Teich, dem regungslosen	200
Auf Flügeln des Gesanges	209
Aus alten Märchen winkt es	213
Aus des Meeres tiefem, tiefem Grunde	196
Bedecke deinen Himmel, Zeus	35
Bei einem Wirte wundermild	184
Das Beet schon lockert	72
Das ist ein Flöten und Geigen	211
Das ist im Leben häßlich eingerichtet	258
Das Meer erglänzte weit hinaus	216
Das Meer ist oben glatt und spiegeleben	254
Das Wasser rauscht', das Wasser schwoll	43
Dem Schnee, dem Regen	42
Der blutgewirkte Vorhang ist gehoben	139
Der Brief, den du geschrieben	223
Der du von dem Himmel bist	43
Der Gott, der Eisen wachsen ließ	131
Der ist der Herr der Erde	151

Der Knecht hat erstochen den edeln Herrn...............

Der Lenz ist meiner Liebsten blum'ges Kleid..............

Der Löwin dient des Löwen Mähne nichi.............

Der Mond ist aufgegangen.........................

Der Morgen kam; es scheuchten seine Tritte...........

Des Menschen Seele.........................

Deutschland ist Hamlet! Ernst und stumm.............

Die Fenster auf! die Herzen auf!.................

Die Fürstin zog zu Walde....................

Die Lerche, die, im schlauen Garn gefangen.............

Die linden Lüfte sind erwacht...................

Die Lotosblume ängstigt....................

Die Mitternacht zog näher schon...............

Die Rose, die Lilie, die Taube, die Sonne.............

Drüben geht die Sonne scheiden.................

Du bist die Ruh........................

Du bist wie eine Blume.....................

Du Duft, der meine Seele speiset, verlaß mich nicht.......

Du hast Diamanten und Perlen...................

Du hast genannt mich einen Vogelsteller.............

Du meine Seele, du mein Herz.................

Du schönes Fischermädchen..................

Du siehst mich an und kennst mich nicht............

Ehret die Frauen! sie flechten und weben.............

Ein Blick von deinen Augen in die meinen............

Ein Dompfaff in dem Bauer saß.................

Einen Helden mit Lust preisen und nennen............

Ein Fichtenbaum steht einsam.................

Ein Goldschmied in der Bude stand...............

Ein guter dummer Bauerknabe.................

Ein Jüngling liebt ein Mädchen.................

Ein Zaubergarten liegt im Meeresgrunde............

Es glänzen viele in der Welt...................

Es ist so süß, zu scherzen...................

Es klingt ein heller Klang...................

Es lächelt der See, er ladet zum Bade.............

Es reden und träumen die Menschen viel...............

Es sang vor langen Jahren...................

PAGE

Es scheint ein langes, ew'ges Ach zu wohnen............. 172

Es schienen so golden die Sterne...................... 160

Es schlug mein Herz, geschwind zu Pferde............... 33

Es stand in alten Zeiten ein Schloß so hoch und hehr....... 188

Es stehen unbeweglich............................... 209

Es war ein alter König............................. 223

Es war ein Knabe frech genung...................... 37

Es war ein König in Thule.......................... 34

Es wütet der Sturm................................ 218

Es zogen drei Bursche wohl über den Rhein............. 181

Es zogen zwei rüstige Gesellen...................... 158

Faffest du die Muse nur beim Zipfel 74

Fern im Süd das schöne Spanien..................... 248

Fest gemauert in der Erden........................ 108

Fließendes Jahr, in duftigen Schleiern 261

Frei, los und ledig singe der Poet.................... 239

Frembling, laß deine Stute grasen.................... 232

Freude, Göttin edler Herzen........................ 4

Freude, wem gleichst du............................ 11

Freudvoll und leidvoll............................. 54

Frühmorgens auf seinem Söller saß.................. 262

Füllest wieder Busch und Thal...................... 47

Gleichwie die Juden, die ins Joch gebeugten 140

„Gott nur siehet das Herz." Drum eben, weil Gott nur das
　　Herz sieht.................................. 84

Gutes thu' rein aus des Guten Liebe 72

Hain! der von der Götter Frieden................... 127

Hast du das Schloß gesehen......................... 175

Hat der alte Herenmeister.......................... 63

Heb', o hebe die Hülle nie......................... 265

Herz, mein Herz, was soll das geben 40

Heute scheib' ich, heute wandr' ich................. 31

Hinaus! Hinaus ins Ehrenfeld..................... 29

Hinaus ins Weite................................ 256

Hör' ich das Pförtchen nicht gehen 121

Hörst du nicht die Bäume rauschen................. 159

Ich bin die Rose auf der Au....................... 250

Ich bin ein Engel, Menschenkind, das wisse........... 149

Ich bin's gewohnt, den Kopf recht hoch zu tragen.............

Ich bin vom Berg der Hirtenknab'......................

Ich denke dein, wenn mir der Sonne Schimmer..........

Ich ging im Walde................................

Ich grolle nicht, und wenn das Herz auch bricht...........

Ich habe was Liebes, das hab' ich zu lieb..............

Ich hatt' einen Kameraden........................

Ich kann wohl manchmal singen....................

Ich kenn' ein Blümlein Wunderschön.................

Ich leugne nicht die starken Triebe.................

Ich möchte gern mich frei bewahren.................

Ich möchte hingehn wie das Abendrot................

Ich sang in vor'gen Tagen.........................

Ich sende einen Gruß wie Duft der Rosen..............

Ich träum' als Kind mich zurücke...................

Ich wandle unter Blumen.........................

Ich weiß nicht, was soll es bedeuten................

Ich will meine Seele tauchen......................

Ich, Zephyr, soll dich zur Siesta laben.................

Ihr deutschen Wälder rauscht in euren Frischen..........

Ihr wandelt droben im Licht.......................

Im Felde schleich' ich still und wild.................

Im quellenarmen Wüstensand......................

In einem kühlen Grunde.........................

In einem Thal bei armen Hirten....................

Ja, du bist elend, und ich grolle nicht................

Jasmin und Flieder duften durch die Nacht.............

Johohoe! Johohoe! Hojohe!....................

Kennst du das Land, wo die Citronen blühn............

König ist der Hirtenknabe........................

Laß sie stehn................................

Leise zieht durch mein Gemüt.....................

Lenore fuhr ums Morgenrot......................

Lieber Bach, der zwischen Felsen...................

Liebste! Nein, nicht lustberauscht.................

Meine Ruh ist hin............................

Mein Kummer weint allein um dich.................

Mich nach- und umzubilden, mißzubilden.............

PAGE

Millionen beſchäftigen ſich, daß die Gattung beſtehe......... 83

Mir iſt zu licht zum Schlafen...................... 152

Mutterſprache, Mutterlaut 138

Nach Frankreich zogen zwei Grenadier'............... 205

Nachts, erfaßt vom wilden Geiſte.................. 225

Nächtlich am Buſento liſpeln bei Coſenza dumpfe Lieder..... 169

„Nehmt hin die Welt!" rief Zeus von ſeinen Höhen........ 81

Oft hab' ich dich rauh geſcholten.................... 148

Oft, wenn ſich ihre reine Stimm' erſchwungen............ 148

Ohne die Freiheit, was wäreſt du, Hellas 198

O könnt' ich einmal los..................... 174

O lieb', ſo lang du lieben kannſt!.................. 227

Poeſie iſt tiefes Schmerzen..................... 175

Roſe, Meer und Sonne....................... 144

Sah ein Knab' ein Röslein ſtehn.................. 34

Sanftes Raſen, wildes Koſen.................... 225

Schöne Wiege meiner Leiden.................... 204

Schwermutsvoll und dumpfig hallt Geläute............. 14

Schwer und dumpfig, eine Wetterwolke................ 74

Seit du nun ſchweigſt, ſind mir die Dinge ſtumm 260

Seit ich ihn geſehen....................... 162

Sieh die zarten Blüten keimen.................... 150

Siehſt du das Meer? es glänzt auf ſeiner Flut.......... 251

Sie ſchläft. O gieß' ihr, Schlummer, geflügeltes........ 10

Sind's die Häuſer, ſind's die Gaſſen 156

Singe, wem Geſang gegeben.................... 186

Soll ich euch ſagen, daß als Morgenglocke.............. 141

So willſt du treulos von mir ſcheiden............... 76

Sterne mit den goldnen Füßchen.................. 224

Süße, heilige Natur....................... 16

Täglich ging die wunderſchöne................. 224

Thalatta! Thalatta!.................... 219

Trachte, daß dein Äußres werde................. 147

Über allen Gipfeln iſt Ruh.................. 45

Um ſeinen Gott ſich doppelt ſchmerzlich mühend........... 242

Und rufſt du immer Vaterland................. 132

Und wüßten's die Blumen, die kleinen............. 211

Unermeßlich und unendlich.................. 246

                                                        PAGE
Unter muntrer Glöcklein Schallen.................... 193
Unterm weißen Baume sitzend........................ 221
Vater, ich rufe dich 135
Vieles erlernest du wohl, doch nimmer erlernst du das Große. 257
Von Edenhall der junge Lord........................ 191
Vor seinem Heergefolge ritt........................ 183
Vor seinem Löwengarten............................ 84
Wär' ich die Luft, um die Flügel zu schlagen............ 146
Wär' ich im Bann von Mekka's Thoren............... 228
Wär' ich wie ihr, ihr sommerlichen Schwalben......... 141
Wann die goldne Frühe, neugeboren.................. 27
Wann werdet ihr, Poeten........................... 244
Warum ich wieder zum Papier mich wende 63
Warum ziehst du mich unwiderstehlich............... 41
Was glänzt dort vom Walde im Sonnenschein 133
Was hör' ich draußen vor dem Thor................. 48
Was kannst du? Talpatsch und Pandur...............   9
Was klinget und singet die Straß' herauf?............ 177
Was rennt das Volk, was wälzt sich dort............. 98
Was soll dies kindische Verzagen.................... 171
Was willst du untersuchen.......................... 72
Weil' auf mir, du dunkles Auge..................... 199
Weil ein Vers dir gelingt in einer gebildeten Sprache...... 84
Weite Welt und breites Leben....................... 73
Wen einst die Muse mit dem Blick der Weihe.......... 251
Wenn der Abend................................. 129
Wenn der schwer Gedrückte klagt................... 72
Wenn ich an deinem Hause.......................... 215
Wenn ich nun gleich das weiße Blatt bir schickte.......... 70
Wenn sich zwei Herzen scheiden..................... 254
Wer nie sein Brot mit Thränen aß................... 54
Wer reitet so spät durch Nacht und Wind............. 45
„Wer wagt es, Rittersmann oder Knapp'"............. 92
Wie die Nelken duftig atmen 222
Wie etwas sei leicht............................... 72
Wie groß ist des Allmächt'gen Güte.................   5
Wie so leis die Blätter wehn....................... 154
Wie wird die Nacht so lüstern !.................... 252

PAGE

Wild verwachsne, dunkle Fichten.................... 203
Willkommen, o silberner Mond...................... 11
Willst du dich selber erkennen, so sieh, wie die andern es
    treiben.. 83
Willst du immer weiter schweifen 54
Willst du wissen, Freund, warum.................... 259
Wir kommen, uns in dir zu baden.................... 194
Wo bist du itzt, mein unvergeßlich Mädchen............. 31
Wohlauf! noch getrunken........................... 173
Wohlauf, wohlauf, über Berg und Fluß............... 243
Wohl geht der Jugend Sehnen....................... 190
Wo still ein Herz voll Liebe glüht.................. 255
Wüstenkönig ist der Löwe; will er sein Gebiet durchfliegen... 233
Wunderlichstes Buch der Bücher...................... 71
Zehn Jahre! seit den letzten Vogel ich................ 241
Zelte, Posten, Werda=Rufer......................... 230
Zu Aachen in seiner Kaiserpracht.................... 123
Zum Kampf der Wagen und Gesänge................. 86
Zwei sind der Wege, auf welchen der Mensch zur Tugend em-
    porstrebt... 82

SELECTED GERMAN TEXTS.

Bound in cloth unless otherwise indicated.

SUDERMANN'S FRAU SORGE. A Romance. With introduction and notes by Prof. GUSTAVE GRUENER of Yale. *With portrait.* xx + 268 pp. 16mo. 80c., *net.*

HAUPTMANN'S DIE VERSUNKENE GLOCKE. *Ein deutsches Märchen-Drama.* With introduction and notes by THOS. S. BAKER, Associate in the Johns Hopkins University. xviii + 205 pp. 16mo. 80c., *net.* "Probably the most remarkable play since Goethe's 'Faust.'"—*Prof. H. C. G. Brandt of Hamilton College.*

SCHILLER'S HISTORY OF THE THIRTY YEARS' WAR. Selections portraying the careers and characters of Gustavus Adolphus and Wallenstein. Edited, with introduction, notes, and map, by Prof. ARTHUR H. PALMER of Yale. xxxvii + 202 pp. 16mo. 80c, *net.*

SCHILLER'S WILHELM TELL. Edited, with introduction, notes, and a full vocabulary, by Prof. A. H. PALMER of Yale. Illustrated. lxxvi + 300 pp. 16mo. 80c., *net.* (Without vocabulary 60c.)

LESSING'S MINNA VON BARNHELM. Edited, with introduction and notes, by A. B. NICHOLS of Harvard. With 12 illustrations by Chodowiecki. xxx + 163 pp. 16mo. 60c., *net.*

LESSING'S MINNA VON BARNHELM. With an introduction and notes by Prof. WILLIAM D. WHITNEY of Yale. *New vocabulary edition.* 191 pp. 16mo. 60c., *net.*

GOETHE'S DICHTUNG UND WAHRHEIT. Selections from Books I-IX. Edited, with introduction and notes, by Prof. H. C. G. VON JAGEMANN of Harvard. xiv + 373 pp. 16mo. $1.12, *net.*

GOETHE'S GÖTZ VON BERLICHINGEN. Edited, with introduction and notes, by Prof. F. P. GOODRICH of Williams. xii + 170 pp. 16mo. 70c., *net.*

GOETHE'S HERMANN UND DOROTHEA. Edited, with introduction and notes, by Prof. CALVIN THOMAS of Columbia. *New edition with vocabulary.* xxii + 150 pp. Bds. 40c., *net.*

JUNG-STILLING'S LEBENSGESCHICHTE. With introduction and vocabulary by SIGMON M. STERN. xxvi + 285 pp. 12mo. $1.20, *net.* A book giving intimate glimpses of Goethe.

STERN'S AUS DEUTSCHEN MEISTERWERKEN (*Nibelungen, Parcival, Gudrun, Tristan und Isolde*). Erzählt von SIGMON M. STERN. With a full vocabulary. xxvii + 225 pp. 16mo. $1.20, *net.* A simple version of these great German legends.

BAUMBACH'S SOMMERMÄRCHEN. Eight stories. With introduction, notes, and vocabulary by Dr. EDWARD MEYER of Western Reserve University. vi + 142 pp. 16mo. Bds. 35c, *net.*

ROSEGGER'S DIE SCHRIFTEN DES WALDSCHULMEISTERS. An authorized abridgment. Edited, with introduction and notes, by Prof. LAWRENCE FOSSLER of the University of Nebraska. With two poems by Baumbach and frontispiece. xii + 158 pp. Bds. 40c., *net.*

REGENTS' GERMAN AND FRENCH POEMS FOR MEMORIZING. Prescribed by the Examinations Department of the University of the State of New York. *Revised* 1900. 98 pp. 12mo. Bds. 20c., *net.*

Descriptive List of the Publishers' Modern Language Books free

HENRY HOLT & CO.   29 West 23d St., New York
                       378 Wabash Ave., Chicago

VII, '02

GERMAN LITERATURE

SCHILLER : Life and Works. By Prof. CALVIN THOM
Columbia. Student's Ed. 481 pp. 12mo $1.50 *net.*
The same. With photogravure Ills. 8vo. $3 25 *net.* (Po'
20c.)

—— Poems. Translated by E. P. ARNOLD-FORSTER. 361
$1.60 *net.* (Postage 12c.)

—— Die Braut von Messina. Edited by Professors A. H. PAL
of Yale and J. G. ELDRIDGE of University of Idaho. lvi +
pp. 60c. *net.*

—— New Editions of **Wallenstein** (Carruth, $1.00 *net*); **M**
Stuart, *with vocabulary* (Joynes 70c. *net*); **Jungfrau**
Orleans, *with vocabulary* (Nichols 60c. *net*).

GOETHE : Poems (in German). Edited by Prof. JULIUS GOF
of Stanford University. xix + 239 pp. 80c. *net.*

—— Reineke Fuchs Five Cantos. Edited by L. A. HOLM
Illustrations by KAULBACH. xix + 71 pp 50c. *net.*

LESSING : Hamburgische Dramaturgie. Abridged and ed
by Prof. CHARLES HARRIS of Adelbert College. xl + 356
$1.00 *net.*

SUDERMANN : Frau Sorge. Edited by Prof. GUS
GRUENER of Yale. xvii + 268 pp. 80c. *net.*

IAUPTMANN : Die versunkene Glocke. Ein deutsc
Märchen-Drama. Edited by Dr. THOMAS S. BAKER of Jc
Hopkins University. xviii + 205 pp 80c. *net.*

VON KLEIST : Michael Kohlhaas. Edited by Dr. WILL
KURRELMEYER of Johns Hopkins. xxv + 149 pp.

KELLER : Legenden. (Six Legends.) Edited by Profes
M. MÜLLER and CARLA WENCKEBACH of Wellesley Colle
Vocabulary. xii + 145 pp. 35c. *net.*

FULDA : Der Talisman. *Edited with the author's sancti*
By Dr. EDWARD MEYER of Adelbert College.

—— Unter vier Augen, bound with BENEDIX's **Der Prozess** T
short plays. Edited by WM. A. HERVEY of Colum
Vocabulary. 135 pp. 35c. *net.*

SEIDEL : Wintermärchen. (Four Tales.) Edited by CORIN
L. CROOK. *Vocabulary.* 129 pp. 35c. *net.*

HENRY HOLT & CO. 29 West 23d Street, New Yo
378 Wabash Avenue. Chic

SCHILLER

THE LIFE AND WORKS OF SCHILLER

By Prof. CALVIN THOMAS of Columbia. 481 pp.

Student's Edition. 12mo. $1.50 *net*.

Large-paper Edition. With photogravure illustrations. 8vo. $3. *net* (postage 20c.).

" The first comprehensive account in English of Schiller's life an works which will stand the test of time . . . it can be enjoyed from b ginning to end."—*Nation*.

THE POEMS OF SCHILLER

Translated by E. P. ARNOLD-FORSTER. 12mo. $1.60 *net* (postage 12c.

" The book looks well and the versions are the best there are—t best, I should think, that any one will ever make."—*Prof. Calv Thomas of Columbia.*

*** In the following volumes the text is in German, whi English introductions and notes are furnished by leading scholar **(Prices are net.)**

DIE BRAUT VON MESSINA

Edited by Prof. A. H. PALMER of Yale and Prof. J. G. ELDRIG University of Idaho. lvi + 193 pp. 60c.

DIE JUNGFRAU VON ORLEANS.

By A. B. NICHOLS, Harvard University. xxx + 237 pp. 16mo. *With vocabulary* by WM. A. HERVEY,[60c.

DAS LIED VON DER GLOCKE

School edition. Edited by the late CHARLES P. OTIS. 70 p Boards, 35c.

MARIA STUART

Edited by Prof. EDWARD S. JOYNES, South Carolina College. xli 266 pp. 16mo. 60c. *With vocabulary* by WM. A. HERVEY, 75c.

MINOR POEMS

Edited by Prof. JOHN S. NOLLEN, Iowa College. [*In Preparation*

DER NEFFE ALS ONKEL

With notes and vocabulary by A. CLEMENT. 99 pp. 12mo. 40c.

WALLENSTEIN

Edited by Prof. W. H. CARRUTH, University of Kansas. *Illu trated.* 16mo. *Revised edition, from new plates.* lxxxi + 4: pp. $1.00.

WILHELM TELL

Edited by Prof. ARTHUR H. PALMER of Yale. lxxvi + 300 pp. 16m WITH VOCABULARY, 70c. WITHOUT vocabulary, 60c.

The same. Edited by Prof. A. SACHTLEBEN, College of Charlesto S. C. (*Whitney's Texts.*) 199 pp. 16mo. 48c.

THE THIRTY YEARS' WAR (Careers and Characters of Gustavus Ado phus and Wallenstein.)

Edited by Prof. ARTHUR H. PALMER of Yale. xxxviii + 202 p 16mo. 80c.

*** For a large number of standard works in German and French see the publishers' Foreign Language Catalogue, free on application to

HENRY HOLT & CO. 29 West 23d Street, New Yor
378 Wabash Avenue, Chicag

Lightning Source UK Ltd.
Milton Keynes UK
UKHW020830191218
334261UK00011B/791/P